THE
SOUL OF
MANAGEMENT

管理之魂
——管理价值观研究

赵剑民 著

人民出版社

目录 CONTENTS

管理
之

目

录

管理之

目

录

序

　　伴随着科学技术特别是信息技术的迅猛发展,以及经济全球化的深入推进,世界各国之间的联系日益紧密,企业等各种组织的竞争日趋激烈。在此背景下,管理者们面对的不确定性和风险显著增加,受到的文化多样性的碰撞和冲击日益增多,价值愈益多样。怎样在不确定性和各种风险中认识事物和现象的本质,把握真实的存在和规律? 怎样在多元文化中认识文化的实质及其人性的根据? 怎样在各种价值冲突中坚守价值立场,追求根本价值? 以及怎样在各种各样管理学说、管理理论中明辨管理的真谛,确立选择和运用的尺度? 等等。解决这些问题需要哲学特别是管理哲学提供视角、思路和方法。当今的管理实践、管理者呼唤着管理哲学的发展。

　　我国的管理哲学自 20 世纪 80 年代开始起步以来,研究日趋活跃,教学不断加强,学科建设稳步推进。马克思主义哲学专业的学者把辩证唯物论运用于管理基本问题的研究,率先出版了管理哲学著作以后,中国哲学、科技哲学、西方哲学等专业的学者也加入研究的行列,管理哲学研究的视角更加多样,研究方法更加丰富,其著作和论文的数量不断增加。继北京师范大学、苏州大学、中山大学、复旦大学等高校把管理哲学作为哲学专业学生的专业方向课和学生公选课以后,越来越多的高校把管理哲学作为全校选修课、专业方向课。北京师范大学、苏州大学、中山大学、中国人民大学等高校还招收管理哲学方向或管理哲学专业的硕士、博士研究生。管理哲学学科建设的步伐逐渐加快,形成了一支活跃的研究队伍,

序
管理之魂

学术交流也有所加强,专题论坛、学术研讨会逐渐增多。

在看到上述显著成绩的同时,我们还须看到,管理哲学的研究亟待进一步深入开展。已有的著作还多以导论、概论为主,研究论文涉及的领域还不够广泛,问题式、领域式的研究还比较缺乏。管理中人的问题、价值问题、文化问题、道德问题、知识问题、理性与非理性的问题、自由问题等都需要拓展和深化研究。研究管理哲学的方法还需要进一步科学化、规范化、明晰化。探讨、研究成果的发表、交流的渠道还比较缺乏,管理哲学的学术环境需要大力营造。

令人感到高兴的是,越来越多的青年学者加入管理哲学的教学和研究的队伍,带来了生气和活力。赵剑民副教授就是其中的一位。他对管理哲学有浓厚的兴趣,在攻读硕士、博士学位时以及以后的工作中,一直把管理哲学作为学习和研究的主要方向。他勤奋刻苦,勤于钻研,哲学的专业基础比较扎实,注重总结分析管理实践经验,具有严谨的学风和较强的独立从事科学研究的能力,能把哲学观念和方法同管理实际结合起来进行研究,形成了一些独到的见解。这本《管理之魂——管理价值观研究》,就是他从哲学角度特别是从价值哲学角度对管理中的价值问题进行研究所取得的可喜成果。

这本书认真诠释了管理价值观这一概念,构建了一个管理价值观的分析、研究的框架(模型),对管理价值观特别是现代管理价值观作了一个比较全面、系统的探讨,对社会转型及由此引发的管理价值观的转变进行了比较充分的分析和论述,很有新意,且具有启发性。书中提出的建设中国特色的新型管理价值观以及对于应当树立和坚持的价值观念的论证,具有理论说服力,能够为管理实践提供有益的启示。作者注重资料的收集与梳理,对文献的掌握比较充分,能把理论与实践结合起来,使用了不少典型的案例,较好地做到了哲学视角和管理视角的相互观照,并使之交叉融合。这是一本探索、创新意识较强的管理哲学专著。当然,书中的若干提法、表述还需要进一步推敲,有的内容还要进一步做更充分的论证。

衷心希望剑民以这本书的出版为新的起点，继续努力探索，在教学和研究中取得新的更大的进步。也期盼着越来越多的青年学者在管理哲学领域有所建树，共同促进我国管理哲学的繁荣与发展。

是为序。

唐 伟

2009 年 10 月于北京师范大学

导　论　管理价值观：一个有待
　　　　深化研究的课题

事实上，文化、价值与哲学可以说是管理的真正起点，管理就是人（包括个人、领导与组织）的文化、价值与哲学的具体实践。任何管理决策的制定，任何管理方针的贯彻，任何管理策略的运用，总是有意无意地受到一定的文化、价值与哲学的影响。

——成中英：《C 理论：中国管理哲学》

价值观是任何企业文化的基石。价值观作为经营理念的核心，为所有员工提供了一个共同的目标，并成为他们日常工作中的行动指南。这些成功的准则决定了（有时是来源于）企业文化中的英雄人物、神话故事、礼仪仪式的类型。实际上我们认为，企业能成功经常是因为他们的员工能够认同、信奉和实践组织的价值观。

——［美］特伦斯·迪尔、艾伦·肯尼迪：《企业文化》

伴随着农业社会向工业社会、传统社会向现代社会的转变，以工厂、公司为主要形式的经济组织大量涌现，各种社会组织如雨后春笋般地产生发展起来。管理——作为人们追求和实现特定价值目标的社会活动过程——成为越来越重要的组织职能和活动。组织及其管理是在社会提供的包括价值观念在内的文化背景的影响下存在和发展的，既需要一定的管理价值观念统一组织成员的价值追求，又通过自身的价值创造和价值实现体现着一定价值观念。但这些价值观念往往是许多组织管理者、组织成员"日用而不知"的，是作为深层文化心理模式存在和发挥作用的。只是在各种文化相互碰撞交融、相互比较借鉴以及人们对包括价值观念在内的文化、精神生活提出更多更高要求和对自己的反思性认识得以实现的时候，这些支配人们的管理价值观念才彰显出来。在由传统管理向现代管理的演变过程的初期，在经济发达的欧美各国与二战后迅速崛起的经济大国日本比较的过程中，在跨国公司、跨国贸易在日趋全球化的世界各地开展的过程中，在新的经济形态——知识经济——初露端倪并进一步发展的时候，在我国不断推进现代化事业的进程中，与管理价值观相关的问题引起了越来越广泛的关注，逐步成为管理学、管理哲学、组织行为学、组织文化学、跨文化管理学等学科的重要研究问题。

一、管理价值观问题研究的理论意义与现实意义

关注和研究管理价值观，既是拓展和深化价值观、管理哲学的研究需要，也是管理实践领域对学术界提出的迫切要求，具有重要的理论与现实意义。

第一，这是拓宽和深化价值观研究的需要。20 世纪 70 年代，关于真理标准问题的讨论在全国展开，人们认识真理、判别真理目的当然是为了实践，为了实现一定的价值，这一讨论逐步合乎逻辑地延伸到对价值问题的讨论。从 70 年代末 80 年代初开始，价值问题成为我国学术研究领域的一个热点。这样，价值观问题也就进入人们的研究视线。1987 年在我国西安召开了"价值论与价值观念变革"的学术讨论会，与会同志对价值观念(为了与人们日常习惯的使用一致，我们一般把它称为价值观)的实质、特征、构成等问题进行了多方面的探讨，还提出，对于什么是价值观念，如何有效地促进社会价值观念的变革和现代化发展等等，是迫切需要

研究的问题。① 这次会议对于在全国范围内开展价值观问题研究具有积极的推动作用,价值观问题的研究工作逐步发展起来,并取得了大量的成果。但到目前为止,正如人们所指出的,对价值观问题的研究还主要集中在哲学层面,因为缺乏其他学科的参与和对实践的关注,不少问题仍处在对基本概念、范畴的争论上。在价值本质论、评价论和价值观这三个研究领域,价值本质论、评价论都有了一些代表性的成果,价值观研究虽然是热点问题,但还缺乏系统的理论成果。② 从整体上看,"关于价值观的理论研究仍处于不成熟的阶段"。③ 在本著作中笔者尝试把价值观问题的研究拓展到管理领域,相信能给价值观研究提供新的资料和证据。

第二,这是深化管理哲学研究的需要。管理哲学在我国的研究主要也是从改革开放后开始的,30 多年来,已经取得了不少成果:构筑了管理哲学研究的框架,包括管理主体论、管理客体论、管理方法论、管理组织论、管理决策论、管理控制论、管理价值论等,④提出了不少管理哲学问题。但管理哲学的研究发展到现在,不少人还在重复这些框架和主要问题。笔者认为,20 世纪 80 年代末和 90 年代初在构建管理哲学体系时提出和研究这些问题是对建立管理哲学学科的突出贡献,但现在还重复这些问题而不是就其中的问题进行深化研究就显得远远不够了。有的学者在研究中虽也涉及管理价值观问题,但主要关注的还是几个基本概念,并且篇幅一般最多占书中的一章甚至一节的篇幅。到目前为止,关于管理价值观的深层理论问题、人们关注的管理价值观建设等现实问题却关注得不够,研究得不够。我们要看到,管理哲学的研究主要不是运用哲学范畴对管理学中的问题进行重新归纳整理,这样涉及具体问题时所提出的

---

① 王玉樑主编:《价值和价值观》,陕西师范大学出版社 1988 年版,第 8、52 页。

② 杨学功:《马克思主义哲学研究 30 年:回顾与反思》,载《光明日报》2009 年 1 月 20 日。

③ 袁贵仁主编:《价值与文化》第 1 集,北京师范大学出版社 2002 年版,第 32—33、71 页。

④ 齐振海主编:《管理哲学》,中国社会科学出版社 1988 年版,第 9—12 页。

理论见解甚至还超不出已有的基本管理理论成果的水平(这也正是管理哲学处在管理学领域的人不欢迎,哲学领域的人不大认可的尴尬局面的一个主要原因),而是在研究管理问题时运用了哲学的思维方式和批判方式。价值上的解蔽、定向、超越亦即价值批判、价值重建是哲学独特的思维方式、思维品格和思想旨趣,是哲学的重要理论功能和对实践的重要贡献。管理哲学必须站在维护和实现人的本质力量和全面发展的角度对具体管理问题进行人性、价值等方面的理解和批判,保证管理朝有利于人的需要不断得到满足、价值不断得到实现、发展不断成为可能、自由不断获得增进的方向和轨道发展,为管理价值观建设等实际管理问题提供理论建议和精神支持。因此,管理哲学研究的一个重要问题甚至是核心问题就是管理价值观问题。然而,实际上人们对此问题重视还不够,研究还很不深入,需要加大研究力度。

第三,这是借鉴吸收西方管理成果的需要。现代管理的理论和实践是在西方产生发展起来的,我们在推进社会主义现代化建设的过程中,必须要相应地推进和实现管理的现代化,这就迫切需要吸收西方管理理论和实践的成果,30多年来我们也是这样做的。但是在西方发展起来的先进的管理经验、方法、技术和成果,是与其特有的社会制度、文化背景、价值观念紧密依存在一起的,而管理价值观是其中的灵魂。正如有人指出的,"对于管理的经验和理论的研究,必须包含文化、价值与哲学的考虑与省思。哲学作为管理科学的基础而发挥作用,文化与价值作为管理科学应用的依据而发挥作用。文化—价值—哲学不能简单地理解为管理思想与实践的条件,而应该成为管理思想及其实践的灵魂。"①西方的管理理论和实践是一个有机的管理文化生态,既包含表层的管理经验、技术、方法和理论,也包含深层的、无形的社会制度、管理制度和价值观念。管

---

① 成中英:《C理论:中国管理哲学》,中国人民大学出版社2006年版,第147—148页。

理经验、技术、方法和理论之所以有效和成功是因为有深层的东西配合和支持。我们只把西方时髦的管理理论、管理技术、管理方法介绍到中国来,运用于具体研究或实践中,由于脱离了文化和价值背景,常常不能很好地发挥作用。正因为如此,美国著名的管理学家纽曼(William H. Newman)等指出,"态度与价值观影响着管理实践。因此,当我们想把一种有效的方法从一种文化移植到另一个文化中去的时候,对于作为管理实践基础的决定性前提应该给以密切的注意。"①本著作把西方管理理论、思想和技术与其特有的价值观结合起来进行分析研究,有利于帮助人们充分认识西方的管理学理论、管理观念、管理技术等背后的思想根源和价值观前提,更好地结合我国的文化传统、价值观实际借鉴吸收西方管理实践与理论的成果。

 小资料

丰田以5W1H精神取胜

这是丰田集团推广的为了发现问题产生的原因而采取的"现场和现场主义",要求丰田人在每天的工作中彻底贯彻,新职员在入社仪式上和分配工作时都要接受"现场和现场主义"教育。

具体而言,在生产和工作中出现问题时,员工要连续问五个"Why"(为什么),即"5W"。比如,一台机器不转动了,就要问:

(1)"为什么机器停了?""因为超负荷保险丝断了。"

(2)"为什么超负荷了呢?""因为轴承部分的润滑不够。"

(3)"为什么润滑不够?""因为润滑泵吸不上油来。"

(4)"为什么吸不上油来呢?""因为油泵轴磨损松动了。"

---

① 〔美〕W. H. 纽曼、小 C. E. 萨默:《管理过程》,李柱流、金雅珍、徐吉贵译,中国社会科学出版社1995年版,第851页。

导论　管理价值观：一个有待深化研究的课题

(5)"为什么磨损了呢?""因为没有安装过滤器,混进了铁屑。"

反复追问上述 5 个"为什么"就会发现需要安装过滤器。

自问自答这五个"为什么(Why)",就可以查明事情的因果关系或者隐藏在背后的真正的原因,才谈得上正确的解决方法,即"1H"所指的"How"(怎样)。

在丰田的工厂里专门配有暂停生产线的标识,这在世界其他工厂中是没有的。如今,丰田的 5W1H 精神不仅在工厂等生产现场得到落实,而且也在总公司各个经营步骤中得到体现。

这种精神体现了丰田集团的"人才素质和劳动质量",体现了其管理特色、管理水平,是丰田领先其他日本企业,并在国际竞争中取得优势地位的秘诀和关键。

资料来源:[日]大野耐一:《丰田生产方式》,中国铁道出版社 2006 年版,第 23—24 页;《丰田以 5W1H 精神取胜》,载《参考消息》2002 年 12 月 6 日。

第四,这是进行跨文化管理的需要。经济全球化在西方发达国家尤其是跨国公司的推动下不断向广度和深度发展,把世界上各个国家更加紧密地联系在一起。加入世贸组织,参与经济全球化,实行"请进来,走出去"的经济发展战略,推动着我国的改革开放和对外交往不断向深层次、宽领域发展,必然会把我国的跨文化交流、跨文化贸易、跨文化管理提高到一个新的高度。不管我们是走出去在世界各国开展各种交往活动,还是在国内与外国企业进行合作或竞争,由于每个组织或个人都是持有自己社会的价值观并在其指导下采取一定的管理行为和经济行为,因而不可避免地会产生"文化冲击"或价值冲突。一项对我国与德语国家的合资企业的调查研究发现,跨文化企业管理中,"问题循环始于工作人员所属国的文化。这一文化决定了他们的价值观和目标。这些价值观和目标成为合资企业组织中工作行为的基础。各种工作行为总和决定性地影响着合资企业的组织文化。"①只有克服本身文化和价值观念的偏见，对其做法和价值观念给予理解和尊重，整合双方的价值观念，才能摆脱或避免这样的冲突。正如人们所指出的，"未来成功的企业，必定是兼具不同价值，并能有效调和对立价值的企业。"②所以，管理价值观研究的成果能对跨文化管理工作提供有益的启示和力所能及的帮助。

决策管理的中西差异

有学者通过在中国与德语国家的合资企业中调查和研究，发现在决策上中西方有显著的差异：

从西方人的决策来看，一是中国人不习惯西方领导解决问题的先后次序。比如：问题定性（情况和目的分析）→寻找多种解决办法→结论，其中问题定性、情况和目的的分析尤其受重视。二是每一个问题都是某一原因的直接后果。三是西方人认为具体情况能反映问题现状，认识问题现状就意味着理解问题所处的具体情况。四是西方人认为正确预测行为是信息丰富的结果。西方管理者觉得可以把每个问题解决办法运用到实际中。

而从中国人的决策进程来看，有这样一些特点：一是中国人从不同角度给问题定性，不把问题放在一个固定具体情况中。问题不是被定性，而被当作种种关系的结果。二是中国人不仅

---

① ［德］帕特里希亚·派尔-舍勒：《跨文化管理》，姚燕译，中国社会科学出版社1998年版，第13页。

② ［英］查尔斯·汉普登-特纳、［荷］阿尔方斯·特龙佩纳斯：《国家竞争力》，许联恩译，海南出版社1997年版，第22页。

导 论 管理价值观：一个有待深化研究的课题

研究问题本身,更要研究它所处的关系网。由于具体情况总是处于时间段当中,很难根据具体情况作出决策,因为具体情况是会随时间变化而变化的。三是中国人凭事实和经验解决问题。对他们来说,重要的是找到"完美解决办法",这要符合和谐与平衡原则(与环境和谐,实施时不引起冲突,与整体相融合等)。

研究者认为,这种差异反映的是中西具有不同的文化背景和价值观。

资料来源:[德]帕特里希亚·派尔-舍勒:《跨文化管理:中国同德语国家的合资企业中的协同作用》,中国社会科学出版社1998年版,第94—95、227、259页。

第五,这是提升管理水平推进管理现代化的需要。我国当前经济社会发展中存在着一些长期性问题和深层次矛盾,主要有经济结构不合理,产业技术水平低,自主创新能力不强,经济增长方式粗放,资源约束和环境压力加大,经济整体竞争力弱等。产生这些困难和问题的一个十分重要的原因,一方面表现在政府自身改革和职能转变落后,社会管理和公共服务职能比较薄弱,管理方式落后,办事效率不高;另一方面,一些企业的现代企业制度还没有完全建立起来,大多数企业组织结构的创新滞后,经营的激励和约束机制还没有完全形成,对于员工自身发展不够重视,管理信息化整体实施水平不高,一句话,"我国大多数企业仍处于从经验管理向科学管理过渡的阶段。"①中国科学院发布的《中国现代化报告2005》指出,我国的经济距离世界先进水平的绝对差距还在扩大,从现在到本世纪中叶前,我国的经济现代化至少将面临经济质量、经济结构和国际竞争力三大瓶颈,其中,"重中之重"是提升经济质量。解决以上问题,加快推

① 《21世纪的中国企业管理难题与建议》,载《中国企业报》2004年3月16日。

进经济现代化,必须全面提升政府管理和企业管理的水平,推进管理的现代化。可以说,没有管理的现代化,经济和其他方面的现代化很难得到保障。而对于实现管理现代化,一个十分重要的前提是实现管理观念从传统向现代的转型,只有在现代管理价值观的指导下,一切的管理行为和活动才能进入现代化的快车道。为适应实际的需要,这样的管理价值观必须既吸收借鉴西方先进的管理观念,又立足中国国情,具有中国特色。因而总结提炼现代管理的价值观念,探讨建设中国特色的现代管理价值观就显得十分紧迫和重要。

海尔文化激活休克鱼

1998 年 3 月 25 日,张瑞敏应邀到美国哈佛商学院参与了哈佛商学院林·佩恩教授组织的 MBA 二年级学生的一个课堂教学活动,并当场回答学生的提问。海尔成为哈佛商学院写入哈佛案例的第一个中国企业,开创了我国企业管理案例走向世界的先河。

1992 年,专心做了 7 年电冰箱的海尔,开始进入多元化发展的新阶段。"多元化陷阱"曾经让许多企业栽了大跟头。许多人都担心,海尔也会步入盲目扩张、尾大不掉的泥淖。但张瑞敏指出,海尔不是要不要搞多元化的问题,而是怎么才能搞好多元化的问题。

在最初的多元化发展过程中,海尔基本上没有超出家电领域,同时注意提高品牌的竞争力,并始终强调人的素质和管理水平。在兼并其他企业时,海尔提出了"吃休克鱼"的全新理念。在张瑞敏看来,所谓"休克鱼",指鱼的肌体没有腐烂,比喻企业的硬件很好,而鱼处于休克状态,比喻企业的思想、观念有问题,

导 论 管理价值观:一个有待深化研究的课题

导致企业停滞不前。这种企业一旦注入新的管理理念和管理思想，有一套行之有效的管理办法，就能很快被激活起来。兼并原青岛红星电器厂就是一个典型的例子。

该厂原来在青岛是与青岛电冰箱厂齐名的企业，其生产的洗衣机在国内也非常知名，但由于该企业管理不善，人心涣散，缺乏凝聚力，致使企业效益连年滑坡，至1995年企业状况相当严重。青岛市政府决定将红星电器厂整体划归海尔集团。海尔集团兼并红星电器厂后，将它改组为海尔洗衣机总公司。兼并后，海尔实施企业文化先行的路线，派到红星去的第一批人不是来自财务部，而是企业文化中心，他们把海尔的"用户永远是对的"、"真诚到永远"、"向服务要市场"、"卖信誉不是卖产品"、"高标准、业绩化、零缺陷"等理念和企业精神植入到红星的体内。张瑞敏亲自到红星给所有的中层干部开会讲海尔创业的故事，提出希望，鼓舞了他们奋发向上争一流的勇气。

海尔的文化理念像一只无形的手将原来的几乎溃不成军的职工队伍凝聚起来，并提升到一种有序、自律、迅捷的作业状态，使其勃发出强大的生命力，企业获得了超常发展：三个月企业扭亏为盈，第五个月赢利150万，很快又通过ISO9001国际质量认证，海尔洗衣机的品牌受到赞誉。

资料来源：颜建军、胡泳：《海尔中国造》，海南出版社2001年版，第3—10、363—369页；胡泳：《张瑞敏如是说》，浙江人民出版社2006年第2版，第8页；海尔企业文化中心编：《海尔人话海尔》，青岛出版社2005年第2版，第91—93页。

第六,这也是提高我国文化软实力特别是管理文化软实力的需要。当今时代,文化越来越成为民族凝聚力和创造力的源泉,越来越成为综合国力竞争的重要因素。我国的经济成就已赢得了世界各国的普遍赞誉,而中国现代文化也应该获得与经济成就相应的地位,赢得世界各国的理解和认同。文化软实力是我国崛起、中华民族复兴的巨大推动力量和显著标识。因此,提高包括管理在内的各领域的文化软实力是十分紧迫的任务。现代管理发端、发展、成熟于欧美发达国家,其管理理论、管理成果值得我们认真学习、吸收和借鉴,并且这一方面的工作必须加强;但同时还要看到,在中国国情和独特文化传统下的现代管理实践,既有同各国基本相似的共性的东西,也有同各国特别是西方发达国家相异的个性的东西,即管理实践、管理问题、管理矛盾具有特殊性。"不同质的矛盾,只有用不同质的方法才能解决。"①科学分析、不断解决这些问题、矛盾,不仅能推进我国各项事业的发展,还能提高我国的管理水平和形成有特色的管理理论,进而丰富世界的管理理论宝库,对世界管理文化的发展和各国管理水平的提高作出贡献。我们在发展经济上已经对世界作出贡献,在发展管理、管理科学、管理理论上也应该并且一定能够作出贡献。实际上,我国的联想、海尔、华为、中兴等一大批企业在实践中已经积累了不少成功的管理经验、管理模式。研究管理价值观,提出既反映普世、共性特征,又有中国特色、中国气派、中国风格的管理价值观,对于建设、发展我国的管理文化,提高文化软实力具有十分重要的意义。

总之,对管理价值观特别是现代管理的价值观问题的研究不仅是一项十分重要的理论课题,也是一项十分重要的实践课题,理论和现实的意义都很大。

———————————

① 《毛泽东选集》第 1 卷,人民出版社 1991 年版,第 311 页。

二、管理价值观问题的研究综述

国内外学者对管理价值观以及现代管理中的价值观问题给予了关注,进行了一定的探讨和研究,取得了一些研究成果。

1. 关于管理价值观的含义、构成和类型

要理解管理价值观的一个重要的问题是先理解管理价值观作为观念反映的对象是什么。人们大多认为管理价值观的对象和反映内容是管理价值。对于管理价值存在着不同观点:

一种观点认为,管理价值是由管理主体为了满足一定的需要而在与管理客体相互作用的过程中所产生的效用关系,其实质是管理在多大程度上以怎样的方式满足人们的需要,体现出作为主体的人与作为客体的管理之间的效用关系。① 与之类似的是这样一种观点:管理价值是指管理活动的存在、作用及发展变化对一定主体需要及其发展的适合、接近或一致的关系范畴。②

另一种观点认为,管理价值是客观对象或人们的行为对于提高或改善管理活动所具有的意义和作用。换句话说,管理价值是人们从管理学的角度,以提高和改善管理水平为尺度来衡量客观对象或人们行为的价值。③

以上关于管理价值的观点,一种是指管理作为客体对人的意义,着眼于组织系统、管理系统的外部;一种是指管理活动中主体和客体的关系,

---

① 崔绪治、徐厚德:《现代管理哲学》,安徽人民出版社1991年版,第510页。

② 史会学:《管理价值论:现代管理价值实现研究》(博士论文),中共中央党校哲学教研部2002年,第18页。

③ 杨伍栓:《管理哲学新论》,北京大学出版社2003年版,第220页。

立足于组织系统、管理系统的内部。但从实际的研究来看,两者的区别常常被模糊,持上述观点的学者,在概念上同时有两种观点,或在概念上有这种观点而在分析具体问题时,又体现为另一种观点。比如,一方面认为管理价值是管理作为客体对人的意义,又指出管理价值是管理主体为了满足一定的需要而在与管理客体相互作用的过程中所产生的效用关系等等。

在对管理价值的理解的基础上人们提出了管理价值观的含义:

一种观点认为,管理价值观是人们对待管理价值的根本观点和态度,既是人们对待管理价值的根本性心理体验和管理意识,也是支配人们选择和创造管理价值的根本性的主观动机和指导思想。[①]

另一种观点认为,管理价值观指管理者所持有的、以可接受的或理想的行为模式或最终目标为基础的、无形的、持久的信念。[②]

还有一种观点是,基本上对管理价值和管理价值观不作区分。比如,"和西方的管理价值观相比,东亚国家更加强调以人为本,重视伦理价值和人文价值,崇尚节俭,提倡集体主义,这种管理价值显然不同于西方国家所一贯强调的个人主义和经济理性的管理价值。"又比如,"相对西方的管理价值观而言,以中国传统文化为代表的东方管理价值比较注重'真、善、美'的统一,注重人与自然的和谐共存。"[③]

分析以上观点可以看出,对于管理价值观,人们主要或者把其看作管理者对管理行为、管理目标的信念,或者看作对管理价值的态度、动机、信念;另外,有的还把管理价值观当作对管理的价值的态度、信念和观念。

[①] 崔绪治、徐厚德:《现代管理哲学》,安徽人民出版社1991年版,第517—518页。

[②] [英]帕特里夏·沃海恩、R.爱德华·弗里曼主编:《布莱克韦尔商业伦理学百科辞典》,刘宝成译,对外经济贸易大学出版社2002年版,第425页。

[③] 杨伍栓:《管理哲学新论》,北京大学出版社2003年版,第240、243页。

小资料

从车的档次看地位：一个关于
归属取向的例子

在一些国家和地区，人们的社会地位主要以成就为尺度来确定，而在有些国家和地区，则是按年龄、阶级、性别、教育等来确定。第一种可称作成就身份，或成就取向，后一种则可称为归属身份，或叫归属取向；前者注重一个人做了什么，后者看重一个人是谁。这是两种关于人的社会地位的不同的价值观。有这样一个关于归属取向的例子。

一位英国来的总经理在抵达泰国曼谷后不想坐他前任的汽车。这时泰国的财务经理问他要坐哪款梅赛德斯轿车。而总经理却说他想要辆铃木或更微型的车，这样方便在拥挤的城市街道行驶。

三周后，这位总经理召见财务经理，问他要的车办得怎样了。这位财务经理停顿了一会儿不得不说："你要买梅赛德斯轿车，明天就能到货。而要买铃木车要等很长很长的时间。"总经理让他想办法催催。四周后，总经理要看订车单，后勤部门答复说，因为买小车要花太长的时间，所以他们决定买梅赛德斯。总经理已经忍无可忍了，在第一次召集的管理层会议上，他批评了这件事，要求下属给予解释。泰国的主要管理人员有些不好意思地辩解说，给总经理要是买了这样价额的小车，按照地位他们就没有汽车坐了，他们这样做只是不愿意今后骑自行车上班。

在身份归属的社会里，一个人"就是"他（她）的身份、地位，它就像一个人的出生、所受的正式教育一样自然，他（她）与生俱来的权力就是通过它们表现出来的。

资料来源:[荷]丰斯·特龙彭纳斯、[英]查理斯·汉普登-特纳:《在文化的波涛中冲浪》,华夏出版社 2003 年版,第 101—110 页。

对于价值观和管理价值观的构成,人们进行了一定的研究。戈登·奥尔波特(Gordon Allport)和他的同事开发了"价值研究"的工具。他们设计了 45 种有关价值的命题,让被调查者进行选择或排序,在对这些选择、排序进行价值观归类的基础上,把这些人的价值观或价值定位分成理论型、经济型、唯美型、道德型、政治型和宗教型等六种类型。运用"价值观研究"工具来评价管理价值观的研究发现,管理者一贯地表现为很强的经济型,同时具有一些偏重于理论型和政治型的倾向。乔治·英格兰(George England)创立了管理价值观的评价手段,即"个人价值观问卷(PVQ)",利用这一工具分析企业人员对 66 种价值观做出的评价,得出了四种模式:实用主义(或成功)模式、伦理道德模式、有效或善感模式以及以上三者的混合模式。研究发现,美国管理者一般集中表现为实用主义模式,日本的管理者比美国的管理者更偏重于实用主义模式,澳大利亚、印度的管理者则在实用主义模式与伦理道德模式之间表现出一种均衡。弥尔顿·罗基奇(Milton Rokeach)提出了"罗基奇调查法(RVS)",把 18 种价值标准分成两组,一组由"终极"价值或最终状态的价值构成,一种由"工具性"价值或行为性价值构成。[①] 霍夫斯坦德(Geert Hofstede)通过考察在全球各地工作的 IBM 公司员工的价值观后提出,人们的价值观(包括管理价值观)可以由权力差距、个人主义或集体主义、男子气概或女性气质、回避不确定性、长

① [英]帕特里夏·沃海恩、R.爱德华·弗里曼主编:《布莱克韦尔商业伦理学百科辞典》,刘宝成译,对外经济贸易大学出版社 2002 年版,第 425—426 页。

导　论　管理价值观：一个有待深化研究的课题

期导向或短期导向等五个维度加以描述;① 特龙彭纳斯（Fons Trompenaars）和汉普登-特纳（Charles Hampden-Turner）则从人与他人的关系的态度、对时间的态度、对环境的态度等视角把人们的价值观区分为七个方面，包括普遍主义—特殊主义、个人主义—公有主义、情感内敛—情感外露、具体专——广泛扩散、成就—归属、过去取向—现在、未来取向、控制自然—任其自然。②

总起来看，人们对管理价值观的研究主要是适应跨文化交往和跨文化管理的需要而进行的，主要侧重于从价值观的类别上进行研究，从特定的侧面区分人们价值观的差异，而对于特定管理价值观的内部结构的研究还很缺乏，对管理价值观的功能、管理价值观的演变的分析、认识还很不充分。

2. 关于现代管理的价值观特征及其演变

学者们在研究管理转型、管理思想演变、管理的跨文化表现、国际间管理的比较过程中，不同程度地提到或分析了管理价值观的现代特征。霍夫斯坦德在分析个人主义—集体主义维度时，提出在一国内的农村和城市两种亚文化中，现代化与个体化是一致的；富裕而城市化和工业化了的社会在个人主义方面的得分比较高，而贫穷、农业化和传统化的社会在集体主义方面得分较高。③ 费迪南德·汤尼斯（Ferdinend Tonnies）认为，个人主义或个人取向是现代社会的重要成分。④ 杜威（John Dewey）认为，现代社会流行的价值标准取自于发财成功与经济繁荣。人们的普遍心态

---

① ［荷］G. 霍夫斯坦德:《跨越合作的障碍》，尹毅夫、陈龙、王登译，科学出版社 1996 年版，第 15—16、155 页;［美］弥科姆·沃纳、帕特·乔恩特主编:《跨文化管理》，郝继涛译，机械工业出版社 2004 年版，第 108—109 页。

② ［荷］丰斯·特龙彭纳斯、［英］查理斯·汉普登-特纳:《在文化的波涛中冲浪》，关世杰等译，华夏出版社 2003 年版，第 8—10 页。

③ ［荷］G. 霍夫斯坦德:《跨越合作的障碍》，尹毅夫、陈龙、王登译，科学出版社 1996 年版，第 83 页。

④ ［荷］丰斯·特龙彭纳斯、［英］查理斯·汉普登-特纳:《在文化的波涛中冲浪》，关世杰等译，华夏出版社 2003 年版，第 53 页。

或者说"意识形态"就是"商业意识"。当然商业意识本身存在内部的分裂，因为作为人生决定力量的工业结果是合作的、集体的，而其激励与补偿机制却是私人的，所以这种分裂还要持续下去。只有当人们的自觉的意图与完美同实际产生的结果相一致时，一种统一的意识，哪怕是商业意识才能实现。"这种分裂的存在可以在如下事实中得到证实：一方面，关于大型商业公司内部的股息，我们有大量的未来发展计划；但另一方面，却没有相应的关于社会发展的协作计划"。① 在《管理思想的演变》一书中，雷恩(Daniel A. Wren)认为科学管理植根于实用主义经济学、19 世纪的理性主义哲学以及新教的个人主义道德，它呼唤把全社会的各种利益结合起来。② 这些论据散见在书中，并不系统、完整。大内(William G. Ouchi)在其所著的《Z 理论》中提出，西方管理在极大程度上具有一种社会的精神气质，即"理智比非理智好，客观比主观更接近于理智，定量比非定量更为客观"③。彼得斯(Thomas Peters)和沃特曼(Robert H. Waterman)在《追求卓越》中用一章的篇幅分析了以美国管理为代表的西方现代管理的理性主义特征，指出，"理性意味着明智，讲道理、讲逻辑、从问题正确的表述中产生结论，但是在商业分析中，理性的定义非常狭窄，它指'正确'的答案，这没有把复杂的人的因素考虑进去，就像没有考虑旧的工作习惯、实施的阻力、人的不一致性、好的策略一样。"④成中英在东西管理比较研究中认为，在西方的管理理论和实践中，理性主义已成为根深蒂固的传统。⑤

可以说，人们对管理价值观的现代特征从不同角度以不同的方法提

① ［美］杜威：《新旧个人主义》，孙有中、篮克林、裴雯译，上海社会科学院出版社 1997 年版，第 74—75 页。

② ［美］丹尼尔 A. 雷恩：《管理思想的演变》，赵睿等译，中国社会科学出版社 2000 年版，第 563 页。

③ ［美］威廉·大内：《Z 理论》，孙耀君、王祖融译，中国社会科学出版社 1984 年版，第 61 页。

④ ［美］托马斯·彼得斯、罗伯特·沃特曼：《追求卓越》，戴春平等译，中央编译出版社 2000 年版，第 29 页。

⑤ 成中英：《C 理论：中国管理哲学》，中国人民大学出版社 2006 年版，第 155 页。

导论 管理价值观：一个有待深化研究的课题

及,也进行了不同程度的分析,但观点是十分分散的,缺乏系统性和完整性。并且包括观点提出者在内的管理学者、管理实践者自己的管理价值观也体现在对管理的研究或实践中,需要进行挖掘和提炼。

戴明质量管理14条

美国著名的质量管理专家戴明(William Edwards Deming)总结出14条质量管理原则,他认为一个公司要想使其产品或服务达到规定的质量水平必须遵循这些原则。

1. 树立坚定不移的改善产品和服务的目标。

2. 采用新的哲学思想。

3. 停止依靠检查来保证质量的方法。

4. 结束仅用价格作为报偿企业的方法。

5. 坚持不懈地改善计划、生产和服务的每一个环节。

6. 推行岗位培训。

7. 建立领导关系。

8. 驱除畏惧心理。

9. 消除班组、员工之间的壁垒障碍。

10. 废除针对员工的口号、训词和目标。

11. 废除针对工人的数字定额和管理人员的数字化目标。

12. 消除剥夺员工工作自豪感的障碍。

13. 实行普及至每一个人的有效教育和自我改进计划。

14. 让企业中每一个人都参与实现公司转型的大业中。

戴明14条原则的核心是目标不变、持续改善和知识渊博。

资料来源:[英]斯图尔特·克雷纳:《管理百年》,海南出版社2003年版,第170—171页。

另外，学者们对于现代管理历史演变也进行了分析研究，并从中能够梳理一些管理价值观演变的内容。但对现代管理演变的研究与现代性、后现代性问题的研究相互之间联系并不紧密。现代性、后现代性的研究起源于已经实现现代化的西方国家，主要由哲学、文学、建筑学等领域的学者发起，他们比较关注的是现代性的矛盾和后现代主义、后现代性的问题，而很少关注管理的现代性问题，很少提到"管理的现代性"概念。但在关于现代性、后现代性的研究中有些成果可以用来分析管理的现代性和后现代性问题，当然，还需要挖掘、梳理和提炼。

3. 关于我国管理现代化进程中的管理价值观建设

长期以来，由于受经济管理体制的影响，我国的企业和管理部门只重视生产，轻视甚至忽视经营和管理工作，随着党和国家的工作重心转移到以经济建设为中心的轨道上来，为提高经济效益，企业的管理工作和相关的研究工作有所加强。本来现代化本身应该包含着管理现代化的内容，但由于对管理的阶级性的担心，也由于对管理的重要性认识的不足，我们在提出"四个现代化"的建设目标后较长的时期内并没有提出管理现代化的目标。面对这种情况，在1978年，邓小平提出"工人阶级要用最大的努力来掌握现代化的技术知识和现代化的管理知识，为实现四个现代化作出优异的贡献"。在1980年，他提出，我们"过去的工厂管理制度，经过长期的实践证明，既不利于工厂管理的现代化，不利于工业管理体制的现代化，也不利于工厂里党的工作的健全"[1]。有的学者提出，"管理现代化和技术现代化是促进'四化'的两个轮子，没有这两个轮子，现代化是前进不了的。"并指出，

---

① 《邓小平文选》第2卷，人民出版社1994年版，第136、340页。

"凡是引进外国先进机器设备的工厂,应当同时学习外国的企业管理制度"。① 1984 年初,全国第二次企业管理现代化座谈会召开,提出了企业管理现代化的"五化"内容,即管理思想现代化、管理组织现代化、管理方法现代化、管理手段现代化、管理人才现代化。而管理思想现代化的重要内容就是管理价值观的现代化。在改革开放的进程中,企业的管理水平有所提高,包括管理价值观在内的研究有所进展,但由于受历史惯性的影响和经济体制、产权关系等问题的限制,国有企业的管理水平从整体上看并不高,并且在改革中出现了大量的企业关、停、并、转,即使存在的企业,除了个别的先进企业以外,管理的现代化水平还比较低。② 与此相关的是,我国整体的管理科学研究水平还不高,1996 年国家自然科学基金委员会才把原来的管理科学组升格为管理科学部,以指导我国管理科学研究。近些年来,人们对我国管理价值观特别是儒家管理价值观的研究取得一些成果。潘承烈提出建立有中国特色的管理模式问题,指出中国特色管理模式的一些基本原则或指导思想,包括把发展经济作为总的目标,经营要讲求经济效益,同时也讲求社会效益,包括环境保护,要使国家、企业和职工个人三方面都受益,在为社会提供产品服务的同时,还要使企业职工自身得到锻炼和提高,从而培养出社会发展所需要的人才等等;③还包括提出了"义以生利"的管理价值论和"修己安人"的管理目标;④提出了"中国式管理"、"中国式管理的现代性"概念;⑤认为"和合"是中国文化的最高之道,是中国文化人文精神的精髓,指出要应对现代社会的冲突

---

① 薛暮桥:《中国社会主义经济问题研究》,人民出版社 1979 年版,第 228—229 页。
② 黄群慧:《国有企业管理现状分析》,经济管理出版社 2002 年版,第 52—53 页。
③ 潘承烈主编:《传统文化与现代管理》,企业管理出版社 1994 年版,第 12 页。
④ 黎红雷:《儒家管理哲学》,广东高等教育出版社 1997 年版,第 119—154、283—314 页。
⑤ 成中英:《C 理论:中国管理哲学》,中国人民大学出版社 2006 年版,第 137—143 页。

与矛盾,必须提倡和合价值,建设和合文化,发展和合管理;①提出了"以人为本、以德为先、人为为人"的东方管理文化的"三为"理念,认为这是东方管理文化的本质特征,还尝试构建了东方管理的理论体系。②

从实际的情况来看,人们对中国现代化进程的管理现代化问题给予了相当的关注,对管理价值观建设问题进行了多方面的探讨,取得了一定的成果。但不少同志不是把管理价值观建设理解为西方科学管理观念的吸收,就是传统管理价值观的再发现,或者是提出一些没有实际制度支持和保障的政治化、道德化口号,对管理实践能发挥指导作用的建设性对策还很缺乏。

三、本著作的写作思路与主要观点

通过考察学术界研究情况,根据研究的目的与需要,本著作从四个方面对管理价值观问题进行分析研究。

第一部分也就是第一章对管理价值观的基本问题给出我们的理解。我们认为管理是一种追求价值和创造价值的整合性社会活动,它是科学性和价值性的统一,合规律性和合目的性的统一,是目的与手段的统一。管理是与价值紧密联系在一起的,是在管理价值观念的指导下进行的。管理价值观是人们在管理活动中逐步形成的无形的、通过制度支撑的、稳定的关于管理行为、活动的信念系统,这一系统既是一个制度生态,又是一个文化生态。我们在吸收借鉴学术界对价值观结构研究的成果基础上,构建了管理价值观的简易模型,即管理价值观是由管理的价值主体意识、管理的价值目标观念和管理的价值手段观念相互联结、相互促进、相

---

① 张立文:《和合学:21世纪文化战略的构想》,中国人民大学出版社2006年版,第834—885、927—947页。

② 苏东水:《东方管理学》,复旦大学出版社2005年版,第9—10、123—183页。

导　论　管理价值观：一个有待深化研究的课题

互加强、相互作用的有机整体。管理价值观对于管理活动具有评价、导向、激励、调节和整合等功能。既存在个体的管理价值观,也存在组织的管理价值观,还存在社会的管理价值观,本书主要研究的是组织层次和社会层次的管理价值观,认为它们是有历史性的,并考察了管理价值观在组织生命周期中的表现形态和在人类社会发展演变过程中的历史形态,特别是以中国为例分析了传统意义上管理价值观的特征。

第二部分利用第一章构建的管理价值观简易模型分析研究现代管理的价值观念。第二章是对现代管理的价值主体意识的分析,包括管理主体的资格意识、权利意识、权责利统一的意识和理想人格意识。我们认为现代管理之所以在西方产生和发展,发挥出显著的作用,主要得益于给予个体价值以充分的尊重和肯定,给予个体签订契约的自由,从而保证了个体在最能适应自己的特点、发挥自己的作用,也能实现自己价值的组织和岗位上工作,通过把其能力和绩效密切联系起来,鼓励人们之间的竞争,从而极大地调动了管理活动中人们的积极性、主动性和创造性。我们认为用个人主义和集体主义来区分以美国为代表的西方发达国家和以日本为代表的后来居上的发达国家的现代管理的价值主体意识是很不够的,在这两种类型中作为个体的组织成员的工作主动性、积极性和创造性都得到一定程度的调动,它们其实有共同的主体意识基础,这就是能力主义。第三章分析了现代管理的价值目标观念。我们提出了"充实的经济人"的理论假设,认为在整个现代管理产生发展的过程中支配人们管理活动的是追求最大物质利益的同时也追求其他方面利益(社会的、管理的、文化的)从而保证实现最大利益的愿望。前现代社会向现代社会转变的过程同时也是从社会的领域合一到领域分离的过程,先是政治领域从宗教领域中分离出来,紧接着是经济领域从宗教领域和政治领域中分离出来,这样经济领域的专门职能就是争取最大的经济功利,一方面现代管理把经济业绩看作至高无上的准则和理性,否认自己具有社会责任或把保证经济业绩看作是自己唯一的社会责任,秉持着企业和经济的"非道德性神话",而经济业绩不是别的什么东西,实际上就是利润;另一方面利润来源于较高的效率,因此现代管理把效率的提高看作直接的目的。这样,利润至上、效率至上成为现代管理的价值目标观念的显著特征。第四章分析了现代管理的价值手段观念。现代企业、现代组织的出现是与现代管理的产生分不开的,而现代管理由于有了管理的实施者、承担者——知识和科学的载体——职业管理者(职业经理人)才成为可能。为了保证管理目标的实现,现代企业、现代组织必须通过职业管理者增强管理手段的可控性、可预测性,必然要强调人的理性因素的绝对重要性,排斥和排除人的一切非理性因素,这样一方面强调一切都依赖科学知识、科学方法,另一方面强调制度的重要性,因而对于人的特殊的能动性有所忽视,甚至把人看作物,正因为如此,现代管理的价值手段观念是理性主义、科学主义的。

第三部分也就是第五章分析了现代管理及其价值观的演变和转型。我们不能同意包括哈贝马斯在内的学者的观点,认为启蒙运动的宗旨由于工具理性对生活世界的殖民化并没有完成,因此现代社会通过发挥交往理性的作用来恢复生活世界是能够得到延续的。我们认为,现代社会是与工业社会或社会的工业化相一致的,随着工业社会向信息社会的过渡,现代社会也向后现代阶段过渡。因此,从世界历史的角度来看,不仅存在一个作为文化精神和气质的后现代主义,还存在一个作为社会阶段的后现代。伴随着社会的转型,现代管理及其价值观也发生着转变,主要表现为从利润至上向创造价值的转变、从崇尚理性到主张理性和非理性的平衡的转变、从个人本位和主张竞争到个人与团队相结合和强调合作的转变等。我们认为这一转变的实质不仅是管理范式的转变,也是管理由现代性向后现代性的转变。而管理的现代性和后现代性不是别的,而是坚持、肯定和支持一定的管理价值观的制度生态和文化生态。

第四部分即第六章是结论和最终研究目标,对管理现代化中的管理价值观建设提出了对策和建议。我们认为能不能实现管理现代化,已经成为实现我国社会主义现代化的瓶颈,必须引起人们的高度重视。而管理价值观建设是管理现代化的前提条件、奠基工程。管理价值观建设就是把传统管理价值观转向现代管理价值观,从而用肯定、坚持和支持现代管理价值观念的制度来指导和规范我们的各项管理工作,管理价值观的建设不在于口号提得多么理想化和超前,而在于把怎样的管理价值观转换为管理制度、管理行为和管理活动。而我国社会主义现代化所需要的管理价值观模式,是在总结提高社会主义现代化建设过程中形成的管理观念的基础上,继承和提炼中国传统管理价值观,吸收和借鉴西方现代管理价值观,融会贯通的产物。在管理的价值主体意识上,要树立和坚持责任观念、能力观念、民主观念、集体观念;在管理的价值目标观念上,要重视和强化效率观念、效益观念、公正观念、和谐观念;在管理的价值手段观念上,要形成和发展科学观念、制度观念、道德观念、文化观念。在以上三个方面,这些价值观念是依次递升、层层深化、密切关联的。这个管理价值观是中国特色的新型管理价值观,其实质和核心是以人为本。

第一章　管理价值观界说

管理的使命,首先而且最为重要的就是价值创造。

——［美］琼·玛格丽塔、南·斯通:《什么是管理》

我坚信,任何一家企业为了谋求生存和获取成功,都必须拥有一套健全可靠的信念,并在此基础上,提出自己的各种策略和各项行动方案。我认为,在企业获取成功中起着最为关键性的一个因素就是,恪守这些信念。

——［美］小托马斯·沃森(IBM 前董事长):

《一个企业的信念》

　　管理是适应组织整合人与人之间的努力及人与物的关系以实现特定目的而产生的一种基本社会活动,是一种追求价值和创造价值的活动。人、财、物,观点、思想、理论,途径、方式、方法等,能不能满足管理的需要或对管理具有怎样的意义亦即管理价值的问题,是任何管理者都必须经常思考和认真对待的问题。而管理者在评价、选择和创造管理价值的过程中,是在一定的管理价值观的影响下进行的,也就是说,管理价值观是作为管理者与管理活动的中介而发挥作用的。人们对管理活动理解的不同,一个重要的方面就表现在运用了不同的管理价值观;人们要提升管理水平,改进或变革一定形式的管理,首先必须优化、改进或变革指导此管理的管理价值观;人们要采用或引进一定形式的管理,往往也必须考虑指导它的管理价值观。那么,应该怎样理解管理价值观? 这就是本章要解决的问题。

一、管理与价值

管理与人类的产生几乎是同步的,早期的人类要生存、繁衍必须以群体的形式与自然进行抗争,这样,不管是共同从事采集,还是一起去狩猎,必须有专门协调、整合群体之间的努力的特殊活动——管理,也就产生了承担管理活动的管理者以及执行任务的被管理者,当然管理者和被管理者之间的区分在那时是不明显的,甚至是可以经常变换的,不管是管理者和被管理者都没有自己特殊的权力和利益,只是后来管理才成为一定阶级或一定阶层的专有权力,并且还获得了特殊的利益。管理又是与人类共同发展的,管理的目的、方式、方法、思想观念、体制、制度等是在人类社会发展过程中逐步发展完善起来的,不同时代的管理深深地打上当时代的烙印。因此,"真正而全面的管理史当然是人的历史。"①

1. 管理的产生和管理的实质

从起源上看,管理是在早期人类共同采集、狩猎中产生的,但不管是什么时代,只要人们需要协调和整合彼此之间的活动,作为特殊活动或职能的管理就会产生。对于管理的产生有这样一个例子。有五个人沿着一条路下山。这条路非常窄,右边是深谷,左边是陡坡,所以他们必须排成一排行进。这些人一路上唱着歌,说说笑笑,非常高兴。走着,走着,前面的路被一块巨石挡住,不能通过。这块巨石太大,他们中没有一个人能搬动。于是,这五个人有了共同的任务:移开巨石。为此,他们需要计划、组织、激励、控制以移开这块巨石,组织和管理就产生了。可以看出,当有了任务需要完成,并且这项任务要求人与人之间的相互依赖、共同努力时,

---

① [美]克劳德·小乔治:《管理思想史》,孙耀君译,商务印书馆1985年版,第1页。

管理过程就产生和存在了。① 一个人可以从事很多事情和任务,但一旦从事的事情和任务变得复杂起来,变得必须几个人去共同努力完成,那种由一个人计划、独自一人完成任务的简单情形就不可能再继续下去了。在这种情况下,建立一个通过有组织的努力去完成集体任务的过程,就变成必要的了。管理就是促成上述过程的技术方法。② 针对在工业革命中产生的大量工厂和组织需要管理的现实,马克思对管理的产生有一个精辟的论断,他说:"一切规模较大的直接社会劳动或共同劳动,都或多或少地需要指挥,以协调个人的活动,并执行生产总体的运动——不同于这一总体的独立器官的运动——所产生的各种一般职能。一个单独的提琴手是自己指挥自己,一个乐队就需要一个乐队指挥。"③

 小资料 **管理是只看得见的手**

美国经济学家、企业史学家小艾尔弗雷德·D.钱德勒通过研究大量的史料指出,管理的变革对生产发展具有促进作用,随着生产的扩大,客观上又要求管理进行变革,相对于市场这只看不见的手而言,管理是只看得见的手。

第一个论点是,当管理上的协调比市场机制的协调能带来更大的生产力、较低的成本和较高的利润时,现代多单位的工商企业就会取代传统的小公司;第二个论点是,在一个企业内把许多营业单位活动内部化所带来的利益,要等到建立起管理层级

---

① [美]伊查克·麦迪思:《企业生命周期》,赵睿、陈甦、何燕生译,中国社会科学出版社1997年版,第129页。
② [美]赫伯特·西蒙:《管理行为》,杨砾、韩春立、徐立译,北京经济学院出版社1988年版,第10页。
③ 《马克思恩格斯全集》第44卷,人民出版社2001年版,第384页。

制以后才能实现;第三个论点,现代工商企业是当经济活动量达到这样一个水平,即管理上的协调比市场的协调更有效率和更有利可图时,才首次在历史上出现的;第四个论点,管理层级制一旦形成并有效地实现它的协调功能后,层级制本身也就变成了持久性、权力和持续成长的源泉;第五个论点是,指导各级工作的支薪经理这一职业,变得越来越技术化和职业化;第六个论点是,当多单位工商企业在规模和经营多样化方面发展到一定水平,其经理变得越来越职业化时,企业的管理就会和它的所有权分开;第七个论点是,在作出管理决策时,职业经理人员宁愿选择能促使公司长期稳定和成长的政策,而不贪图眼前的最大利润;第八个也是最后一个论点是,随着大企业的成长和对主要经济部门的支配,它们改变了这些部门乃至整个经济的基本结构。

资料来源:[美]小艾尔弗雷德·D.钱德勒:《看得见的手——美国企业的管理革命》,商务印书馆1987年版,第6—12页。

那么怎样认识和理解管理作为特殊活动或职能及其实质?

法约尔(Henri Fayol)作为实际从事管理工作的企业经理和学者,认为企业的全部活动可以分为六个方面,分别为技术活动、商业活动、财务活动、安全活动、会计活动、管理活动。技术活动、商业活动、财务活动、安全活动、会计活动都不负责制定企业总经营规划,不负责建立社会组织,协调和调和各方面的力量和行动;这些特殊活动或职能并不属于技术职能的权限,也不属于商业、财务、安全以及会计职能的权限,它组成了另一种职能——管理(就是实行计划、组织、指挥、协调和控制)。计划是探索未来和制定行动计划的工作,组织是建立企业的物质和社会的双重结构的工作,指挥是使其人员发挥作用的工作,协调是连接、联合、调和所有的活动和力量的工作,控制则是注意是否一切工作都按已制定的规章和下达的命令进行。他认为,"管理"不是一种特权,也不是企业经理或企业领导的个人职责,而是一种同别的基本活动或职能一样的分配于企业领导与整个组织成员之间的职能,但由于它在上层企业领导的作用中占有十分突出的位置,以致人们认为这种作用纯粹就是管理了。①

曾任美国新泽西贝尔公司总经理的巴纳德(Chester I. Barnard)认为,经理人员的职能是维持一个协作努力的体系的专门化工作。其职能不是个人性的,不是人们日常理解的那样去管理一群人,不能狭隘地、简单化地看待经理人员和管理人员的职能。即使把经理人员的职能理解为管理协作努力的体系也是不准确的,从整体上说,协作努力的体系(组织)是自己管理自己,而不是由管理组织单独来管理的,管理组织只是协作努力体系的一个部分而已。他打了一个形象的比喻,如果把协作体系的其余部分比作身体的其余部分,经理人员的职能就像包括大脑在内的神经系统。经理人员(管理者)的职能主要包括提供信息交流的体系、促成必要的个人努力和提出并制定目的。②

明茨伯格(Henry Mintzberg)通过对五位首席执行官(他们来自不同类别的公司)的日常工作进行了考察和研究分析,发现真实的管理者和传说(人们习以为常或学者研究提出)的工作相差甚远。比如,人们都认为管理者是深思熟虑、有系统的计划者,而大量的调查研究显示,管理者的工作强度极大,其活动的特点是短暂、多样、非连续,他们长于行动,不善于(无暇)思考;人们都认为有效率的管理者无须履行常规职责,而事实是除了处理意外事件,管理工作还涉及一系列常规职责,如出席仪式与

① [法]H.法约尔:《工业管理与一般管理》,周安华等译,中国社会科学出版社 1998年版,第2—6页。

② [美]C.I.巴纳德:《经理人员的职能》,孙耀君等译,中国社会科学出版社 1997年版,第170—171页。

第一章 管理价值观界说

管理之魂

典礼、参与谈判、处理把组织和社会环境联系起来的软性信息。根据管理者的具体工作,他把其描述概括为三类 10 种角色:第一类是人际性角色,包括名义领袖、领导者、联络者;第二类是信息性角色,包括监控者、信息传播者、发言人;第三类是决策性角色,包括创业者、危机处理者、资源分配者、谈判者。这三类角色实质上是管理者的具体职能,是三位一体的,不可分割。①

通过以上的描述和分析,我们认为,管理是协调和整合成员的努力以趋向、实现组织目标的活动、过程和职能。把握管理的实质要注意这样几个问题:

第一,管理是为完成特定的任务特别是复杂的任务而产生的,没有需要完成的任务和实现的目标,也就不需要管理了。这样的任务和目标可能是单一的,也可能是多样的,可以是不变的,也可能是变化的。福列特就明确指出,管理者应该有能力在任何时候定义自己组织的目标,或整个目标群。②

第二,管理不是针对单独一个人的活动而言的,而是针对两个人或两个以上的人的活动特别是由人构成的组织的活动而言的。也就是说不属于一定组织的个人的自我"管理"与组织中的"管理"是不同的,前者不属于严格意义上的管理,但是在一定组织中确实可能产生也需要一定形式的个人的自我管理,但是它是与组织的管理紧密联系在一起的。

第三,管理的职能一般是由专门的管理者(经理、厂长、校长、社长等)来履行的,但各个层次、岗位都存在管理的需要,因而其他成员也承担着一定的管理职能,因此管理者这一称呼不单单是针对专门人员的,也是针对从事一定管理工作的其他成员的,这也是人作为主体的特点(主

---

① [加]亨利·明茨伯格:《明茨伯格论管理》,闫佳译,机械工业出版社 2007 年版,第 3—15 页。
② [美]玛丽·福列特:《福列特论管理》,吴晓波、郭京京、詹也译,机械工业出版社 2007 年版,第 104 页。

动性、积极性、创造性、为我性等）之所在，从这个意义上说，我们所理解的管理主体是所有从事管理活动的人，而管理客体是管理的对象，当人作为管理对象时也并不是像物一样只具有客体性（自在性、被动性、制约性等），同时也存在主体性，因为"人始终是主体"①。

第四，管理职能的发挥是以有效协调整合人们的努力为前提和基础的，管理仅有要达到的目标，而无实现目标的整合协调人们之间努力和人与物之间关系的方法、方式和手段也是不行的。毛泽东曾就任务（目标）和手段的关系说过一段著名的话，"我们不但要提出任务，而且要解决完成任务的方法问题。我们的任务是过河，但是没有桥或没有船就不能过。不解决桥或船的问题，过河就是一句空话。不解决方法问题，任务也只是瞎说一顿。"②

第五，为了保证目标和任务的实现，管理就会产生对一切工作和人的可控性、可预测性和确定性的需要，因而内在地具有一种特定的倾向，即考虑强调组织成员的知识、技能和对组织的贡献等非人格的特点而忽略他们特有的习惯、兴趣、直觉、本能、需要、目的等人格的特点。克里斯·阿基里斯曾提出，正式组织及其管理者往往要求其成员在工作中处于被动从属的地位，由于对成员提出的要求与一个健康的个体的需求不相符，容易引发他们的心理冲突、挫折感和失败感等。③

第六，与前一点有关的是，管理者具有从本组织出发认识、理解、对待组织内外问题的倾向，总是从对于组织、对于管理者有什么意义的角度来观察、分析和对待人、事、物的，也就是说，管理是与价值紧紧联系在一起的。因此，对于一个管理者而言，人们"希望他能开辟新的道路并且创造个人、群体以及企业发展的新机遇。他不仅能够识别更大的情境，而且能

---

① 《马克思恩格斯全集》第 3 卷，人民出版社 2002 年版，第 310 页。
② 《毛泽东选集》第 1 卷，人民出版社 1991 年版，第 139 页。
③ ［美］：克里斯·阿基里斯：《个性与组织》，郭旭力、鲜红霞译，中国人民大学出版社 2007 年版，第 78—79、260—281 页。

第一章　管理价值观界说

管理之魂

够识别所涉及的重大价值的情境"①。

2. 管理是追求价值和创造价值的活动

到目前为止，人们对"价值"的认识和理解还不完全相同。有的学者认为，价值是对主客体相互关系所作的主体性描述，代表着客体主体化过程的性质和程度，是"客体的存在、属性和合乎规律的变化与主体尺度相一致、相符合或相接近的性质和程度"②。也有学者指出，"价值，作为哲学范畴，表示客体对于主体所具有的积极或消极的意义"，并提到，人们一般把客体对主体的积极意义叫正价值，简称价值；而把消极的价值叫负价值。"所谓价值，就是指客体对于主体具有积极意义，它能够满足人、阶级和社会的某种需要，成为他们的兴趣、意向和目的。"③还有学者提出，价值发生于主体和客体的相互作用，价值就存在于客体对主体的作用或影响中。客体对主体产生作用或影响就是有价值，否则无价值。客体对主体产生积极的作用和影响是正价值，否则是负价值。并且通常所说的价值是正价值。"价值就是客体对主体的积极效应。"④并明确，"价值从根本上说在于促进事物发展，在于促进主体特别是社会主体发展完善，使人类社会更美好，使每个人自由而全面地发展。"⑤等等。

在学者们对价值的认识、理解和观点中又有一些相同之处，包括：价值是为人而存在的，具有人的属性，人的世界就是一个价值的世界；价值离不开人的需要和能力，人认识世界和改造世界不是为了别的，而是为了满足自己的需要，促进自己的发展和本质力量的提高；价值表现为一种关系，一种以人为主体的关系，是人从自己的需要和内在尺度出发，建立的

---

① ［美］玛丽·福列特：《福列特论管理》，吴晓波、郭京京、詹也译，机械工业出版社2007年版，第107页。

② 李德顺：《价值论》，中国人民大学出版社2007年版，第79页。

③ 袁贵仁：《价值观的理论与实践》，北京师范大学出版社2006年版，第4页。

④ 王玉樑：《论价值与价值标准》，载《学术研究》2002年第10期。

⑤ 王玉樑：《关于价值本质的几个问题》，载《学术研究》2008年第8期。

与包括人在内的各种事物的存在、属性、特征等（客体）的关系；价值的产生、运动和实现是以人的需要的满足与否、发展的增进与否、本质力量的增强与否为标志，价值的大小取决于客体对人的需要的满足、发展的增进、本质力量的增强的程度。可以看出，上述几种关于价值的界说包含了这样的含义，即价值表征着客体对于主体的作用或具有的意义。

在实质上，价值不是客体，不是主体，也不是客体与主体的关系（价值关系），而是以主体为中心、以主体为导向、以主体为尺度的客体与主体的关系态、关系质，是客体与主体相互作用的效应，是主体性的内容和尺度。一句话，价值是促进人自由而全面发展的属人的一切事物。对于人类而言，正义、公正（公平、公道）、自由、民主、人权等都是价值。

追求价值和创造价值正是人们和组织对于管理所赋予的责任，是管理得以产生的依据。但管理追求、创造的价值是以它所实现和拥有的管理价值为前提和基础的，甚至可以说，它追求和创造的主要是管理价值，因为所有价值只有被管理者理解和认可后才能成为可能。

那么，什么是管理价值？

管理价值，是同军事价值、宗教价值、教育价值、科技价值等同一层次的概念，它指的是人、事、物作为管理客体对于管理主体所具有的作用或意义。也可以说，它是指人的思想、言行以及各种事物对于社会、组织和人在管理上的意义。在实质上，管理价值是组织及其管理的尺度与内容。效率、效益、业绩等都属于管理价值。在不同的民族、国家和文化中，管理价值有不同的表现。正如有研究者指出的，在法国，对于组织、管理者、成员而言，荣誉是一种管理价值。"这种荣誉的逻辑是历史遗留下来的，它严格规定了人们应尽的义务和要保卫的权利。"[1]

---

① ［法］菲利普·迪里巴尔纳：《荣誉的逻辑》，马国华、葛智强译，商务印书馆2005年版，第34页。

最优良的政治团体必须由
中产阶级执掌政权

亚里士多德指出,在一切城邦中,所有公民可以分为三个部分(阶级)——极富、极贫和两者之同的中产阶级。大家既然已公认节制和中庸常常是最好的品德,那么人生所赋有的善德就完全应当以[毋过毋不及的]中间境界为最佳。处在这种境界的人们最能顺从理性。趋向这一端或那一端——过美、过强、过贵、过富或太丑、太弱、太穷——的人们都是不愿顺从理性的引导的。第一类人常常逞强放肆,致犯重罪,第二类则往往懒散无赖,易犯小罪:大多数的祸患就起源于放肆和无赖。中产阶级的人们还有一个长处,他们很少野心,在军事和文治机构中,要是有了野心的人,对于城邦常会酿成大害。

一个城邦作为一个社会(团体)而存在,总应该尽可能由相等而同样的人们所组成[由是既属同邦,更加互相友好];这里,中产阶级就比任何其他阶级(部分)较适合于这种组成了。据我们看来,就一个城邦各种成分的自然配合说,唯有以中产阶级为基础才能组成最好的政体。中产阶级(小康之家)比任何其他阶级都较为稳定。他们既不像穷人那样希图他人的财物,他们的资产也不像富人那么多得足以引起穷人的觊觎。既不对别人抱有任何阴谋,也不会自相残害,他们过着无所忧惧的平安生活。

很明显,最好的政治团体必须由中产阶级执掌政权;凡邦内中产阶级强大,足以抗衡其他两个部分而有余,或至少要比任何其他单独一个部分为强大——那么中产阶级在邦内占有举足轻重的地位,其他两个相对立的部分(阶级)就谁都不能主治政权——这就可能组成优良的政体。所以公民们都有充分的资产,能够过小康的生活,实在是一个城邦的无上幸福。如其不然,有些人家财巨万,另一些人则贫无立锥,结果就会各趋极端,不是成为绝对的平民政体,就是成为单纯的寡头政体;更进一步,由最鲁莽的平民政治或最强项的寡头政治,竟至一变而成为僭政。僭政常常出于两种极端政体,至于中产阶级所执掌而行于中道或近乎中道的政权就很少发生这样的演变。

这是很明显的,对大多数的城邦而言,最好是把政体保持在中间形式。

资料来源:[古希腊]亚里士多德:《政治学》,商务印书馆1965年版,第207—211页。

管理者在追求和创造管理价值时,要处理好管理的科学性和价值性、合规律性和合目的性、目的和手段的关系。主体与客体的关系的内容有两个方面,一个方面是客体向主体的转化,也就是客体与主体相接近、相符合和相一致的关系,也就是价值性、目的性关系;另一个方面是主体向客体的转化,即主体对客体的接近、适应和符合,体现的是规律性关系、科学性关系、手段性关系。为了实现管理价值,管理主体必须保证合理的、科学的途径和手段;管理者去获得科学、合理的途径本身不是目标(目的),而是为了实现管理价值目标(目的)。管理活动只有取得科学性和价值性、合规律性和合目的性、目的和手段的统一,才能发挥出自己应有的作用。管理活动就是在处理科学性和价值性之间的矛盾、合规律性和合目的性之间的矛盾、目的和手段之间的矛盾中不断变化、发展和演进的。

当然,人们怎样追求和创造管理价值,能追求和创造多少管理价值,

第一章 管理价值观界说

是受历史条件和自身能力限制的,其中一个重要的限制条件就是管理价值观的影响。

二、管理价值观的含义、构成和功能

为了准确、全面地认识、理解管理价值观,我们需要先认识、理解一般意义上的价值观。

1. 对价值观的理解

认识价值、理解价值、创造价值和选择价值是人生存、发展的重要条件和基本内容。正是在自己认识价值、理解价值、创造价值和选择价值的过程中人们在头脑中形成了对于价值的稳定的观念,即价值观念。为了日常使用的方便,我们称之为"价值观"①。价值观是一种特定观念,关系着人们的价值选择,在很大程度上是人们对价值选择的理解、认识和判断,是"人们对待问题的态度和处理问题的方法,它并不是简单地在矛盾的双方中肯定一方而否定另一方,而是表现为看待处理矛盾时的一种优先顺序"②。因此,可以说,价值观是关于价值选择的优先次序的观念系统。从一定意义上可以说,"所谓不同文化和价值观的区别,就是排序的区别",人们把什么东西(价值)排在一个更优先的位置,"这才是重要的问题。"③

具体而言,人们对于那些满足其需要的事物产生一定动机、态度和兴

---

① 严格地说,"价值观念"与"价值观"是有区别的。王玉樑认为,"价值观"是各种价值观念、价值知识的一般观点或根本观点的概括。在价值意识的概念层次上,"价值观"要比"价值观念"更高,是属于最高层次的概念。参见王玉樑:《论理想、信念、信仰与价值观》,载《东岳论丛》2001年第4期。

② 袁贵仁:《价值观的理论与实践》,北京师范大学出版社2006年版,第154页。

③ 潘维、玛雅主编:《聚焦当代中国价值观》,三联书店2008年版,第169页。

趣,形成对价值的态度和兴趣等心理,在此基础上产生对价值的倾向性理解和认识,形成特定的价值倾向、价值取向,从而产生具体的追求价值、创造价值或选择价值的活动,进而在这些价值性活动中形成对价值的经验性认识和理解(简称价值经验),又在价值经验积累、扩展的基础上形成对价值认识、理解的习惯和风俗(简称价值风俗或风俗),也形成自己对价值的信念、信仰、理想(即价值信念、价值信仰、价值理想)。当然,人们的价值观念并不仅仅包含以上的几个方面。

由于人们所处的社会环境、所受的教育背景、从事的职业、人生经历不同,对自己的需要和认识理解不同,也就形成了不同的价值观。正如马克思所指出的,"忧心忡忡的、贫穷的人对最美丽的景色都没有什么感觉;经营矿物的商人只看到矿物的商业价值,而看不到矿物的美和独特性;它没有矿物学的感觉。"① 有了不同的价值观,在它们指导、支配不同的价值追求、价值选择和创造活动中,就会产生冲突,这种冲突既是不同价值活动、利益活动的冲突,也是价值观的冲突。解决冲突的方式有战争(这是人类从古代到目前依然在使用的方式)、谈判(在古代就有,但主要成为现代人经常采用的方法)等,结果是战争的胜方(更多的是国家的统治者或拥有军事优势或其他优势的组织)、谈判的胜方等把自己的价值观(为了保证人们的遵循还会有意识逐步平衡社会各方的价值观和价值要求)作为统治性、主导性的价值观、核心价值观。为了保证实施还会把其上升为由一定强制力或社会舆论支持(可称作实施特性)的制度。这些制度中既有行业公约、商贸规则等不需要政府、法庭等强制力保证实施的规则、规范,还有由以上强制力保证实施的各种正式规则和法律(即对价值的规范性、制度性的理解和观念,简称价值规范、价值制度),从而给予统治性、主导性的价值观、核心价值观和其所支配、支持的价值追求、价值选择和创造活动以合法性。正如人们所指出的,"法律本身并不是一

① 《马克思恩格斯全集》第 3 卷,人民出版社 2002 年版,第 305—306 页。

第一章 管理价值观界说

个纯粹的价值,而是一个用来实现某些价值的规范体系。"①马克思也强调,"很清楚,在这里也和一贯的情形一样,社会上占统治地位的那部分人的利益,总是要把现状作为法律加以神圣化,并且要把现状的由习惯和传统造成的各种限制,用法律固定下来。撇开其他一切情况不说,只要现状的基础即作为现状的基础的关系的不断再生产,随着时间的推移,取得了有规则的和有秩序的形式,这种情况就会自然产生;并且,这种规则和秩序本身,对任何取得社会固定性和不以单纯偶然性与任意性为转移的社会独立性的生产方式来说,都是一个必不可少的要素。这种规则和秩序,正好是一种生产方式的社会固定的形式,因而是它相对地摆脱了单纯偶然性和单纯任意性的形式。"②

　　随着规范和制度及其所规定的价值观的积累、发展和完善,它们支持的特定的价值追求、价值选择、价值创造活动不断积累成功的经验,既包括那些占有主导地位的阶级、阶层及其成员,也包括其他社会或组织成员,都会逐步形成对关于价值和价值观的规范和制度的理解和认同,在此基础上进而重构自己的价值态度、兴趣、取向,形成新的价值经验、价值习俗、价值理想,并形成特有的与价值观密切联系的价值活动、行为方式和生活样式,从而形成特定的文化(因为它是以特定价值观为基础形成的,体现表征着特定的价值观也可叫做价值文化)。也就是说,人们所持有的价值观越来越具有协调和整合的特征,从而构筑成一个有机的稳固的价值观系统,一种价值生态、价值制度生态和文化生态。在这种生态中,价值追求、价值创造和价值选择活动,都是由特定的价值观(包括制度)给予支持和引导的。价值追求、价值创造和价值选择活动如经济活动、管理活动的成功不能仅从活动本身来看,还必须看支持它的价值观和制度。因此引进、采纳一种活动及其形式,如果不考虑支持、配合它的价值观生

---

① [美]E.博登海默:《法理学:法哲学及其方法》,邓正来、姬敬武译,华夏出版社1987年版,第196页。

② 《马克思恩格斯全集》第46卷,人民出版社2003年版,第896—897页。

态是难以成功的;同样,一定的制度、规范也是由其他方面的价值观、价值活动所支持的,引进、采纳一种制度、规范,如果不考虑它所存在的价值生态、文化生态是不容易成功的。正因为如此,诺思(Douglass C. North,有的译作诺斯)在获颁诺贝尔经济学奖所作的演讲时指出,正式规则、非正式规范和实施特性共同影响着经济绩效。采用另一个经济体的正式规则的经济与那个经济相比,由于具有不同的非正式规范和实施特性,就会导致非常不同的绩效特征。这提醒人们,成功的西方国家市场经济的正式的政治和经济规则向第三世界国家和东欧国家移植,并不是其获得良好经济绩效的一个充分条件。私有化并不是各国医治不良经济绩效的灵丹妙药。①

从以上分析可以看出,当人们谈论价值观的时候,仅仅从个体的角度认识和理解是远远不够的,不但要把价值信念、价值信仰、价值理想等个体化的价值观理解为价值观,还必须把价值经验、价值习惯、价值习俗、价值规范、价值制度和价值文化都联系在一起考虑,这样才能全面地把握现实中人们的价值观。需要注意的是,关乎人们自己生存、发展和进步的价值观必须成为制度才能获得保障和全社会的肯定,因而对于价值观采取一种制度的思维方式是十分重要的。也就是说,考察人们的价值观和价值创造活动的现状仅仅注意人们怎样说或怎样理解是不够的,要看制度特别是正式的法律和规范肯定和支持怎样的价值观,看强制力或社会舆论实际支持怎样的价值观。

那么,价值观具有怎样的内在结构?

有的学者已经进行了大量研究,得出了一些成果。李德顺在1988年提出,在面向现实和未来的评价活动中,价值观系统自觉或不自觉地成为人们从事价值活动的评价标准体系,由于价值关系的主体性特质和评价

---

① [美]道格拉斯·C.诺思:《时间历程中的经济绩效》,载[美]李·J.阿尔斯通、[冰]思拉恩·埃格特森等:《制度变革的经验研究》,罗仲伟译,经济科学出版社2003年版。

第一章 管理价值观界说

标准的主观性特点,价值观必然是以人自己为核心的观念体系。如果把这一系统比喻成一个数学坐标系,人、主体自己就是这个坐标系的原点,而构成人们价值观的深层内容,从而也成为人们评价的标准和出发点的,有这样一些观念或信念:一是世界秩序信念,二是主体的社会历史方位感,三是社会规范意识,四是目的手段意识(在确定和追求目的时持有的思维方式特征,比如在目的上是崇尚高远还是切近,重实还是重虚等),五是价值本位意识(指人们在综合、权衡各种不同价值和社会规范时,把它们最终都还原、换算、归结为某种占主导地位的价值)。① 后来他又对这个结构的描述进行了调整,把主体的历史方位感作为第一个结构要素,分别把世界秩序信念、目的手段意识表述为社会秩序信念、价值实践意识。② 于是,对这一结构的提炼和描述基本定型。这一结构的五个方面分别为:一是关于主体的定位和自我意识,简称主体意识。包括人们认为自己究竟是谁,从哪里来,到哪里去,自己与他人、社会是什么关系,认为自己在社会生活中应该扮演什么样的角色,具有怎样的权力、责任和归宿等。主体意识是全部价值观的核心和灵魂,是价值坐标系的"原点",决定着整个坐标系统的定位,坐标的其他向度、要素都是从这个原点伸展开来的。二是关于社会结构和秩序的信念、理想,即理想和信念,包括人们的人生理想、信念和关于社会的理想和信念,认为社会应该是什么样,人应该是什么样,人与人之间的关系应该是什么样,人们对公平和效率、自由和秩序、人治和法治等这些关于社会生活的结构和秩序的理解和看法。三是关于社会规范的立场和选择,简称为规范意识。它是关于经济、政治、法律、道德等的各种规范的理解、看法和价值立场。四是关于实践行为的心理模式,可称作实践意识。指人们在把一定的价值观贯彻到自己言行的过程中所表现出来的一种深层思维和心理特征。它造就了人们自

---

① 李德顺:《立言录》,黑龙江教育出版社 1998 年版,第 248—250 页。
② 李德顺:《价值新论》,中国青年出版社 1993 年版,第 265—271 页。

己特有的行为模式。五是关于首位价值或本位价值的认定,即本位价值意识。本位价值是一种在它与其他各种价值发生冲突时能与其他价值进行换算的特殊的价值,它是社会价值系统的集中标志,是社会共识的形象表达。以上五个方面,就是价值观的基本结构。① 这个结构在其新修订的《价值论》中被确定。② 我们把这个坐标系模型叫作"五要素价值观模型"。

另外,江畅也对价值观系统进行了概括。他认为虽然价值观具有错综复杂的内在结构,但大体上可以把它分为四个子系统,分别是目的或目标系统、手段系统、规则系统、制约系统。目的系统来源于人的需要,对应着人的需要,是在对能满足人的需要的事物的认识基础上逐步形成的,是关于目的(目标)的价值观念构成的系统;手段系统来源于实现目的的需要,是在对有可能达到目的的事物的认识基础上形成的,主要是由关于实现目的的手段的价值观念构成的系统;规则系统是来源于社会秩序的需要,是在对有利于社会秩序正常的要求的认识或认同基础上形成的,是由关于在运用手段实现目的的过程中应该遵循的规则的价值观念构成的体系;制约系统也来源于社会秩序的需要,是在对规则遵循的必要性和有效性的认识基础上形成的,主要是由于关于保证规则有效遵循的制约机制的价值观念构成的体系。他认为,所有这四个系统各有一定的相对独立性,但又有明确的目的性,即努力确保价值目的的有效实现,从而使整个价值观结构组成一个有机的价值整体。③ 对于这个结构,他在自己以后的著作中没有再进行调整,继续坚持和使用。④ 我们把这个价值观结构

① 李德顺:《邓小平人民主体价值观思想研究》,北京出版社 2004 年版,第 340—344 页。

② 李德顺:《价值论》,中国人民大学出版社 2007 年版,第 210—213 页。

③ 王玉樑、[日]岩崎允胤主编:《价值与发展》,陕西人民教育出版社 1999 年版,第 434—441 页。

④ 戴茂堂、江畅:《传统价值观念与当代中国》,湖北人民出版社 2001 年版,第 328—331 页;江畅、周鸿雁:《幸福与优雅》,人民出版社 2006 年版,第 28 页。

41

称作"四要素价值观模型"。

2. 管理价值观的含义和结构

根据对价值观的理解,我们可以说,管理价值观就是社会和人关于管理价值的稳定的观念和内心尺度。根据管理主体的不同,我们可以把管理价值观称为个体的管理价值观、组织的管理价值观和社会(国家或民族)的管理价值观。作为一种特殊的价值观,管理价值观也是一种关于管理价值的观念系统、价值生态和制度生态。

管理价值观是有结构的。管理价值观同样具有刚才我们所分析的从价值经验、价值习惯到价值规范、价值制度、价值文化的意义上的结构。除此之外,不管管理价值观是作为价值经验、价值信念还是价值制度,都具有一种内在结构。

具体到管理价值观,其构成应该是怎样的?

管理是基于一定目标和任务而产生的整合人们之间努力和协调人与物之间关系的过程、活动和职能。管理价值观是在对有关以上活动的管理价值的认识、理解基础上形成的观念,它当然是一个结构系统,但我们认为这个结构系统不同于以上的"五要素价值观模型"和"四要素价值观模型",而是由管理的价值主体意识、管理的价值目标观念和管理的价值手段观念构成的"四要素价值观模型"。当然,这个模型也是吸收、借鉴以上两个模型而来的。

在"五要素价值观模型"中,确立主体意识是十分关键的,因为价值观不是别的价值观,而是一定主体的价值观,主体首先应该有关于自己的价值认识和理解,没有这一方面的意识或观念,其余几个方面就无法存在,因为没有自我意识的主体很难有关于其他方面的价值追求和价值观念。而其余几个要素或意识、观念都是可以进行简化或分别合并到其他方面去的,本位价值意识可以看作主体对价值目标所形成的基本共识和原则,从而在发生价值冲突时以它来权衡和处理;关于社会结构和秩序的信念、理想不是人们最终的价值目标，它只不过是人们追求价值目标的过程中所希望的理想的社会环境或手段、条件，而规范意识则完全可以作为它的一部分。我们认为，实践意识也可以看作是对实现价值目标的手段的观念和心理模式。关于"四要素价值观模型"，正如提出者所认为的，从因果关联的角度看，除了关于人的直接目的系统以外，所有其他的价值系统，包括规则系统和制约系统，都属于手段系统，这样就只剩下价值观的两个子系统，即目标系统和手段系统。但正如我们所指出的，这个系统还必须有关于主体的观念系统即主体意识或主体观念。

可以说，我们提出的"三要素价值观模型"是在吸收"五要素价值观模型"和"四要素价值观模型"优点的同时结合管理活动和职能的实际，所提出的简化模型、简易模型。之所以说它是简化的、简易的，不仅因为它是在对以上模型进行简化后得出的，而且还因为对价值观的结构还可以作更复杂的构建，把一些要素、内容进一步分化、细化，相对于更复杂的模型，它是比较简易的模型。但我们认为，用"三要素价值观模型"来分析实际的管理价值观和管理活动，是完全可行的。

那么，我们是怎样理解这一模型的要素或子系统的？

我们认为，所谓管理的价值主体意识，又可称作管理的主体意识，就是管理主体对自己在与社会（包括政府）、组织、他人的关系中的位置、资格的认识和理解，以及对自己所应扮演的角色、应当获得怎样对待的认识、理解和期望，主要包括资格意识、权利意识、义务意识、责任意识以及理想的人格意识等。所谓管理的价值目标观念，又称为管理的目标意识或观念，是指管理主体对要实现的目标的各种观念，主要是在对人性的价值理解和价值判断基础上，对组织要实现的任务、结果的价值理解、价值认识、价值理想等。所谓管理的价值手段意识，又称作管理的手段意识或观念，是指管理主体对实现价值目标的方式、方法、途径、规范等的价值认识和价值理解，以及对确定性、秩序等的价值信念。

需要指出的是,这三个方面中的任一方面如果相对于其余两个方面比较突出,都可以作为某种管理形式或形态的标识。如果一种管理价值观强调的是集体主体和集体价值,我们可以把这种管理价值观称作集体型管理价值观,把其指导、支持的管理称为集体管理;如果它强调追求伦理理想和目标,我们就可以把这种管理价值观称作伦理型管理价值观,把其所指导、支持的管理称作伦理管理;如果强调追求文化理想和目标,分别可称作文化型管理价值观和文化管理;一种管理价值观强调经验的作用,主要看重经验价值,我们可以把这种管理价值观称作经验型管理价值观,把其指导、支持的管理称作经验管理;同样,如果强调的是制度价值,分别可以叫做制度型管理价值观和制度管理,等等。

3. 管理价值观的功能

不管人们重视不重视研究管理价值观,管理价值观的作用和功能是始终存在的,并且随着社会的发展变得越来越重要。原因在于组织对其组织个性和管理特色的强调,更在于管理价值观的持有者的地位越来越高,对于自己的价值地位和利益越来越关注。那么,管理价值观有哪些功能和作用? 我们认为,主要有以下几点:

第一,管理价值观的评价判断功能。价值虽然是客体对管理主体的意义,主要是一种客观的关系,但它是由主体通过价值观来进行评价和确定的,这也正是人不同于物的方面。人对于各种关系不是本能的反映,而是以内在尺度、价值观去认识、理解、评价的,从而为满足自身的需要作准备。而评价是对进入管理活动的价值事实,对一定的事物、现象对管理的意义和价值的观念性把握,必须借助于一定的评价标准或规范才能进行。评价所需要的标准或规范,首先就是管理价值观。符合管理价值观的,就会被当作管理价值,而不符合的就不会被当作管理价值。一个组织的管理价值观建设,一个十分重要的目的就是为了建立管理价值的评价标准。

IBM 的三个价值理念

国际著名的 IBM 有三个重要价值理念,通过培训和各级管理者的言传身教等方式贯穿到管理的各个角落,潜移默化成为各级管理人员的价值观。他们要想在公司中生存、提高、发展,在组建自己的团队时也会按照价值理念对下属提出要求,价值理念会落实到工作的点点滴滴,转化成大家的行为方式、工作方式。这三个重要理念,对于 IBM 的管理和发展发挥了十分重要的作用。它们是成就客户、创新为要、诚信负责。

一是成就客户。各个部门要通力协作为客户提供高品质的服务。对于业务部门来说,只要客户需要,就要千方百计加班加点予以满足;对于人力资源部门来说,用人部门就是客户,关于用人的任何事情都要站在客户的角度思考,帮助他们创造价值。

二是创新为要。IT 行业更新变化快,不创新就会落后、落伍。追求至善至美一直是 IBM 不断发展进步的驱动力。在 IBM,不管是业务部门还是人力资源部门,技术、流程、方法等都必须随客户需求随时更新。在选人时,人力资源部门关注的重点是应聘者是不是能很快地适应变化,并不断地根据这些变化进行创新。

三是诚信负责。IBM 对不诚信的现象是绝对不容许的。任何员工若被发现有诚信问题,会被立即解除劳动合同,即便他(她)很有能力,曾给公司作出过重要贡献。

资料来源:刘兴阳主编:《聆听智慧:世界名企人力资源管理三人评》,中国人民大学出版社 2006 年版,第 14—17 页。

第二,管理价值观的定向调节功能。作为管理主体对待管理客体的态度,管理价值观指的是管理主体对管理客体的选择,表现为看待和处理

第一章 管理价值观界说

管理问题的优先次序。管理价值观的每一个方面的观念，指出了从事什么样的活动、采取什么样的方式和追求什么样的目标是有价值的，对应该最先选择什么、其次选择什么和最后选择什么规定了价值选择的优先次序，对人们追求管理价值、创造管理价值和选择管理价值的活动指明了方向。打个比喻，管理价值观就像铁路上的转辙器，规定了轨道的方向，推动着人们从事特定的管理活动。

第三，管理价值观的激励引导功能。管理价值观指明了管理活动和组织成员努力的方向，人们如果按照管理价值肯定、支持的方式、方法去追求它所希望的目标，不但会得到组织成员、其他管理者的支持，还会得到组织的支持、鼓励甚至奖励。管理价值观会对组织成员和管理者的特定行动提供动力和力量。特别是，当坚持一种管理价值观的人或组织在管理价值的选择和创造活动中能比持有其他种管理价值观的人或组织获得更大的利益，取得更大的成功，具有更大的优势，就会激励自己和组织成员自觉地坚持和强化这种管理价值观，还会诱使其他人或组织学习、模仿、借鉴这种管理价值观念。

第四，管理价值观的规范整合功能。人们的价值观具有多样性，这种多样性既反映了人们生活环境和所受教育背景的多样性，又反映了他们需要和目标的多样性。因而他们在实际工作中必然会产生价值冲突，如果人员数量少，管理者可以事必躬亲地进行处理，但人数多了，就必须以一定的管理价值标准和原则即管理价值观对成员的价值活动和价值观进行规范，把大家的价值观和价值活动统一到组织和管理者所倡导的管理价值观上来，并逐步获得人们的认同。从一个方面看，"认同过程，就是个人以组织目标（服务目标或生存目标）去代替个人目的，使前者成为其制定组织决策时所用的价值指南的过程。"[①]特别是，如果组织和管理者对组织成员的价

---

① ［美］赫伯特·西蒙：《管理行为》，杨砾、韩春立、徐立译，北京经济学院出版社1988年版，第211页。

值观给予尊重并经过协调整合提升为组织的管理价值观,就更能获得他们对组织和管理者的认同,从而起到凝聚人心的作用。管理价值观,"它把个人和组织紧密地绑在一起,激发出一种'集体精神',一种'使命感',实际上也就是把个人和组织的目标凝聚在一起,由此产生协同优势。"①

正是认识到管理价值观的重要功能和作用,迪尔(Terrence E. Deal)和肯尼迪(Allan A. Kennedy)在他们共同所著的《企业文化》一书中指出,价值观能够对人们的实际行动产生强有力的影响,应该受到管理者的高度重视。"事实上,塑造和强化价值观应该成为管理者最重要的工作之一。"②他们还指出,"当管理者全身心地寻找自己希望支撑的价值观和信念时,文化的领导力就产生了。"③

三、管理价值观的演化与变迁

管理价值观会随着主体(包括个体、组织和社会的主体)的变化而发生变化,甚至发生显著的变化,随着社会和时代的演进,管理价值观也会发生演进。当然,有些方面和因素会作为"活"的东西保存下来,即所谓的价值传统、管理传统。

1. 企业的生命周期与管理价值观

社会组织、企业同许多生命体一样,经历着孕育、成长、发展、衰老和死亡的过程。英荷壳牌石油公司的一项研究发现,一个跨国公司的平均

---

① [加]亨利·明茨伯格:《明茨伯格论管理》,闾佳译,机械工业出版社2007年版,第176—177页。
② [美]特伦斯·迪尔、艾伦·A.肯尼迪:《企业文化:企业生活中的礼仪与仪式》,李原、孙健敏译,中国人民大学出版社2008年版,第22页。
③ [美]特伦斯·迪尔、艾伦·A.肯尼迪:《新企业文化》,孙健敏、黄小勇、李原译,中国人民大学出版社2009年版,第191页。

管理之魂

生命周期是 40—50 年。在 1970 年跻身美国《财富》"全球 500 强"之列的跨国公司到 1982 年有 1/3 不是被兼并就是分裂成小企业。[①] 有资料显示,在 1960 年美国最大的 25 家企业中,仅有 6 家依然停留在 1997 年的名单上。25 家企业中的大多数被并入其他公司,还有两家停业了。在 20 世纪初美国 12 家最大的企业中有 11 家已不可能进入 21 世纪,因为它们在 20 世纪已先后衰亡。

企业的生命周期当然不同于一般生命体的生产和发展过程,而是具有自身的特殊性。企业在生命周期的不同阶段有着不同的任务和特点,也会遇到许多本阶段才具有的"症状",企业由一个阶段向下一个阶段发展时,也会有转型的问题;对于不同阶段的企业进行管理,既有一致的方式、方法,更有不同的方式、方法。美国管理学家伊查克·麦迪思创立了自己的生命周期理论,并发明了一套对企业文化进行诊断治疗的"麦迪思法",在许多国家的企业和管理部门进行推广,受到关注和好评。他认为,可以把企业生命周期分为三个阶段,分别为成长阶段(包括孕育期、婴儿期、学步期)、成熟阶段(包括青春期、盛年期)、老化阶段(包括稳定期、贵族期、官僚期、死亡)。[②] 管理价值观在这些阶段具有不同的表现,也随着生命周期进行演化,我们分别进行考察分析。

(1)成长阶段企业的管理价值观

在孕育期企业强调的是创业的意图和未来能否实现的可能性。虽然这一阶段主要表现为高谈阔论而不是具体的行动,但创业者正是通过推销自己的奇思妙想来确立自己所要承担的义务。这一过程伴随着热情、感情和"热度",就像积聚于一点将要爆发的能量一般。创业者的动机主要是满足某种市场需求,创造附加价值。真正的企业家创办企业是因为存在尚未被满足或者根本还没有体现出来的需求,他抓住了这个机会,因而他一定

① 《企业成长战略》,赵锡军译,中国人民大学出版社 2004 年版,第 94 页。

② [美]伊查克·麦迪思:《企业生命周期》,赵睿、陈甦、何燕生译,中国社会科学出版社 1997 年版,第 17—96 页。

是产品导向而不是以市场为导向的。他怀着热情所关注的主要是那种能够满足他自己可能还无法精确表达出来的需求的产品。一个创业者一般是一个讲道理的非理性主义者，即他一方面要有近乎疯狂的强烈信念，但同时又能听进别人的不同意见。在婴儿期企业需要的不再是设想，而是要满足顾客的需求，重视产品的销售量，对企业和创业者重要的不是想什么，而在于做什么。由于风险很大，创业者需要从一名能够确立义务的梦想家变成一心一意勤奋工作、一切以结果为导向的现实的创业者。婴儿期的企业一般缺乏明确的规范和制度，也没有什么程序或预算。企业里的大多数人，包括总经理在内，没有明确的完全的分工，而是全体一起行动起来忙于销售。为了满足顾客需求，大家在周末或节假日都在加班加点地工作。婴儿期的企业一般很有人情味，相互之间直呼其名，基本没有什么地位、级别观念。在学步期，创业的构想开始一步步体现出价值，产品的销售不断攀升，逐步转向市场，以销售为导向。企业坚持的是"更多即更好"的观念并成为一种习惯，被机会所驱使，不是有计划、有组织、定位明确地去开发利用自己所创造的未来的机会从而驾驭机会。企业迅速成长，规模不断扩大，创业者不能再唱独角戏了，不可能再深入到企业的方方面面去推行自己的理念和领导风格。分析这一阶段的管理价值观，我们发现由于创业者即管理者，他创立企业主要是为了实现特定的目的，因而管理的价值目标意识主要体现为产品导向，而管理的价值主体意识还不成熟，大家的责权利观念还没有建立和完善起来，管理的手段观念也主要体现为一种机会主义。

企业长寿的奥秘

　　到1983年，1970年《财富》杂志排名前500家大公司中有1/3的公司或消失，或被兼并，或分裂。20世纪80年代，壳牌石油公司成立了一个研究小组，研究比壳牌石油公司历史更长的公司的成功奥秘,学习它们如何使公司生命力旺盛,发展更长久。他们发现分布在北美、欧洲、日本的27个公司符合这样的条件,这些公司的历史从100年至700年不等,包括杜邦、哈德森湾、联合利华、柯达、三井、住友、西门子等。通过对这些公司的历史记录文件等进行研究,他们发现了这些公司之所以长寿的四个共同特征:

一是持有保守主义的融资理念。这些公司不会轻易地用自己的资本去冒险,它们从传统角度去理解资本,知道现金在其全部资产中的重要性,认为拥有现金能使它们在竞争对手无能为力的情况下捕捉到机会。它们的资金配置有利于其把握自己的成长和演变。

二是保持对外界环境的敏感性。不管这些公司是通过知识,还是通过自然资源积累自己的财富,都有一个共同的特征,即它们能够使自己适应周围环境的变化。它们擅长学习和适应环境,因此,历经战争、经济萧条、技术和政治变革等考验,它们总能化险为夷,适时地将自己的触角伸展开来,坦然面对未来将要发生的一切。

三是具有整体观念。不管公司怎样多元化,公司员工都会觉着自己是整体的一部分。有的公司就把自己看成是一个由许多船组成的舰队,每一条船都是独立的,但是整个舰队的力量比其他各个部分的总和更为强大。整体意识对于公司的生存发挥着十分重要的作用。这些公司的管理人员大部分都从内部选拔,并且每位管理者都认为自己是一个长期存在的企业的服务员,他们的首要任务是使企业保持健康和持续发展。

四是宽容新的想法。对于各种处于出格边缘的想法、活动,甚至包括超越其理解范围的试验和古怪的行为,这些公司都采取宽容的态度。它们认为新业务可能会与现在的业务完全无关，但开拓新业务的行为并不需要进行集中控制。有的公司从创建开始就鼓励开展自主试验。

资料来源：爱瑞·德·葛斯(Arie De Geus)：《有生命力的公司》，载《企业成长战略》，中国人民大学出版社2004年版。

（2）成熟阶段企业的管理价值观

到了青春期，企业通过使所有权和经营管理权的分离而逐步脱离创业者的影响而向成熟迈进。由于有了较多专门的管理人员，公司变得越来越职业化，减少了管理决策的随意性，创立起各种规范和制度，制定一整套关于报酬的规定，重新确定了各种角色、各个岗位的责任，并使一系列的规章和政策制度化，以规范个人在企业中的行为。公司把"更多即更好"的目标转向"更好即更多"的目标，从以量取胜转为以质取胜，从苦干变成巧干。盛年期是企业生命曲线中最为理想的点，在这一点上企业的自控力和灵活性达到了平衡。企业的制度和组织结构能够充分发挥作用，视野的开拓与创造力的发挥已经制度化；比较注重成果；企业能够很好地满足顾客的需求；能够制定并贯彻落实计划；无论从销售还是从营利能力来说，企业能够承受增长带来的压力；在这时，企业可能分化出新的婴儿期企业，衍生出新的事业，比较具有远见和进取精神。我们通常理解的长寿企业其实就是长期停留在这一阶段的企业。这一阶段的企业家和管理者特别需要具备一定的品质和技能，包括志向远大而且对风险具有较高的容忍度，具有想象力、创造性的综合能力以及提炼能力，具备坚定不移的信念、鼓舞或引导他人的能力，以及学习新技巧的能力。[1] 管理价

---

① [美]阿玛尔·毕海德：《新企业的起源与演进》，魏如山、马志英译，中国人民大学出版社2004年版，第408—409页。

管理之道

值观在这一阶段开始走向成熟,管理的价值主体意识、价值目标观念和价值手段观念都发展起来,并协调成一个稳定有力的整体。

(3)衰老阶段企业的管理价值观

稳定期是企业的第一个衰老阶段,企业依然强健,但开始丧失灵活性。从组织形式来说,一种只要没出大问题就别去碰它的消极态度开始在企业中蔓延,企业开始逐步丧失创造力、创新精神和鼓励变革的氛围。虽然仍然以成果为导向,并且组织得也不错,但办事越来越墨守成规,不敢突破过去曾发挥过作用的条条框框。企业员工不再像过去那样把时间花在客户或销售人员身上,而是把大量的时间花在办公室中,人们之间的关系也开始疏远和互相提防。企业对短期营利能力的重视开始日渐升高,开始减少研究的人力和物力的资金支出,削减用于市场调研的预算,同时扩大用于直接发展的投入。企业中的权力不断变换,财务人员的地位超过了市场营销、工程和研究开发人员的地位,投资回报成为衡量业绩的最为重要的标准,取代了对一些基本问题的思考。这时企业不再去冒险,对发展不再具有明确的激励措施。在贵族期,大量资金被花在控制系统、福利措施和一般设备上;强调的是做事的方式,而不是所做事情的内容和原因;在人们的称谓方面越来越注重形式,并拘泥于传统;企业员工虽然还关心企业的活力,但就整体而言,企业处世的信条则是少惹麻烦,企业内部也缺乏创新;管理人员习惯于把视听设备和书面形式作为交流沟通的手段;不是靠压缩开支和扩大销售量来增加利润,而是依靠提高价格。在官僚化阶段,企业员工和管理者强调问题是谁造成的,而不是考虑应该采取怎样的补救措施,人们之间的冲突时常发生,互相之间关注于在内部争地盘。行政管理人员的作用突出,把企业变成了一个完全膨胀的官僚机构,在这样的企业里只强调规章制度,没有明确的方向,也根本不去满足顾客的需求,与世隔绝,只关心自己,没有把握变化的意识,对书面的东西十分崇拜。这一阶段的管理价值观发生了显著变化,主要是价值主体意识愈加分化,更多的不再是以整体为取向而是以个人或部门为本位,价值目标意识也越来越不考虑长远的发展,而是以短期的利润为驱动,不考虑承担社会义务,价值手段意识特别是制度价值的意识突出出来,对多数制度的价值的考虑不是更好地服从目的,而是限制、约束甚至阻碍人们的价值行动,使管理失去应有作用,导致企业的衰亡。

通过考察企业生命周期中管理价值观的演进和变化,我们看到,在企业发展的各个阶段,保持对管理价值观的敏感性是十分重要的。为了生存和发展,组织及管理者要主动反思、改善自己的管理价值观,从而指导管理发挥积极作用,促进企业的健康发展,使企业的成熟阶段更长,成为一个有生命力的企业、一个长寿企业。

2. 人类社会发展的前现代阶段和管理价值观

管理价值观随着人类的发展过程而不断变迁。人类已经经历了前现代社会(农业社会)、现代社会(工业社会),我们就分别考察与其相关的管理价值观的变迁。考虑到本书的一个重要任务是考察现代意义上的管理价值观及其演变与特征,我们在本章中着重考察前现代社会的管理价值观。

在长期的前现代时期特别是从战国时期一直到明、清,中国处于封建社会,处在比较典型的社会阶段。之所以说比较典型主要基于以下几点理由:一是中国长期处在自给自足的自然经济阶段;二是这一阶段的大部分时期相对西方和其他地方而言,中国是比较繁荣发达的,仅就科学技术来说,中国在大多数的主要科学技术领域,一直遥遥领先于西方世界;三是与西方国家后来走的文化道路不同,中国在亚斯贝尔斯所说的"轴心时代"就走向一种伦理本位的社会,①在社会、文化和管理各方面都具有独特的面貌和特征。人们一般把我国前现代的管理称作传统管理,把其价值观称为传统管理价值观。这一价值观是以儒家关于管理价值的观念为主要内容和显著特征的。

---

① 梁漱溟:《中国文化要义》,上海人民出版社 2003 年版,第 94 页。

君主被人爱戴是否比被人畏惧来得好些

尼科洛·马基雅维利是15世纪至16世纪意大利文艺复兴时期著名的政治思想家、历史学家。在他的代表作《君主论》中，马基雅维利研究了君主的称雄和统治之术。历史上人们对此书有不同的解读和评价。由于他曾提出"为达到政治目的，可以不择手段"的观点，他的有关斗争和谋略的主张以及与之相似的学说或做法都被称为马基雅维利主义。

他在书中探讨了"君主被人爱戴是否比被人畏惧来得好些"的问题。

他认为最好是两者兼备；但是，两者合在一起是难乎其难的。如果一个人对两者必须有所取舍，那么，被人畏惧比受人爱戴是安全得多的。因为关于人类，一般地可以这样说：他们是忘恩负义、容易变心的，是伪装者、冒牌货，是逃避危难、追逐利益的。当你对他们有好处的时候，他们是整个属于你的。当需要还很遥远的时候，他们表示愿意为你流血，奉献自己的财产、性命和子女，可是到了这种需要即将来临的时候，他们就背弃你了。因此，君主如果完全信赖人们的说话而缺乏其他准备的话，他就要灭亡。因为用金钱而不是依靠伟大与崇高的精神取得的友谊，是买来的，但不是牢靠的。在需要的时刻，它是不能够倚靠的。而且人们冒犯一个自己爱戴的人比冒犯一个自己畏惧的人较少顾忌，因为爱戴是靠恩义这条纽带维系的；然而由于人性是恶劣的，在任何时候，只要对自己有利，人们便把这条纽带一刀两断了。可是畏惧，则由于害怕受到绝不会放弃的惩罚而保持着。

但是,君主使人们畏惧自己的时候,应当这样做:即使自己不能赢得人们的爱戴,也要避免自己为人们所憎恨;因为一个人被人畏惧同时又不为人们所憎恨,这是可以很好地结合起来的。

资料来源:[意]尼科洛·马基雅维利:《君主论》,商务印书馆1985年版,第79—82页。

(1)传统管理的价值主体意识

在价值主体意识上,传统管理主要体现为整体主义和家族本位。不管是官员,还是家族的家长,都是以国、以家为本位,以人伦关系为前期和基础,他们的自我意识不是自己,而是处在一定等级关系中的一员,他们的工作就是尽到在特定等级关系中被要求的责任和义务,尽到名分。孔子在回答齐景公怎样治理国家的问题时指出,"君君臣臣,父父子子。"[①]国君要像个国君,臣子要像个臣子,父亲要像个父亲,儿子要像个儿子。当子路问如何去治理卫国时,孔子答道,"必也正名乎"。[②] 即必须先弄清等级、名分。荀子也认为,"水火有气而无生,草木有生而无知,禽兽有知而无义;人有气、有生、有知亦且有义,故最为天下贵也。力不若牛,走不若马,而牛马为用,何也? 曰:人能群,彼不能群也。人何以能群? 曰:分。"[③]"分"指什么呢? 是一定的等级和分工关系。"皆有可也,知愚同;所可异也,知愚分。势同而知异,行私而无祸,纵欲而不穷,则民心奋而不可说也。如是,则知者未得治也;知者未得治,则功名未成也;功名未成,则群众未县也;群众未县,则君臣未立也。无君以制臣,无上以制下,无下害生纵欲。欲恶同物,欲多而物寡,寡则必争矣。故百技所成,所以养一人也。而能不能兼技,人不能兼官;离居不相待则穷,群而无分则争。究

---

① 《论语·颜渊》。
② 《论语·子路》。
③ 《荀子·王制》。

管理之魅

第一章 管理价值观界说

者患也,争者祸也。救患除祸,则莫若明分使群矣。"①人们对于事物都有自己认为是正确的看法,这一点智者和愚者是相同的;但是彼此认为是正确的想法并一样,这会显示智者和愚者的不同。如果势位相同而智慧不同,谋取私利而受不到惩罚,放纵欲望而毫无阻碍,那么人们都将群起相争而不能被说服了。这样,智者就不能获得治理社会的地位,功名也就成就不了。因而人们之间的尊卑、贵贱、上下等级就分不出来了,君与臣的关系也就确立不了。没有君主治臣,没有上级治理下级,天下将由于各自放纵欲望而产生种种祸患。人们爱憎同样的东西,爱好的东西多,而实际的东西少,必然引起纷争。因此,一个人的生活所需,要有各行各业的人来供给。人们的能力是不可能兼通各种职业技术的,兼管各种事务的各人自己顾自己而不相互依赖是无法生活下去的,一起生活而没有等级的区别和职业的分工就会导致争斗,从而产生祸患。要救患除祸,就必须确定上下职分和等级的差别,形成"群"。在等级和分工基础上形成的"群"的特点是,"上之于下,如保赤子"。② 管理者对百姓,就像爱护婴儿一样。"下之亲上欢如父母"。③ 老百姓亲近治理者就如同喜欢他们的父母一样。在君子、管理者的倡导、教化下,父子"亲"(亲密);兄弟"顺"(和气);男女"欢"(快乐);百姓"和"(和睦)④,而这也正是管理的价值目标之所在。

(2)传统管理的价值目标观念

在价值目标观念上,中国传统管理主张爱民养民,上下俱富,达到稳定和谐。孔子说:"君子和而不同,小人同而不和。"⑤君子能相和,但不相同;而小人只相同,但不相和。孔子的学生有子提到,"礼之用,和为贵。

①《荀子·富国》。
②《荀子·王霸》。
③《荀子·王霸》。
④《荀子·富国》。
⑤《论语·子路》。

先王之道,斯为美,小大由之。"①有之说到,礼的运用,贵在能和。先王之道,其美处就是在此,小事大事都得由此行。孟子也提到,"天时不如地利,地利不如人和。"②他认为天时不及地利,地利不及人和。他们都强调了"和"的重要性,希望能实现和谐的目标和境界,把和谐作为管理的最高原则。孔子指出,"道千乘之国,敬事而信,节用而爱人,使民以时。"③治理一个大国,对政事要谨慎处理,发号施令要讲信用,节约费用,爱护人民,派遣老百姓服劳役尽量错开农忙的时间。民以食为天,必须保证百姓必要的产业,为此,孟子还提出要富民。他认为,"无恒产而有恒心者,唯士为能。若民,则无恒产,因无恒心。苟无恒心,放辟邪侈,无不为己。及陷于罪,然后从而刑之,是罔民也。焉有仁人在位罔民而可为也?是故明君制民之产,必使仰足以事父母,俯足以畜妻子,乐岁终身饱,凶年免于死亡;然后驱而之善,故民之从之也轻。"④没有固定的产业收入却能遵守礼义道德,只有士人才能做到。老百姓如果没有固定的产业收入用以养活家人就做不到遵守礼义道德。于是,就会做出违法乱德的事,无所顾忌。等到治他们的罪,然后对他们处以刑罚,就有点儿陷害他们了。哪有心怀仁爱的人安坐朝廷却做出陷害百姓的事?所以,英明仁爱的君主规定民众拥有固定的产业,就能使他们上可以供养父母,下可以抚养妻儿,遇到好年景,能够丰衣足食,遇到坏年景,也不至于因饥饿而死。这样,再引导百姓遵守礼义道德,他们就能听从了。荀子也说:"马骇舆,则君子不安舆;庶人骇政,则君子不安位;马骇舆,则莫若静之;庶人骇政,则莫若惠之。"又说:"庶人安政,然后君子安治。传曰'君者,舟也;庶人者,水也。水则载舟,水则覆舟。'此之谓也。"⑤马惊车,君主在车上就坐不安稳,百

————————————

① 《论语·学而》。
② 《孟子·公孙丑下》。
③ 《论语·学而》。
④ 《孟子·梁惠王上》。
⑤ 《荀子·王制》。

管理之覆

姓被政事惊扰,君主在王位上就坐不安定。马惊了车,最好的方法就是使马安静。百姓被政事惊扰了,最好的办法是给予他们恩惠。百姓安于政事,君主就能稳坐王位。古书上说:"君主,是船;老百姓,是水。水可以浮载起船,也可把船倾覆。"说的就是这个道理。既然君主和百姓谁也离不开谁,那就要兼顾双方的利益。他还提出:"下贫则上贫,下富则上富。故田野县鄙者财之本也,垣窌仓廪者财之末也;百姓时和、事业得叙者货之源也,等赋府库者货之流也。故明主谨养其和,节其流,开其源,而时斟酌焉。潢然使天下必有余,而上不忧不足。如是,则上下俱富,交无所藏之,是知国计之极也。"①农村是财的根本,粮仓是财物的枝末,百姓得到好的天时,耕作又适时,这是财货的源,按照等级征收的赋税和国库是财货的流。所以,聪明的君主必须谨慎地适应时节的变化,节约开支,发展生产,并适时考虑这些问题,像大水丰溢一样,全国上下都有充足的财货,这样上下都富足,财物多得没处藏,这是最懂得治国之计的。只要能兼顾上下的利益,使大家各得其所,一定能达到"其法治,其佐贤,其民愿,其俗美"②的稳定、和谐的境界。

(3)传统管理的价值手段观念

在价值手段观念上,中国传统管理坚持德刑并用,礼法结合,以德为先。孔子说,"为政以德,譬如北辰,居其所而众星拱之。"③用道德来治理国家,自己就像北极星一样处于一定位置,而众星都环绕着它。他还指出,"道之以政,齐之以刑,民免而无耻。道之以德,齐之以礼,有耻且格。"④用行政手段来引导百姓,用刑罚来整顿他们,百姓只会克制自己免于犯罪,但并没有耻辱之心。以道德手段来引导百姓,用礼法来制约他们,百姓不但有耻辱之心,还会自觉地归服。在回答季康子的为政之道

① 《荀子·富国》。
② 《荀子·王霸》。
③ 《论语·为政》。
④ 《论语·为政》。

时,孔子说:"政者,正也。子帅以正,孰敢不正?"①政在于正,你以正道来率先垂范,在下的又有谁敢不正?!孔子还说:"其身正,不令而行。其身不正,虽令不从。"②在上的做正了,不待他下令进行管理,在下的就能把事做好;他做不正,即使下令,下面的心里也不会听从。孔子反复强调了伦理道德、个人的道德修养在管理中的重要性和作用。孟子也认为,"以力假仁者霸,霸必有大国;以德行仁者王,王不待大——汤以七十里,文王以百里。以力服人者,非心服也,力不赡也;以德服人者,中心悦而诚服也,如七十子服孔子也。诗云:'自西自东,自南自北,无思不服。'此之谓也。"③就是说,倚仗实力打着仁义的旗号虽然可以称霸诸侯,但要凭借国力强大。依靠道德教化实行王道可以使天下归服,这样做不必依靠国家强大。古人传说:汤以七十里、文王以百里而王。倚仗实力来使人服从,人家不可能心悦诚服,依靠道德使人服从,他们才会心悦诚服,就像七十多位弟子对孔子的信服一样。《诗》篇说得好,东西南北的人们都希望服从,就是指的这个意思。荀子也指出,"君者仪也,民者景也,仪正而景正。君者槃也,民者水也,槃圆而水圆。"④君主像是晷器,百姓是表;仪器正了,它的影子就正。君主像盛水的盘子,官员百姓像水;盘子是圆的,水在盘子里,民就是圆形的。他还说:"君义信乎人矣,通于四海,则天下应之如讙。是何也?则贵明白而天下愿也。故近者歌讴而乐之,远者竭蹶而趋之,四海之内若一家,通达之属,莫不从服,夫是之谓人师。"⑤至高的大儒如果能成为君主,他的道德品质被人们相信,传遍四面八方,天下人会齐声响应他的号召。原因在于他这样尊贵显赫的名声人人拥护他。因而,靠近他的那些人歌颂他,欢迎他,远离他的人会不辞劳苦来投奔他,

---

① 《论语·颜渊》。
② 《论语·子路》。
③ 《孟子·公孙丑上》。
④ 《荀子·君道》。
⑤ 《荀子·儒效》。

59

管理之

整个天下信服他,这样的大儒就是人们的表率。荀子还提出"礼""法"结合的主张。"治之经,礼与刑,君子以修百姓宁。明德慎罚,国家既治四海平。"①治国的纲领是"礼"和"刑",君子用它们来修养自身,百姓因此得到安宁,使美德彰显,慎用刑罚,国家得到治理,四海一定也会安宁。"隆礼至法则国有常"②。大力崇尚礼义,深入细致审查法制,国家就会有秩序。他认为,"古者圣人以人之性恶,以为偏险而不正,悖乱而不治,故为之立君上之埶以临之,明礼义以化之,起法正以治之,重刑罚以禁之,使天下皆出于治,合于善也。"③古代圣人认为人的本性恶,认为人偏邪不正,违背事理不守秩序,就立君主的权威来治理人们,彰明礼义来施教化,建立法度来进行治理,从而使天下安定,并把行动统一到善上。"礼"和"法"调节控制范围有所不同。"由士以上则必以礼乐节之,众庶百姓则必以法数制之。"④并且,"礼"和"法"相比,"礼"更为根本。"礼者,人道之极也。"⑤礼,是为人治国的最高标准。

在自给自足的小农经济条件下,各家各户单独进行生产,为了维护生存,人们以宗法关系为纽带依附于家族周围,所有成员都要担当为家族家庭的生存、繁衍尽义务的角色,各个家族、家庭之间缺少交往和公共的生活,也就是缺少梁漱溟所说的集团生活;⑥国家的君主及其官员专有了社会的统治和管理权,在治乱兴衰等局面的影响和有限财赋收入的制约下,为了保证王位和统治的安稳,也防止统治者内部的利益纷争,主张人们各安其位,注重等级、名分,主张调和兼顾各方面的利益、维护社会秩序,主张以德理家治国的管理价值观就成为统治者、官员、家族和各方面人们的必然选择。这一价值观具有突出的伦理特征,其优点是明显的。因此,即

---

① 《荀子·成相》。
② 《荀子·君道》。
③ 《荀子·性恶》。
④ 《荀子·富国》。
⑤ 《荀子·礼论》。
⑥ 梁漱溟:《中国文化要义》,上海人民出版社 2003 年版,第 92—93 页。

使从现在来看也具有不少积极的价值。但是,我们也要看到它具有的历史局限性,比如对人们的义务责任强调得多,而对人们权利、利益注意得少;强调社会稳定、关系和谐多,而对社会的变化、发展重视少;强调德与刑、德与力的区别、对立多,而对它们的协调、统一关注少,从而把人们局限在人与社会、人与人、人与自我之间的关系的改善、调整上,促使人们向内寻求人格的完善、德性的提升、人际技能的提高,忽略了工作潜能、生产能力、科学技术能力的挖掘、培育和提高,进而影响到了人与自然的关系的开发和拓展。后来特别是 17 世纪之后,由于君主专制制度对文化乃至社会发展的严重危害,①大概也由于科举考试的课程设置和激励制度使知识分子无心投入现代科学研究(通过以数学化的假设来描述自然现象和通过可控试验的方法来获得科学发现)所必需的人力资本,②使中国经济、文化等发展迟缓、落后了。这时,西欧一些国家中那些从宗教和政治枷锁解放出的个体运用理性手段对自然大力进行科学开发和利用,并取得突出成就,因而这些西欧国家率先进入现代社会(工业社会)。

3. 现代管理及其价值观产生的历史背景

在前现代社会特别是中世纪,中国人主要受君主专制和宗法的束缚,欧美各国人民不仅受着封建君主和诸侯的统治,也陷入教会的束缚之下,就是封建君主也受着教会的束缚。中世纪的基督教以信仰压抑理性,教会垄断和强迫人们对上帝的信仰,不允许个人直接根据教义做出自己的理解、判断,获得个人灵魂的拯救,从而束缚了人们的信仰自由、思想自由和行动自由。"各种神秘的和宗教的力量,以及以它们为基础的关于责

---

① 张岱年:《张岱年哲学文选》下册,中国广播电视出版社 1999 年版,第 163—164、430 页。

② 林毅夫:《制度、技术与中国农业发展》,上海三联书店、上海人民出版社 1994 年版,第 265—273 页。

任的伦理观念,在以往一直都对行为发生着至关重要的和决定性的影响。"①以发端于意大利的文艺复兴运动为先导,文学家、艺术家和学者等人文主义者用文学艺术的形式呼唤、宣传人性和人道主义,主张人性,反对或抑制神性等,宗教改革运动蓬勃开展起来。宗教改革维护人们在一定程度上信教的自主性,在德、英、法等国,宗教改革运动通过借助封建王权的力量取得了成功,从而使新教的核心教理成为可能,即"上帝应许的唯一生存方式,不是要人们以苦修的禁欲主义超越世俗道德,而是要人完成个人在现世里所处地位赋予他的责任和义务。这是他的天职"②。于是,"一种职业是否有用,也就是能否博得上帝的青睐,主要的衡量尺度是道德标准,换句话说,必须根据它为社会所提供的财富的多寡来衡量。不过,另一条而且是最重要的标准乃是私人获利的程度。"③个体摆脱了宗教纽带的束缚,本着对天职负有责任的态度,开始以巨大的热情投入以节制和精确的核算、筹划为特征的经济活动,为资本主义精神的发扬、扩张发挥着无比巨大的杠杆作用。

不少新教教徒成为资本家,一个新的阶级就产生了。但摆脱了一个束缚,另一个束缚还在,那就是世俗的封建王室的权力,他们为了维护自己的最大利益,竭力阻止新教教徒(资产阶级)获得个人自由,极力干涉他们的经济活动。因此,一场反对王权争取个人人身权利、财产权利、获得个人自由的斗争——资产阶级的革命——先后在多个国家展开。他们首先在英国赢得了胜利,使王国政府对个人的强制受到了法律的限制,个人自由通过法治得到保障。既然资产阶级是以人民主权和个人自由的名义联合普通民众发动革命和争取自由的,因此除他们之外的普通民众也

---

① 马克斯·韦伯:《新教伦理与资本主义精神》,于晓、陈维刚等译,三联书店1987年版,第15—16页。

② 马克斯·韦伯:《新教伦理与资本主义精神》,于晓、陈维刚等译,三联书店1987年版,第59页。

③ 马克斯·韦伯:《新教伦理与资本主义精神》,于晓、陈维刚等译,三联书店1987年版,第127页。

通过法律获得了人身自由权利和劳动的选择权等。发生在法国、美国等其他国家的革命也陆续取得胜利。因此,曾获诺贝尔经济学奖的哈耶克(Friedrich A. Von Hayek)指出,现代的个人自由,基本上只能追溯到 17世纪的英国。个人自由最初好像是权力斗争所产生的副产品,而不是人们刻意设计的直接结果。① 总结这段历史,诺思(Douglass C. North)等人提出,自由市场要获得发展必须对国家能力进行某些限制,这种能力就是操纵对其自身及其选民有利的经济规则。因此,成功的经济绩效一定拥有这样的制度,它限制经济干涉,并让私人权力和市场在大部分经济中获胜。也就是说,因为宪法的限制肯定具备自身的实施力,这些限制必须有助于建立一种国家遵守它们的可信承诺。一句话,"一个政府对私人权力和交换做出承诺的能力是经济增长的一个基本条件。"②

为了扩大市场规模,提高生产效率,取得更大的经济效益,人们对改进技术扩大生产的希望与日俱增,人们开始从简单的劳动分工向更复杂的劳动分工和专业化发展,经济的组织形式也逐渐从家庭和手工生产向工厂方向发展,工业革命发生了,大量的工厂企业不断涌现。曾获诺贝尔经济学奖的科斯(Ronald H. Coase)认为,"企业就是作为通过市场交易来组织生产的替代物而出现的。在企业内部,生产要素不同组合中的讨价还价被取消了,行政指令替代了市场交易。那时,毋须通过生产要素所有者之间的讨价还价,就可以对生产进行重新安排。"③考察美国企业管理的革命与发展后,小艾尔弗雷德·D. 钱德勒(Alfred D. Chandler)也指出,"当管理上的协调比市场机制的协调能带来更大的生产力、较低的成本和较高的利润时,现代多单位的工商企业就会取代传统的小公司。""管

---

① [英]弗里德利希·冯·哈耶克:《自由秩序原理》上册,邓正来译,三联书店 1997年版,第 203 页。

② [美]李·J. 阿尔斯通、[冰]思拉恩·埃格特森等:《制度变革的经验研究》,罗仲伟译,经济科学出版社 2003 年版,第 163—164 页。

③ [美]R. 科斯、A. 阿尔钦、D. 诺斯等:《财产权利与制度变迁》,刘守英等译,上海三联书店、上海人民出版社 1994 年版,第 21 页。

第一章 管理价值观界说

理层级制一旦形成并有效地实现它的协调功能后,层级制本身也就变成了持久性、权力和持续成长的源泉。"①因此,仅仅靠工厂企业的创办者来管理企业已经不够了,对从事专门的监督和指挥等职能即管理的人员——管理者——的需求不断提升,现代意义的管理者就不断产生起来。钱德勒提道,"虽然管理的协调是实现美国经济现代化过程中的一项基本功能,却很少受到经济学家的注意。"他甚至认为,管理层级制是现代工商企业的一个显著特征,由一支领取薪金的中、高层经理人员所管理的多单位企业可被适当地称之为现代企业。② 现代管理也就逐步产生发展起来,也就出现了新的管理价值观。

① 〔美〕小艾尔弗雷德·D.钱德勒:《看得见的手》,重武译,商务印书馆 1987 年版,第 6—12 页。

② 〔美〕小艾尔弗雷德·D.钱德勒:《看得见的手》,重武译,商务印书馆 1987 年版,第 577—578、7、3 页。

第二章　现代管理的价值主体意识

  "现代性"首先是一种挑战。从实证的观点看,这一时代深深打上了个人自由的烙印,这表现在三个方面:作为科学的自由,作为自我决定的自由——任何观点如果不能被看作是他自己的话,其标准断难获得认同接受——还有作为自我实现的自由。

——[德]于尔根·哈贝马斯等:《现代性的地平线》

  目标管理和自我控制可以合法地称之为管理的"哲学"。这一哲学建立在管理工作的概念上,建立在对管理人员具体的要求和管理人员所面临的障碍的分析上,建立在人类行动、人类行为和人类动机的概念上。归根结蒂,它适用于每个管理人员,不管他的级别和职能如何。并且,它也适用于任何一个企业,无论是大企业或是小企业。通过将目标的要求转化为个人的目标,它使企业的经营业绩得到保证。这是真正的自由、法律底下的自由。

——[美]彼得·德鲁克:《管理的实践》

  现代管理的价值主体意识包括管理主体的资格意识、权利意识、权责利相统一的意识和理想人格意识等。现代管理之所以在西方产生和发展,发挥出显著的作用,主要得益于给予个体价值以充分的尊重和肯定,给予个体签订契约的自由,从而保证了个体在最能适应自己的特点、发挥自己的作用,也能最大限度实现自身价值的组织和岗位上工作,通过把其能力和绩效密切联系起来,鼓励人们之间进行竞争,从而能极大地调动人们工作的主动性、积极性和创造性。我们认为用个人主义和集体主义来区分以美国为代表的西方发达国家和以日本为代表的后来居上的发达国家的现代管理的价值主体意识是很不够的,在这两种类型中作为个体的组织成员的工作主动性、积极性、创造性都得到很大程度的调动和激发,它们其实有共同的主体意识基础,这就是能力主义。

一、自治:现代管理的价值主体的资格意识

现代管理的价值主体的资格意识主要指管理主体在处理个人与政府的关系、个人与企业的关系、个人与个人的关系中的角色意识、权利意识。包括主体办企业的自主权意识亦称企业的自主权意识,雇主、雇员的契约自由意识和个人间的平等、公平意识。

1. 企业的自主权意识

在与封建王权的斗争乃至后来的争取自由的行动中,人们赢得了政治自由,获得了自己作为独立个体免除政府、组织和他人的强制的主体资格和法律权利。这也可称作自由,自由是一种人的状态,"在此状态中,一些人对另一些人所施以的强制,在社会中被减至最小可能之限度。……我们将把此一状态称之为自由的状态。"①只要人们服从法律的规定,不损害他人的利益和生活,个人就拥有广泛的自由,拥有不受干涉的公共领域之外的私人领域。作为个人自由和个人独立自主权利的一个引申,他拥有私有财产权,拥有经济自由特别是开办企业的自由。这是作为一种自由企业的体制而存在的,"它不排斥政府对企业的监管或限制;但

① [英]弗里德利希·冯·哈耶克:《自由秩序原理》,邓正来译,三联书店1997年版,第3—4页。

是它认为政府的功能在于为企业设立运行的体制,而不是管理企业。"
"工商业公司不能由政治当局的雇员所控制,也不对法庭之外的任何政治机构负责。此外,国家的生产性资源应该由私人拥有。"另外,"仅仅是生产性单位的私人所有还不足以构成自由企业制度。生产性单位的组织体制必须能够使它们自己绝对服从市场竞争地位的客观评价。"①即消费者自主决定他们购买何种产品的需要,是市场的供求关系而不是政治因素决定商品或服务的价格。

当然,这种企业的自主权主要是指在企业与政府一样受法律的制约的前提下,企业可以由个人或个人联合起来创办,归他或他们所有和支配即享有所有权,除此之外,他们还享有独立的经营自主权,有权决定自己向什么方向发展,怎样发展,决定自己组织的内部事务,他们既承担因所有和经营获得的收益,也必须承担因决策失误或经营不善造成的损失,甚至导致的失败。

这就带来这样的积极意义,即由于企业取得无论怎样多的收益,都是由拥有它的人享有的,因此人们就有了促进企业不断发展壮大的最大主动性和积极性。也就必然蕴涵了这样一种可能或趋势,即企业所有者没有能力或不愿亲自经营企业时,通过使企业所有权和经营权的分离的办法,聘请最具经营能力的专门管理人员在自己的监督下直接经营管理企业,从而使自己能获得由个人经营所不能获得的收益。共同的利益必然驱使着大家调动所有的能力使企业在与其他企业的竞争中争取取得优势地位,获得最大利益,到所有能取得最大收益的地区、国家开展自己的产品生产或服务,从而客观上有利于各个企业的成长、发育,促进各国经济的繁荣和发展。

有研究者在考察和分析苏联体制的经济改革为什么会失败时认为,

①　[美]彼得·F.德鲁克:《公司的概念》,罗汉等译,上海译文出版社 2002 年版,第3、102 页。

这主要是因为经济管理部门对国有企业管理者的任命"主要是依据忠诚而不是管理能力,政党组织官员通常任命他们自己和他们在党内的朋友担任那些报酬丰厚的工作"①。这就造成了严重的问题,一是由于能力不高的管理者在管理企业的过程中极易进行逆向选择,使用不如自己的人,而对有能力的人进行排斥,从而造成对才能组合的严重限制,导致"恶劣的特性驱逐良好的特性";二是由于忠诚是首要考虑的事,管理者一旦被任命,就以他们的忠诚为依据进行评价,对忠诚的度量则是通过他们对命令的服从而不是他们能以最低的成本生产所需要的产出的效能,不利于企业的长远发展;三是为官员"权力寻租"或获取非分的额外利益,也为企业管理者向官员提供特殊的服务和物品培育了土壤。结果是因为苏维埃经济的政党组织官员和官僚从维持制度现状中收益最多,使他们成为最强烈抵制分权化的、市场导向的、效能增加等变革的集团,因而苏联型的经济体制失败的可能性会非常高。② 这从反面告诉我们,不管是在什么经济制度下的企业,拥有自主权特别是经营管理自主权是多么的重要。

当然,企业完全自治可能会带来只从自己的利益出发考虑问题的必然倾向,因而对社会可能造成的危害需要通过一定的立法进行禁止。如果没有健全的法律将导致一定的问题,而要具备健全的法律往往需要一个长时期的建设过程。这又是企业自治所带来的代价。

2. 聘用自由观念

个人的自由和独立自主的资格和权利不仅包括个人或联合起来的个人创办、经营管理企业的自主权,还包括管理人员在内的广大人员作为个体独立使用、支配自己的劳动能力的自主资格和权利。企业的生存发展

---

① [美]李·J. 阿尔斯通、[冰]思拉恩·埃格特森等编:《制度变革的经验研究》,罗仲伟译,经济科学出版社2003年版,第81页。

② [美]李·J. 阿尔斯通、[冰]思拉恩·埃格特森等编:《制度变革的经验研究》,罗仲伟译,经济科学出版社2003年版,第78—105页。

离不开必要的人力资源,拥有基本劳动能力或专业知识和技能的人们也需要通过在一定企业中工作以获得自己及家庭生活的经济来源以及满足自己的社会性需要(交往、受人尊重、发挥影响等)。当自主的企业(雇主)和自主的个人(人力资源)双方互有需要时,就要进行交易,雇主与员工之间签订聘用合同,员工以对雇主在一定时期内让渡自己的劳动力而换取一定的报酬或其他权利,而雇主则相应地给予员工一定的报酬或权利而换取他的劳动力。但他们在聘用过程中又都必须保障自己的自主性,即双方中的一方都有资格和权利为获得最大的收益重新选择聘用关系,也就是说,当一方感到不需要和另一方继续维持聘用关系时能有自主权。对此问题的解决办法就是聘用自由(雇佣自由)原则。"根据这一原则,雇主可以在任何时候、基于任何理由或者在根本没有理由的情况下,自由地雇佣或者开除任何员工。同样地,个人也可以自由选择为他们提供工作或职务的公司,并且也可以在任何时候、基于任何理由或者在根本没有理由的情况下,辞去这份工作。由于就业合同是相互的,而且是由双方自由达成的,它的开始和终止都是'自由的'。所以,我们以此来为这一原则命名。"①

这里有两方面的含义:一方面,雇主(企业)能有权根据自己的实际需要选择对已聘员工的使用,"在没有法律和契约规定的情况下,雇主有权在任何时候对任何人雇佣、提升、降职和解雇。"②这就能保证它始终聘用和使用对自己生存和发展最需要的劳动力,从而有利于保证企业的效率、竞争力乃至营利能力。另一方面,雇员有权根据自己的愿望、理想选择或重新选择受聘企业来让渡自己的劳动力。这显然使他们有可能到最能发挥自己的作用、实现自己最大价值的企业去工作,有利于个人的成长

---

① [美]理查德·T. 德·乔治:《经济伦理学》第5版,李布译,北京大学出版社2002年版,第396—397页。

② [英]帕特里夏·沃海恩、R. 爱德华·弗里曼主编:《布莱克韦尔商业伦理学百科辞典》,刘宝成译,对外经济贸易大学出版社2002年版,第208页。

管理之魂

和发展。总之,"工人,作为一个人和一个公民(尤其在一个自由的社会中),也会对企业施加一些限制条件。企业雇用一个完整的人,但企业无权将这个完整的人归其所有。……要求工人绝对地效忠企业就像企业许诺对工人承担无限的责任一样不合情理。""公司不能自称(绝对不可自称)是职工的家庭、归宿、信仰、生命或命运。公司也不可以干预职工个人的私生活或者职工的公民权。将职工与公司联在一起,只是一份自愿的、随时可以被取消的聘用合同,那可并不是一条神秘的、不可撤销的纽带。"①

当然,这样的原则是从有利于企业、员工之间的平等权利出发的,也确实收到了明显的积极效果,如果说欧美许多国家能较早进入工业化从而成为现代国家,这是一个重要的原因。即使在这样的国家里,也存在一些不是完全坚持聘用自由原则的企业,它们长期聘用员工,并且也取得了不错的经济效益,比如像一段时期内的美国的惠普、IBM所做的那样。但这种情况并不普遍,并且这些企业还具有取消这种长期雇佣制度的自主权。除了欧美国家以外还有个例外,这就是日本。当美国的经济生产率的增长在1973年达到4%的顶点后从1973—1976年每年几乎差不多下降1.5%的时候,日本的经济生产率却不断提升并超过美国从而成为仅次于美国的经济大国。人们在分析其原因时认为,这是由于日本的企业具有"三件神器",即终身雇佣制(对员工长期雇佣)、年工序列制(工资报酬根据员工到企业的工龄和年龄逐年提升)和企业内工会(工会与管理层的关系比较友好)。我们要看到,日本的企业实行终身雇佣制是有条件的,它们是通过加强对员工的培训,培养他们对企业这个大家庭的忠诚心和责任感,锻炼和提高他们适应多种工作的能力等手段来提高员工的工作能力和生产率。在这种情况下员工的负担是很重的,"过劳死"(因

---

① [美]彼得·德鲁克:《管理实践》,毛忠明、程韵文、孙康琦译,上海译文出版社1999年版,第306—307、443页。

劳动过重而死)的现象在日本的企业时有发生。另外,也确实因为日本具有特殊的文化传统。日本文化传统的主干是绝对崇尚神明的大和魂精神(神秘主义的、非理性的神道信仰)。这种精神或信仰因中国儒学和以后传入的西方理性思想的影响,不断得到增强。在新的历史条件下,在其作用下的忠神(君)的古代传统转换为雇员对其企业无限忠诚的现代传统:在企业中勤勉工作,奋斗终身,献出自己的态度和准则,被看作具有最高的价值,被人们绝对地普遍地践行。①

　　另外,我们还要看到,这种原则对于企业来讲益处可能更大,因为只要企业在,只要能提供一定的经济报酬,就可以聘到所需要的员工,而员工的自由只是选择受聘企业的自由,不是选择不受聘企业的自由,因为那将造成长期的失业。所以在看待企业和员工之间进行聘用交易的平等、自由等权利时,马克思一针见血地指出,"劳动力的买和卖是在流通领域或商品交换领域的界限以内进行的,这个领域确实是天赋人权的真正伊甸园。那里占统治地位的只是自由、平等、所有权和边沁。自由!因为商品例如劳动力的买者和卖者,只取决于自己的自由意志。他们是作为自由的、在法律上平等的人缔结契约的。契约是他们的意志借以得到共同的法律表现的最后结果。平等!因为他们彼此只是作为商品占有者发生关系,用等价物交换等价物。所有权!因为每一个人都只支配自己的东西。边沁!因为双方都只顾自己。""……一离开这个简单流通领域或商品交换领域,——庸俗的自由贸易论者用来判断资本和雇佣劳动的社会的那些观点、概念和标准就是从这个领域得出的,——就会看到,我们的剧中人的面貌已经起了某些变化。原来的货币占有者作为资本家,昂首前行;劳动力占有者作为他的工人,尾随于后。一个笑容满面,雄心勃勃;一个战战兢兢,畏缩不前,像在市场上出卖了自己的皮一样,只有一个前

---

① 李泽厚:《己卯五说》,中国电影出版社 1999 年版,第 191—204、247—249 页。

途——让人家来鞣。"①当然,这种情况指明了聘用自由的实质和历史局限性。随着员工们权利意识的觉醒,通过联合起来的行动维护自己的权益,还是能收到很大成效的。法约尔(Henri Fayol)在《工业管理与一般管理》一书中就指出,半个世纪以来,在制定企业与其人员的雇用协定方面发生了明显的变化。过去由企业主一方单独确定的协定越来越被一个企业主(或一群企业主)同工会组织集体讨论制定的协定所代替。② 在人们的斗争和努力下,这早已成为比较普遍性的做法。

3. 机会平等的观念

作为管理者或员工的个人不仅要确立自己在与企业之间的关系中的资格和权利,同时也要确立自己在与他人的关系中的资格和权利。在现代管理中,对这种资格和权利的认识是平等和公平的观念。平等和公平是关于人的自由与独立自主权利在人际关系领域的引申。"显示民主时代的特点的占有支配地位的独特事实,是身份平等。在民主时代鼓励人们前进的主要激情,是对这种平等的热爱。"③

根据平等观念,首先不能因他的家庭、血缘关系、种族背景等来确认他是否具备参加到一定组织的条件,而仅能依据对独立个人的判断来决定他能否参加一定的组织,也就是说人与人之间必须被平等地看待,他们遵从基于共同赞同的规则,这样一种规则就是机会均等的原则,也是一项公平规则。"一项'公平规则'是一项推进竞争的竞争者们一致赞同的规则。审慎地注意这个定义的含义:如果竞争者们赞同,一项规则就是公平的。这就是说,公平是由协定来定义的,协定不取决于某种客观决定的公

---

① 《马克思恩格斯全集》第44卷,人民出版社2001年版,第204—205页。
② [法]H.法约尔:《工业管理与一般管理》,周安华等译,中国社会科学出版社1998年版,第27页。
③ [法]托克维尔:《论美国的民主》,董果良译,商务印书馆1988年版,第621页。

平。"①不仅在聘用人员时保证人与人之间的机会均等,还必须保证在给予报酬、调整职务等时,保证机会均等。职务不能世袭,企业必须保证每个员工都享有均等的升职机会。这样的一个要求是完全符合传统观念的。因为人们都是平等的,享有一样的个人尊严。现在在企业中尝试实现公平,就会赋予这一传统观念以新的内容。人们一般把机会均等理解为收益的绝对均等,那是错误的。实际上,机会均等本身就导致了收益的差异。因为公平的概念既然意味着个人的劳动收入与其工作成绩、工作职责相挂钩,而工作成绩和工作职责不能不是因人而异的。机会均等的原则要求工作职位不能世袭,晋升职位也不能凭借运气之类的外部因素,公司对员工的晋升必须依据一个合理的标准。这一标准的确立是现代公司必须解决的一个重要问题。②

向同工不同酬现象开刀, 英拟强制企业"晒工资"

据路透社的报道,根据英国政府 2009 年 4 月 27 日公布的《平等法案》,英国公司将被迫披露男女之间的工资差距。

《平等法案》还禁止年龄和社会歧视。雇主团体对该法案进行了抨击,说在经济下滑期间制定该法案是官僚主义的表现,纯属多余。

英国政府希望能在 2010 年初之前把该法案写进法律。

妇女与平等事务大臣哈丽雅特·哈曼说,这项法律规定,员工人数达 250 人及以上的公司必须每年进行一次工资审计并公

---

① [美]詹姆斯·M.布坎南:《自由、市场与国家》,平新乔、莫抚民译,上海三联书店1989 年版,第 181—182 页。
② [美]彼得·F.德鲁克:《公司的概念》,罗汉等译,上海人民出版社 2002 年版,第114—115 页。

73

第二章 现代管理的价值主体意识

布结果。

英国政府希望企业能依照该法案自愿进行工资审计并在 2013 年以前取得进展，否则就要依法进行审计。

哈曼表示，这项法案将有助于消除工资待遇上的歧视问题。该法案将取缔不准同事之间比较薪水的保密性规定，工会也能够在工资谈判中利用相关信息。研究表明，女性的工资比男性同事低 20% 以上。

资料来源：《英国拟强制企业"晒工资"》，载《参考消息》2009 年 5 月 4 日。

机会均等的观念是现代公民必须具有的意识。之所以人们能从依附的角色转变为独立的角色，从身份走向契约，从而促使传统社会转向现代社会，原因之一就是人们从废除封建专制这种依靠血缘和世袭的制度中赢得了自尊、独立和自由，使人们之间的关系摆脱了靠世袭或血缘等因素而不是个人的独特因素、实力来确立自己的身份和地位的历史，能拥有自我确立、自我选择的地位和权利。因而，这是现代人所具有的基本的价值观念，是现代人作为独立的主体确证自己和维护自己主体地位的需要。人们没有平等，就不可能有独立的个体，就没有自由选择的资格和权利。这也是保证企业作为独立的人格化的实体所需要的，是保证其生存发展的重要因素。正因为如此，对这一观念的持有情况和程度是管理的现代化水平的一个显示器。

二、基于个人贡献的业绩评价和晋升
——现代管理的价值主体的责权利统一的意识

上文的第一个问题主要涉及的是广大员工特别是管理者对确立主体

地位所需要的资格的观念。他们确立主体资格不是目的,目的是享有自己的劳动贡献所应得到的利益。他们对这一问题的价值观念就是责权利相统一的意识。作为现代管理形成标志的科学管理产生的一个根源就是要解决工人的"磨洋工"以及雇主和工人之间因分配剩余引发的对立等问题,这些问题也就是怎样根据员工个人的工作努力程度和贡献给予应有的报酬和对待的问题。所以,泰罗(Frederick Winslow Taylor)提出,每个企业应该按照每个工人的能力和体力,给予他最适宜的工作,应该要求每个工人做出头等工人(根据工时研究确定的第一流工人)所能做出的最大工作量,当每个工人按照第一流工人的效率工作时,应根据其所做工作的性质,在其所在一级的平均工资之外,再给30%到一倍的工资。① 与此联系的是,管理者的责任就是保证他们所管理的员工能有最大的产出,而其利益就来自于管理员工所产生的成果,为此他们就要被赋予能促使员工取得良好产出的决策权、用人权、指挥权、监督权等权力。这其实体现了权责利相统一的意识。这一意识主要表现为这样两个方面:一是个人必须在适合自己的岗位上工作,二是对个人的业绩评价和职位晋升的依据是他个人的工作表现和工作成果。

1. 使工作适合于人的观念

如果管理人员或员工不能在一个适合自己、自己也适合的岗位上工作,常常难以取得较好的工作成绩,从而影响到自己作用的发挥、成长与发展。一个现代的企业在招聘或安排人员时都应该使人同工作岗位相适合。

这就首先需要客观明确地分析各个工作岗位、职务的性质、任务要求、所要处理的各种关系、达到的目标等,并把它明确在职务说明书中。

---

① [美]F. W. 泰罗:《科学管理原理》,胡隆昶、冼子恩、曹丽顺译,中国社会科学出版社1984年版,第38页。

说明书内提出了职务目标、工作责任、工作关系，以及对从事本职务人员的成果的要求。为了使职务与个人能相适应，通常需要把职务说明书编写得较为清楚、具体，以便根据工作的要求选配人员。

制定对人员的具体要求，包括可以通过直接测试获得的一些标准化的任务，利用过去的工作经验和成就来说明将来可以从事同类工作的能力，要求条款还要包括一份由组织行为学等专家制定的工作人员个性特征表。卡茨（Robert L. Katz）对管理人员的能力进行了研究，提出了管理人员应当具备的三种基本技能（能力），分别称之为技术技能、人事技能和思想（概念）技能。技术技能就是对某一特殊活动的理解和熟练，特别是包括方法、过程、程序或技术的技能。人事技能（或称人际技能）是指一个人能够以小组（团队）成员的身份有效地工作的行政能力，主要表现为能够协调各种人际关系，同别人密切合作的能力。技术技能主要涉及的是与物相联系的工作，而人事技能主要涉及的是与人相联系的工作。思想技能（概念技能，或称理性技能），即对复杂事物的各种状况进行概念化的能力，是指把企业看成一个整体的能力，包括识别一个组织中各个方面彼此互相依赖的各种技能，一部分的改变如何影响其他各部分，并能清晰地把握所在企业、组织与市场、与其他社会组织之间，以及与国家的政治、社会和经济力量这一总体的关系。在任何情况下都能看出其间的关系并领会其重要的组成部分，从而能够为提高整个组织的全面福利而采取行动。① 法约尔（Henri Fayol）认为，企业管理者特别是高级管理者应具有这样的能力和知识：身体健康并且身体力行；有智慧并且精力充沛；有深思熟虑的、坚定的顽强的决心和道德品质；积极、有毅力、必要时很勇敢；勇于负责，有责任感并关心集体利益；有丰富的一般文化知识；有管理才能，包括自己拟定和让别人拟定行动计划的能力（预测能力）、懂得怎样建立社会组织（组织能力）、管理人的艺术（指挥能力）、协调行动

① 《哈佛管理论文集》，孟光裕译，中国社会科学出版社1985年版，第3—8页。

以使力量集中(协调能力)、控制能力;对所有基本职能都有一般性概念;在企业特有专业方面有尽可能高的能力。认为管理者缺乏管理才能是无论什么也补偿不了的,在道德品质方面哪怕最小的缺陷也有可能导致最严重的后果。[①] 对于管理人员的个性特征,有的人认为包括有管理的愿望(从事管理工作、影响他人以及通过与下级的共同努力取得成就的强烈愿望)、与他人交往的才能和感情的交流(通过书面报告、信件、谈话和讨论与人交往的能力)、正直和真诚(道德高尚,值得信赖)以及个人过去的管理经验和业绩。[②] 还有的提出,包括知识、决策才干(分析能力、概念—推理能力、创造力、直观判断力、决断的胆量、头脑开明)、自信与自恃、社会敏感性(自己对他人思想、感情以及可能的反应感悟和进行换位思考的能力)、情绪稳定性等。总之,企业一般会对职位所需要的人员的个性提出一个框架内容,以便测评和考核。

另外,还会通过对人员进行评价的环节和程序,根据实际情况对他们作短期调整(包括改变职务内容或改变在职者、调动在职者等),以及制定长期的人员发展计划以配合预见到的组织需求(包括规划人力需要、使人与需要相适应、规划个人的发展等),从而使工作适应人,让人在适合的职位上工作,实现和维护企业有效运转的秩序。[③]

2. 对个人的评价和报酬依据其工作业绩的观念

管理者或员工作为个体参加到企业中来是用自己的劳动力交换所需要的经济来源或其他权利,如果不能根据他们的工作努力、绩效等情况给予他们相应的报酬,他们就会不满意,常常表现为士气低落,效率低下,甚

---

① [法]H. 法约尔:《工业管理与一般管理》,周安华等译,中国社会科学出版社 1998 年版,第 92—93 页。

② [美]哈罗德·孔茨、海因茨·韦里克:《管理学》第 10 版,张晓君等译,经济科学出版社 1998 年版,第 245 页。

③ [美]W. H. 纽曼、小 C. E. 萨默:《管理过程》,李柱流、金雅珍、徐吉贵译,中国社会科学出版社 1995 年版,第 247—266 页。

第二章 现代管理的价值主体意识

至拔腿走人。在底特律，一位参观汽车公司的人说，由于这个地方存在竞争性的劳动力市场，工人们为了获得他们认为应该得到的报酬，可以在早上辞职，中午就能到另一家工厂找到工作。据统计，在汽车业发展的早期，底特律每年的跳槽率达 100%—200%；在 1913 年时，福特公司员工的跳槽率竟高达 370%。① 如果竞争性的劳动力市场不存在，那么，当员工感到自己的付出换不来自己的应得而只能留在原企业时，就会采取"磨洋工"以及其他消极手段。因而，尽量采取使员工所付出和应得到平衡的绩效考评和支付报酬、奖励的制度，是企业及其管理者的必然选择。当然这只是方向意义上的，如果真的使广大员工和管理人员得到他们所希望得到的，企业所有者的利益所得就会减小甚至大幅减少，这是其所无法同意的，因而双方的矛盾就会持续发生。

泰罗所主张的计件工资制和实行科学管理就包含对上述矛盾的克服。正如他在国会为科学管理的效用作证时所指出的，科学管理是劳资双方在思想上发生的一场革命，当他们用友谊合作、互相帮助来代替对立和矛盾，经过共同努力就能创造出比以往大得多的剩余，因而双方就能实现增加收益的目的，而不必再为有限的一点剩余争来争去。② 应该看到，计件工资制确实是根据个人所付出的来给予其报酬，但这需要大量的工时研究人员和监督员工的人员，不可避免地会降低原有管理者的权威，因而受到他们的抵制，并且由于长期的劳资的互不信任，雇员和工会担心实行此制度后雇主将榨取雇员更多的劳动因而对其给予的支持也不够，真正实行起来是十分困难的。所以有人指出，在 19 世纪末 20 世纪初，计件工资制是科学管理的特征和内容中最少用到的。③ 其实，泰罗也看到此

---

① ［美］盖瑞·J. 米勒：《管理困境》，王勇等译，上海人民出版社 2002 年版，第 92—93 页。
② ［美］F. W. 泰罗：《科学管理原理》，胡隆昶、冼子恩、曹丽顺译，中国社会科学出版社 1984 年版，第 238—240 页。
③ ［美］盖瑞·J. 米勒：《管理困境》，王勇等译，上海人民出版社 2002 年版，第 148 页。

制度确实也并不能够保证给予雇员应得的报酬。他指出,制定了一项生产活动的工资率后,每个工人都设法用一个最节约时间的方法来工作。或更加苦干,或改进工作方法来达到所定的目标。这样就能取得较大的收益。在以较高效率生产一段时间后,雇主也将想方设法分享快速生产的好处。这时,厂主就会降低计件工资率。尽管工人努力工作,也只能获得比原来的计日工资略多一点的收入。[①] 所以如果要改善雇主和员工(包括管理者)、管理者和普通员工之间的关系,需要在双方之间建立关于合作的可信的承诺,而最有效的途径就是"对产权制度作永久的改变,这个改变给予雇员信心去投资于企业的经济发展"[②]。

华为公司的干部管理"四象限"

过去华为公司对干部的使用不是很稳定,一直在摇摆,干部的选拔晋升没有稳定的机制。经过总结和研究,在2005年初,华为提出干部管理"四象限",干部政策有了明确依据和稳定的机制。

华为认为考核干部要看两个维度:一个是纵轴,即品德;一个是横轴,即责任导向,也就是业绩。第一象限,业绩好,品德也好。获得这种评价的人如果再有一定的"领袖风范"(一是把握管理节奏,懂得把握度;二是具有前瞻性,看得远。任正非经常引用有关战争的一句话来说明,战争打得一塌糊涂的时候,领袖的作用就是登高一望,为迷途的士兵指明前进的方向。)应该得到晋升提拔。第二象限,品德好但业绩不好,这样的人不能提

① [美]F. W. 泰罗:《科学管理原理》,胡隆昶、冼子恩、曹丽顺译,中国社会科学出版社1984年版,第10页。
② [美]盖瑞·J. 米勒:《管理困境》,王勇等译,上海人民出版社2002年版,第306页。

第二章 现代管理的价值主体意识

拔。在华为不打"粮食"的人，站不住脚。第三象限，品德和业绩都不好，这样的人更不能当干部。第四象限，业绩好但品德不好，华为会培养这种人的品德，但也不会提拔他（她）。如果这个人有潜质，就培养，如果没有，就在一般的岗位干。能创业绩就创造业绩，但不能当干部。

干部管理"四象限"明确了干部政策，树立了干部管理的导向。

资料来源：刘兴阳主编：《聆听智慧：世界名企人力资源管理三人评》，中国人民大学出版社 2006 年版，第 127 页。

另外，著名管理学家德鲁克（Peter F. Drucker）提出了一种方法，即目标管理。具体而言，工作目标不是上级管理人员直接分派给下属，而是大家共同讨论制定都能认可的目标，并对如何衡量实现目标的绩效达成一定的协议。这样，企业的总目标就能分成各个部门的分目标，再分成个人的子目标即任务，由具体目标的实施人来掌握进度，自己管理自己。由于管理者和员工提高了工作的一定的自主权和主动性，并且能够把自己的工作目标和工作成绩同报酬直接结合在一起，受到他们一定程度的欢迎，也对企业的发展有利。所以，德鲁克指出，作为一种管理原则，目标管理有利于使管理人员和员工个人的力量和责任心充分发挥出来，也为大家的注意力和努力指明了共同的方向，有助于建立起协作关系，使个人的目标与公共的利益相互协调。[1] 当然，实行目标管理也是有条件的，即目标存在可分性；如果企业的工作目标不可分就很难实行，特别是在一个企业，有的部门能够进行目标细分，而有的部门不能进行，实行起来就会遇

---

① ［美］彼得·德鲁克：《管理实践》，毛忠明、程韵文、孙康琦译，上海译文出版社 1999 年版，第 154 页。

到很大阻力。从实际的工作来看,这种目标管理方式一般是受欢迎的,取得了很大的成功。虽然也有不少失败的案例,但原因不在于目标管理的原则有问题,而在于人们对结果的期望有不切实际之处,不能获得高层管理者的承诺和支持,特别是管理层不具备相应的能力或不愿意根据员工完成目标的情况给予相应报酬等。①

美国林肯电气公司在20世纪中叶开始实施一种对个人的评价和报酬依据其工作成果的办法——刺激管理法。他们试图使员工的能力得到最大程度的发挥,然后根据其对公司业绩作出的贡献给予奖金。这个奖金超过了员工的其他工资和额外收入。在林肯公司,由于实行了这一制度,没有出现过停工,基本不存在员工离职的情况,员工个人的生产率是整个制造业平均生产率的5倍,企业股票平均每股的股息稳步提升。这一制度林肯公司已经坚持了多年,也由于其他有效的管理方法,林肯公司受到人们的关注。②

在现代管理的激励措施和思想中,也能看到依据人们的劳动成果给予评价和报酬的观念,如著名的波特—劳勒的激励模型和公平理论。美国心理学家和管理学家劳勒(Edward E. Lawler, Ⅲ)和波特(Lyman W. Porter)在《管理态度与工作绩效》(1968)一书中提出了著名的波特—劳勒激励模式。在这一模式中,他们指出,一个人努力的程度是由工作所获得报偿的价值和个人感到努力后可能获得报偿的概率决定的,而一个人的工作绩效主要依赖于努力程度,同时依赖于个人能力、个人的角色意识(即对自己工作方向、规范的认识)以及所处环境的限制。一个人的满意感取决于所获报偿同个人的应获报偿的一致性,如前者大于或等于后者,就会提高个人满意感,反之则会降低个人满意感。同时一个人最后得到

① [美]斯蒂芬·P.罗宾斯、蒂莫西·A.贾奇:《组织行为学》第12版,李原、孙健敏译,中国人民大学出版社2008年版,第170页。
② [美]丹尼尔·A.雷恩:《管理思想史》第5版,孙健敏、黄小勇、李原译,中国人民大学出版社2009年版,第379—380页。

第二章 现代管理的价值主体意识

的满意程度又将影响以后的价值判断。此外,一个人做出的成绩与效果(绩效)一方面直接影响他自认为应得的报偿,另一方面也会影响到今后对该项工作的期望值。①

公平理论是美国心理学家亚当斯(J. Stacy Adams)于20世纪60年代提出的。这种激励理论主要讨论报酬的公平性对人们工作积极性的影响。人们将通过两个方面来比较其所获报酬的公平性,即横向比较和纵向比较,与别人比和与自己的过去比。此人如果感觉到自己获得的报酬与他人的类似业绩获得的报酬是相等的,就认为自己受到了公平的对待,会保持工作的积极性和努力程度;否则,就会产生不公平感,会采取行动改变它,争取回到公平状态。这主要属于分配公平。更进一步的是,人们不仅希望分配公平,还要求程序公平,也就是用来确定报酬分配的程序也能让人感到是公平的。② 可以看出,人们从更宽广的角度确保自己的报酬能和自己的付出获得平衡。

需要指出的是,责权利相统一的观念会激发部门之间、员工之间的竞争,因为当企业给予员工的总的工资和奖金总额一定时,部门之间、员工之间为争取更多报酬和更高平衡的愿望必然激励着他们相互之间展开竞争,甚至是激烈的竞争,结果是胜者获得自己认为满意的报酬和奖金,而败者可能获得很少的奖金甚至是没有奖金并被扣发一定的工资。因此,竞争观念虽然有助于调动人们工作的积极性和提高他们的工作能力,从而有利于企业的生产率的提高,但也容易激发部门之间、员工之间的矛盾,造成不必要的内耗。

以上讨论的主要是欧美国家在现代管理中所体现的权责利相统一的意识的一些表现。可以看出,人们普遍要求按照劳动成果论功行赏,与此紧密联系的是,人们也是主张个人能力至上的:他们如果有工作能力,能

---

① 孙耀君主编:《西方管理学名著提要》,江西人民出版社1995年版,第175页。

② [美]斯蒂芬·P. 罗宾斯、蒂莫西·A. 贾奇:《组织行为学》第12版,李原、孙健敏译,中国人民大学出版社2008年版,第173—176页。

做出突出成绩,就应该得到更多报酬,拥有更多晋升的机会,而那些工作能力不突出、做不出应有成绩的人就应该得到的较少,不但不能够升职反而有可能被降职。因此,这一意识必然包含着这样的能力主义的内容,即一个人在组织中主要靠才智而不是出身来谋取职位,占据一个重要岗位要求具有卓越的工作表现,如果工作表现太差不能继续做好自己的工作,不管他拥有怎样的出身和社会关系,都应该由另一个能够做得更好的人来取而代之,对于有工作能力和突出工作表现的人来说,职位晋升是不限定的。由于以上强调的是激励一批有能力的人来完成规定任务,因而控制点也就从生产过程中的细微检验转向最终成果的测度,另外,由于对能力的评价已经成为管理思想的一个重要方面,所以人们的精力便集中于使这一评价尽量全面、客观而公平。①

3. 能力主义——根据业绩取酬观念的日本特色

人们在比较欧美国家和日本的现代管理的特点时一般把个人主义(主张个人利益高于群体利益,强调个人自由、个人竞争等)—集体主义(有的称作公有主义,主张群体利益高于个人利益,强调团体、组织的利益和荣誉与对关系、团体、组织的依赖,不针对个人进行评价等)作为它们之间价值主体意识的一个显著的差别,甚至认为日本步入现代国家行列得益于集体主义。这种看法是比较普遍的。霍夫斯坦德(Geert Hofstede)通过考察分析后就提出,在富裕国家中,个人主义化越强的国家经济发展速度越慢,而集体主义程度越高的国家经济发展速度越快,前者以美国为代表,而后者以日本为代表。② 不少日本管理学家认为,最能概括和表示日本管理特点的就是"集体主义管理",人们把企业看作是有组织活

---

① [美]W. H. 纽曼、小 C. E. 萨默:《管理过程》,李柱流、金雅珍、徐吉贵译,中国社会科学出版社 1995 年版,第 833—838 页。
② [荷]G. 霍夫斯坦德:《跨越合作的障碍》,尹毅夫、陈龙、王登译,科学出版社 1996 年版,第 85 页。

动的生活共同体，每个人把集体利害放在个人利害之上，以集体为中心，把"和"作为管理的指导思想，人们之间互助互让。日本著名的管理学教授，兼任日本经营哲学学会会长的三户公则把集体主义的管理原理称为"家"的原理。他指出，这种"家"不是血缘意义上的"家"，而首先应被看作是一种经营体，隶属于这个经营体的人被称作家庭成员，作为经营体的"家"的特征是首先看重"家"的存在和繁荣，"家"的繁荣即家庭成员的繁荣，谋求作为"家"的企业的生存与繁荣是日本企业管理者的普遍的行为规范，"家"的原理也促进了"三件神器"的产生。①

不能否认，日本能成为经济大国和现代化强国还是得益于以上意义的管理文化的。但是，人们的这一分析所针对的这种区别是表面意义上的，或者是一种结果。其深层的区别或原因是能力主义的管理特别是"能力主义的工资体系"，在这一方面，甚至日本比欧美国家更显著。"所谓'能力主义'的工资体系，只是机械地按照能力原则去制定还不够，必须要体现激励雇员努力去开发、发挥个人能力的机制。""能力主义管理本质上既是对雇员个人进行评价，也是对个人提供待遇。"因此，日本著名的学者熊泽诚提出，"与所谓'平等的集体主义'这样一般的提法相反，日本企业的雇员是由个别企业对个人分别评价并提供待遇的。"②

他指出，人们所指的日本的年功，是"工龄和功绩"的意思，日本对雇员随工龄而提高的任职能力进行个人考核，并细微地拉开个人工资差距，这对于员工中占大多数的蓝领工人和普通的白领雇员来说，比起实行没有人事考核的"同工同酬"的欧美国家，更体现了"能力主义"。历来的日本式管理，与其说是重视雇员的实际发挥出来的表面能力（即重视实际业绩的实力主义），不如说是重视员工本身具有的能力——潜在能力（即

---

① 〔日〕三户公：《管理学与现代社会》，李爱文译，经济科学出版社 2000 年版，第151—153 页。

② 〔日〕熊泽诚：《日本式企业管理的变革与发展》，黄咏岚译，商务印书馆 2003 年版，第 6、87、33 页。

重视狭义能力的能力主义）——并以此作为员工待遇的标准。

他通过两条区分线来作说明（见图 1）。第一条区分线是，工资是反映雇员的潜在能力（本身具有的能力），还是实际发挥的能力（业绩能力）。两个人从事同样的工作，如果依据某种标准判断两人能力水平有所不同的话，工资会不一样，是针对个人属性支付工资（即属人工资）；反过来，两个人的能力水平一样，如果从事的工作类型和实际业绩不同，工资也会不一样，因此是针对工作支付工资。这种区分本身并没有表明工资体系是否推行能力主义。不管是针对雇员个人属性的工资，还是针对工作本身的工资，都有可能是或不是能力主义的。从总体上可以说，日本的大多数企业主要还是针对雇员个人属性的工资，与此相反，在欧美国家，包括蓝领工人和普通白领雇员在内的普通雇员当中，较普遍的是针对工作本身的工资。第二条区分线是，无论以潜在能力还是实际表现的工作能力为标准，评价不是针对雇员个人，就是针对雇员的集团属性，包括职业类型、企业工龄、年龄等。对雇员个人支付工资与属人工资不是一个意思。它们的区别在于是否有针对个人的人事考核。如果没有人事考核，职业类型、企业工龄、年龄相同，向个人支付工资也是一样的。这也就是平均主义的、不带人格因素的支付方式。但是在存在人事考核的情况下，这些条件即使相同，由于对每个人的工作态度和努力程度的评价不同，每个人的工资也就相应会有差别。根据考核拉开个人收入差距的工资体系，在日本涵盖了几乎所有阶层的雇员。但在欧美国家，还只限于上层的白领雇员。第二条区分线反映了工资体系对雇员个人的竞争状态和付出努力给予的回报的状况，可以据此判断一种工资体系是否属于"能力主义"。因此，从这个意义上可以说，认为欧美国家的企业比日本的企业更重视能力的"常识"是不正确的。①

---

① ［日］熊泽诚：《日本式企业管理的变革与发展》，黄咏岚译，商务印书馆 2003 年版，第3—9 页。

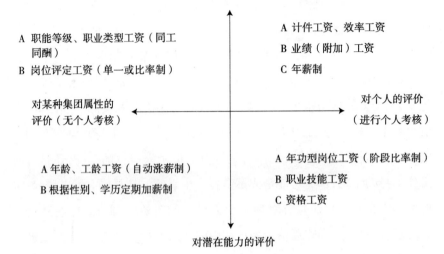

图1　各种工资支付体系

注:纵轴的右边更接近能力主义,左边在待遇上更接近平均主义,横轴上面更接近欧美国家,下面更接近日本。

资料来源:熊泽诚:《日本式企业管理的变革与发展》,黄咏岚译,商务印书馆2003年版,第8页。

　　熊泽诚还总结了日本能力主义的管理所具有的特点,一是重视潜在能力,要求雇员具有适应高度弹性化工作的能力(从事多种工作,适应广泛调动和新的环境等能力)和与此自然产生的"生活态度上的能力"(与其他各种事情相比优先考虑企业和工作上的事情,把企业、工作看得非常重要的态度等)。二是把对雇员能力的要求细化为多个层次,依据雇员达到各层次要求的个人努力程度的"年龄和功绩"建立人事体系,使对能力的要求具体化。三是引发雇员之间(主要是同一层次的员工之间)广泛和长期的竞争。

　　作为上述管理运行的核心手段的人事考核制度,体现了与以上内容相当整合的日本特色。这主要包括:第一,考核对象是全面的。与欧美国家不同,日本的人事考核涵盖了蓝领和白领阶层在内的所有正式雇员。

第二,评价内容、指标是全面的。在美国一般把完成目标程度(以职位内容说明书为标准)作为评价雇员的因素,把个人的性格、潜在能力作为评价因素和指标的情况并不多见,但在日本,不仅实际业绩,连潜在能力、情绪(态度、性格)都要受到考核,因为这是对弹性工作能力和生活态度的评价的基础。第三,考核是反复和长期的。各企业主要用于决定晋级和晋升的能力考核每两年进行一次,而主要用于决定是否加薪和发放奖金的实际业绩的评价以及与所有这些有关的工作态度的考核每年进行一次。企业避免早期提拔雇员以决定其将来的职业发展,而是下大力气使雇员在任何年龄和工作阶段都能努力工作,考核的反复性就是与此完全适应的。因此,日本式的能力主义管理是通过与其相整合的日本式人事考核配合进行的,它唤起雇员的"强制下的自发性",促使大多数日本男性投入工作的努力程度达到世界之最。①

熊泽诚认为,能力主义管理方式渗透入日本企业社会的过程,大致可以分为三个阶段:第一阶段,从 20 世纪 60 年代中期到 70 年代中期;第二阶段,从 20 世纪 70 年代中期到 1992 年;第三阶段,1992 年到现在。

第一阶段的日本式能力主义管理,是从大企业开始并逐渐渗透到各个企业。它由职能资格工资制度以及与其密切相关的其他三个制度和措施组成。实行的第一项措施是"新职员制度",一般把职能资格分成职员(一级—七级)、副主任、主任、副参事、参事等级别,并对各自的职业能力进行定义。不管蓝领雇员,还是白领雇员,都被统一称为"职员"。他们无论是谁,只要发掘和发挥职业技能,就可以通过各种渠道上升到管理职位。第二项措施是人事考核。这是实行能力主义管理的手段。据有关统计,1976 年实行人事考核的企业比率达到 72%(具有 5000 人以上规模的企业达 98%)。连"生活保障工资"部分的加薪、奖金也开始受到人事考

① [日]熊泽诚:《日本式企业管理的变革与发展》,黄咏岚译,商务印书馆 2003 年版,第 41—42 页。

第二章 现代管理的价值主体意识

核的影响。第三项措施是开展品质管理小组活动。品质管理小组活动于20世纪60年代后半期从大企业的制造车间开始,以后又扩大到中小企业和白领雇员部门,甚至在义务工作的劳动时间里也开展,这种对资方的暗示进行的响应行动也是一种具有日本特色的能力。品质管理活动尽管是在企业的引导下进行的,但还是由雇员"自发地"组成活动小组,开展提高技能、确保安全、消除浪费、提高产品合格率和设备运转率,乃至名副其实地削减工序、提高生产效率等改良活动。"日本雇员对生产迸发出的主动积极性令人感到欣慰,但是也让人洞察到的是,经过改良的工作会使雇员的劳动强度变得更大,这又令人悲哀。"①第一阶段是日本经济高度增长和缺乏劳动力的时期,没有裁员情况,除了人员调动,重大的人事变动还没有开始。

在第二阶段,由于石油危机、日元升值以及"泡沫经济崩溃"等问题,企业有了裁减雇员的意向。钢铁、造船和一般机械的制造工厂大幅精简人员。如五家大型钢铁企业从1978年到1991年,总共减少正式工61700人(为4.5%),临时工16300人(为14%)。其次,ME(微电子技术)化得到了发展,提高了对雇员弹性工作的要求,操作ME机器也成为雇员必备的能力。另外,在生产和劳动中为彻底排除库存、空间、作业时间和人员编制上的浪费,企业引进和普及了即时组织生产方式(即JIT,20世纪70年代中期首先在丰田汽车公司基本形成,因而被称为"丰田主义")。从杜绝浪费的意义上说,JIT生产方式是充满生产合理性的体系。但在这种杜绝浪费的生产体系下,雇员没有丝毫空闲,必须像多能技工一样地工作,培养弹性工作的能力。"如果把简单劳动狭义地理解成雇员持续地从事固定作业,那么这种生产体系是在克服简单劳动。但是,要说其是内

---

① 〔日〕熊泽诚:《日本式企业管理的变革与发展》,黄咏岚译,商务印书馆2003年版,第22页。

容丰富并符合人性的劳动,可以说是值得怀疑的。"①在第二阶段,日本企业的能力主义管理向强化日本特色的方向发生变化,包括企业对弹性工作方式的要求更高了,要求雇员对工作完成的质与量、工作地点的变化与以前相比能不断快速地反应,而不再仅仅执著于自身熟悉的岗位和工作。企业对正式雇员进一步要求能在生活的各个方面都以"工作第一"、"企业重要"来规范生活方式,提高生活态度的能力。为了能适应新技术的不断引进、职务分配的变动、工作量的增加、频繁的调动、只身赴任、借调到其他企业等变化,雇员不仅要有"挑战精神",还要增强体力,认真学习,在下班后,还要考虑加班和参加品质管理活动等,而不能过多考虑自己的个人生活。这种生活态度已经被认为是持续工作不可缺少的一种能力。所以很多雇员也自觉地加以培养。这种"生活态度上的能力"是紧随"适应高度弹性化的能力"的另一种日本特色的能力,这两种能力的结合导致了雇员之间的阶层分化,成为第二阶段的重要现象之一。在第二阶段,人们为了开发和发挥这两个方面的能力,卷入激烈的竞争中。20世纪80年代后半期以后,"过劳死"频繁发生,工作过度开始被认为是日本的代表性社会问题之一。造成企业对高标准能力的要求与雇员之间竞争结合到一起的主要环节是存在日常性裁减正式雇员的压力,其次是决定晋升和加薪的标准中年龄和企业工龄的比重下降,而能力考核更加受到重视。由于经济低增长,管理职务的空缺不再增加,不想晋升、轻松享受雇佣保障的时光已不复存在,因而对多数雇员来说,他们参加竞争不是为了出人头地,而是在雇佣人数和工资总额被严格控制的背景下获得生存。②

在第三阶段,以上情况进一步加剧,特别是雇员承受的负担进一步加

---

① [日]熊泽诚:《日本式企业管理的变革与发展》,黄咏岚译,商务印书馆2003年版,第26页。

② [日]熊泽诚:《日本式企业管理的变革与发展》,黄咏岚译,商务印书馆2003年版,第17—31页。

第二章 现代管理的价值主体意识

重。如在 1992 年 6 月,三菱农机厂的业务员延原隆志(当时 41 岁)到兵库县赴任,在那里由于心肌梗塞而死亡。他在临死前的三四天,每天持续 12 小时到农家开展业务,没有一天得到很好的休息。三年后,他被认定适用于工伤补偿保险。①

通过以上情况,我们可以看出,用个人主义和集体主义来区分以美国为代表的西方发达国家和以日本为代表的后来居上的发达国家的现代管理的价值主体意识是很不够的,在这两种类型中作为个体的组织成员的工作主动性、积极性和创造性都得到一定程度的调动和激发,它们其实有共同的主体意识基础,这就是能力主义。当然,这一观念在这两种类型中具有不同的侧重点,并且日本的能力主义观念并不比欧美国家逊色,甚至在某些方面比欧美国家还突出,具有浓厚的民族特色。正是从这个角度说,要实现管理的现代化和推进生产力的极大发展进而实现社会的现代化,不极大地调动人们的责权利的观念特别是按劳取酬的观念和采取以此观念为指导的制度措施而寻求其他的途径,是要走历史弯路的。当然,我们从日本的事例中也能看到这一观念对人们的人性所产生的压抑的一面。这一历史与阶级的局限性需要引起我们的高度注意。

三、自我实现:现代管理的价值主体的理想人格意识

人类社会向工业社会、现代社会转变发展的过程,是经济独立化的过程,是个人从宗教、血缘关系等传统的纽带中解放、分离出来的过程,人越来越以独立自主的方式看待自己与他人、企业、组织、社会的关系,处理自己的生活。正如马克思所指出的,"我们越往前追溯历史,个人,从而也

---

① [日]熊泽诚:《日本式企业管理的变革与发展》,黄咏岚译,商务印书馆 2003 年版,第 72 页。

是进行生产的个人，就越表现为不独立，从属于一个较大的整体；最初还是十分自然地在家庭和扩大成为氏族的家庭中；后来是在由氏族间的冲突和融合而产生的各种形式的公社中。只有到 18 世纪，在'市民社会'中，社会联系的各种形式，对个人说来，才表现为只是达到他私人目的的手段，才表现为外在的必然性。"①实质上，这也就是人越来越个体化、主体化的过程，"个体化意味着人从其与生俱来的社会状况的固定性中脱离出来，从社会与宗教准则的确定性中脱离出来。它取决于个体和集体的差异和纠纷，而单个的人把这种纠纷同时感受成为解放和异化。个体化是向主体性发展的标志。主体、自我成为衡量一切事物的标准并且对其自身的行为和社会地位自我负责。"②以上我们所分析的在现代管理中人们的自治观念、责权利相统一的观念，都是人作为独立个体的主体意识和主体要求，但这不是他们所需要的全部，不是他们的理想所在，他们希望能支配自己的劳动和自己在管理中的地位（但由于企业的私人性质的限制，这还很难实现，我们还将在以后详细分析），他们希望达到自我实现的理想境界。

1. 对需要层次论的重新理解

需要层次论不仅是一种心理学理论，也是一种管理激励理论。它被提出后，受到人们的广泛关注，被作为一种激励学说加以学习、使用。

（1）需要层次论的基本内容

需要层次论是著名心理学家马斯洛（Abraham H. Maslow）在 20 世纪 40 年代提出的。此理论认为，人有五种基本的需要，包括生理需要、安全需要、归属和爱的需要、自尊需要和自我实现需要。

生理需要就是所谓的生理驱力，包括满足基本生活需求的需要，衣食

---

① 《马克思恩格斯选集》第 2 卷，人民出版社 1995 年版，第 2 页。
② ［德］P. 科斯洛夫斯基：《资本主义的伦理学》，王彤译，中国社会科学出版社 1996 年版，第 9 页。

第二章 现代管理的价值主体意识

管理之魂

住行等。安全需要,是指安全、稳定、依赖、免受恐吓、焦虑和混乱的折磨,对体制、秩序、法律、界限的需要,对于保护者实力的要求,等等。归属和爱的需要,是渴望同人们有一种充满深情的关系,渴望在团体和家庭中有一个位置的需要。自尊需要,是对自尊、自重和来自他人的尊重的需要和欲望,包括对于实力、成就、优势、胜任、面对世界时的自信、独立和自由等欲望以及对于名誉或威信的欲望。自我实现需要,是指一位作曲家必须作曲,一位画家必须绘画,一位诗人必须写诗,如果不能这样做他就始终无法安静的需要。"一个人能够成为什么,他就必须成为什么,他必忠于他自己的本性。"这可以被看作人对于自我发挥和完成的欲望,一种使它的潜力得以实现的心理倾向。这种倾向是一个人越来越成为独特的那个人,成为他所能够成为的一切。

这些基本需要是彼此相互联系、逐层提高的,一种需要在没有满足时就成为优势需要,独占人的全部意识,并趋向于自动组织机体内各种智能的运用,而满足后就会产生新的、更高的需要,就这样逐级向上提升。当然,新的需要并不是突然、跳跃出现的,一般是原有的需要得到一定程度满足后,新的需要就显露出来,缓慢发展,直到成为优势需要。因此,这些基本需要既是逐步递升的,也是相互重叠的。① 在管理中对于人的激励,就是看他的需要已经达到了什么层次,给予相应的适当的满足,从而调动他工作的主动性、积极性和创造性。

(2)对需要层次论的新解读

人们一般把自我实现需要只看作是人的最高需要和目标,这是有一定道理的。但我们认为,自我实现也能涵盖其他层次的需要,也就是说,当生理需要或是其他什么需要还没有实现时,对其主体而言就是要自我实现的内容。现代社会对于人们的吸引力就在于它为人们的自我实现开放了大门,现代人不同于前现代人的一个地方,就在于它不仅有自我实现

---

① [美]马斯洛:《动机与人格》,许金声等译,华夏出版社 1987 年版,第 40—68 页。

的需要,还具有满足需要的现实可能性。自我实现,自我超越,是包括现代管理者、员工在内作为现代人的一个明显标志。贝尔(Daniel Bell)在《资本主义文化矛盾》中就指出,"现代人最深刻的本质,它那为现代思辨所揭示的灵魂深处的奥秘,是那种超越自身、无限发展的精神。"①正因为如此,我们认为需要层次论不仅是一种激励理论,一种关于现代管理激励员工的理论,它其实也是关于现代人自己的主体意识特别是理想人格意识的重要理论和内容。包括管理者和员工在内的现代人的理想人格是自我实现的人。

这种理想人格意识的一个方面就是对生理需要、安全需要、归属和爱的需要、自尊的需要得到满足之后的需要的意识,即狭隘意义上的自我实现的需要的意识。"自我实现的人(即更为成熟、更为完满的人)的定义是:在他们的基本需要已得到适当满足以后,又受到更高层级的动机——'超越性动机'——的驱动"。②

2. 自我实现的含义及管理价值

自我实现,就是拥有更多的自由意志,发展个性,表现个性,不断超越自己,成熟、发展。"在已经自我实现了的人的价值系统中,求其最高点是绝对独一无二的,它是个人独特的性格结构的体现。这种情况非常清楚,不容置疑,因为自我实现就是实现一个自我,而没有两个自我是完全相同的。"③自我实现的理想实质是对自己真实,达到关于自己的真实性。"存在着某种做人的方式,它是我的方式。我应该以这种方式,而不是模仿任何他人的方式去生活。而这就给忠实自我赋予了新的重要性。如果

---

① [美]丹尼尔·贝尔:《资本主义文化矛盾》,赵一凡、蒲隆、任晓晋译,三联书店1989年版,第96页。

② [美]马斯洛等:《人的潜能和价值》,林方等译,华夏出版社1987年版,第209页。

③ [美]马斯洛:《动机与人格》,许金声等译,华夏出版社1987年版,第209页。

我不这样，我就没有领会生活的目的，我就没有领会对我而言什么是做人。"①

自我实现在现代管理中具有重要的价值，可以概括为以下几点：

一是它塑造着管理者和员工的主体品格。管理者和员工作为主体必须是主动的人、自觉的人，必须是自主的人、自立的人，也必须是具有个性、区别于他人的人。具有个性，实现个性，区别于他人，是管理者和员工能成为管理者和员工的主体原因，是他们能作为主体的显著标志。管理者和员工有了个性，才有独特的创造性，也才能做出独特的贡献。因而，现代管理对管理者和员工的一个基本要求就是具有个性特征。当然，管理者和员工的主体品格不是不变的，而是可变的，是不断发展变化的。因此，在现代管理的发展过程中关于管理者、员工的人性假设在不断地推陈出新，不断地把对人、人性的认识提升到一个新的高度。这一方面说明对管理者和员工作为主体的认识由于社会历史条件的限制是具有局限性的，另一方面也说明，自我实现不断推向新的水平和程度，因而提升和推进着在一定意义上作为主体的管理者和员工的主体特征的变化和发展。用静止的眼光和视角看待作为现代人的管理者和员工是不正确的，也一定会付出不必要的代价。

二是它是组织及其管理发展的动力。组织及其管理当然是为完成特定的任务和工作而存在和发展的，但这还不是它发展的全部动力，或者说只是表面的动力，而深层的动力就是管理者和员工自我发展、自我超越和自我实现的愿望和迫切要求。正是在此推动下，组织及其管理的任务和工作才获得强大的推动力。可以说，组织及其管理成长、壮大、发展的程度和水平，在一定意义上决定于管理者、员工自我发展、自我超越和自我实现的程度和水平。管理者和员工之所以需要被激励，就是因为存在着

---

① ［加］查尔斯·泰勒：《现代性之隐忧》，程炼译，中央编译出版社2001年版，第33—34页。

阻碍他们自我发展、自我超越、自我实现的种种体制、做法和观念方面的问题。他们的主动性、积极性和创造性的来源就在于这些需求的不断产生和不断满足。赫茨伯格提出的"保健因素"（良好的公司政策与管理方式、良好的上司监督、工资、人际关系、工作条件等）都是管理者和员工所需要的，而"激励因素"（工作内容、工作性质、工作成就及别人对他们的承认、工作责任、工作能力等）也是管理者所需要的，之所以后者能成为激励因素，显然它们更有利于管理者和员工的自我发展、自我超越和自我实现的要求。这也说明，保健因素对于赫茨伯格所调查的对象——白领阶层（各行各业的 200 名工程师、会计师和研究人员）——来说，已经基本得到满足，不再是突出的问题。

三是它指明了管理发展的未来方向。管理发展的方向不单单取决于企业所有者和管理者的主观设定，更来自于企业所有者、最高管理者对于一般管理者、广大员工和企业服务对象的自我实现需求提供的满足条件。管理者为了实现自己的功能和作用内在地具有把下级和员工看作非人格化的手段的自然倾向，只希望他们被动地接受和执行命令，而对于他们的人格给予的尊重和理解是很不够的，更不要说去支持帮助他们自我发展、自我超越和自我实现了。有个例子就很好地说明了这点。在 1917 年一家编织厂工厂曾雇用了 24 名能力低下，相当于 6—10 岁儿童智能水平的女工，出人意料的是，她们干得都不错。所以，在战争后工厂又继续雇用她们，而且为其下属的另一家工厂又雇用了 40 名类似的女工。值得思考的是，经理们对于低能女工的评价竟然比正常智能甚至较高智能的人还要高很多。[①] 我们可以看出，这家工厂的发展不会达到理想的水平，因为它没有更成熟的更高智能的员工提供服务。人们始终存在自我发展、自我超越和自我实现的要求和愿望，由于条件的限制，在一定时期组织不能

---

① ［美］克里斯·阿吉里斯：《个性与组织》，郭旭力、鲜红霞译，中国人民大学出版社 2007 年版，第 80 页。

满足是可以被人们接受和理解的,但随着人们基本需要的大致满足,再继续对于人们自我实现的要求不给予关注和满足,就一定会因得不到管理者和员工的支持而陷入困境。20 世纪后期,学习型组织就是为应对以上困境和适应时代的诸多挑战而产生的以新的管理原则和精神为指导的新型组织。圣吉(Peter M. Senge)提出的对于建立学习型组织十分重要的五个"修炼"和过程(自我超越、心智模式、共同愿景、团体学习和系统思考)中有两个修炼和过程与人们的自我实现有关。一个是自我超越。自我超越是指人们以创造而不是反应的观点来面对自己的生活和生命;具有高度自我超越的人,能不断扩展他们创造生命中心之所向的能力,从个人追求不断学习为起点,进行开创性的学习,形成学习型组织的精神。这是学习型组织形成、发展的基础。另一个是共同愿景。它是关于人们要创造什么、追求什么的愿望和设想,是人们心中一股令人深受感召的力量;它对学习型组织是至关重要的,因为它为学习提供了焦点和能量,把人们吸引到实现他们所深深关切的事情,从而产生创造性的学习。这是形成和发展学习型组织的目标和关键。① 可以说,学习型组织是组织及其管理发展的一个方向,因为它是以管理者和员工的自我实现为目标和动力的。

3. 自我实现的问题与局限

在现代管理阶段,自我实现作为管理者和广大员工的理想人格及意识,发挥了一定的积极作用,并且它所指向的个性,也确实是人的发展的方向,但我们还要看到,这一目标和意识是存在局限性的。

自我实现主要还是以个体为单位的。"现代主义精神像一根主线,从 16 世纪开始贯穿了整个西方文明。它的根本含义在于:社会的基本单

---

① [美]彼得·圣吉:《第五项修炼》,郭进隆译,上海三联书店 1998 年版,第 7—11、167—171、237—242 页。

位不再是群体、行会、部落或城邦,它们都逐渐让位给个人。这是西方人理想中的独立个人,他拥有自决权力,并将获得完全自由。"①因此,人们总是从与别人区别的角度而不是联系的角度来看待自己,看待自己的自我实现,也就是说,自我实现是面向个体自己的,这样不可避免的是,有可能把他人甚至社会当成外在于自己的东西,当成实现自己的目的、促进自己自我实现的工具,即把自己当人,当成主体,而把他人当成物,当成客体。这样,它有可能导致加拿大哲学家泰勒(Charles Taylor)所指出的"冲向一种社会原子主义",成为一种自我中心主义。许多组织和社会中的矛盾的产生就是源出于此。其实,在现代社会形成和发展的进程中,一方面,西方国家在内部表现出所谓民主、平等和人权,另一方面,对于外部却表现为对非洲、拉丁美洲、亚洲的发展中国家的侵略、殖民和强权,到现在还竭力继续维持不平等的经济和政治秩序。不能说不是受到这种价值观的影响。

与上面有关的是,人们既然总是关注于自身,关注于自己的真实性的实现,关注于自己的生活,当自己生活不如意的时候可能还关心外在社会环境等问题的改善,但一旦其生活水平提高了,有条件追求更高的享受,可能不再关心社会,即使关心也是从自身考虑的。这样,他们就会把自己陷在个人的生活和小圈子中,"失去了其行为中的更大社会和宇宙视野外,还失去了某种重要的东西。有人把这表述为生命的英雄维度的失落。人们不再有更高的目标感,不再感觉到有某种值得以死相趋的东西。"②"不但使每个人忘记了祖先,而且使每个人不顾后代,并与同时代人疏远。它使每个人遇事总是只想到自己,而最后完全陷入内心的孤寂。"③

---

① [美]丹尼尔·贝尔:《资本主义文化矛盾》,赵一凡、蒲隆、任晓晋译,三联书店1989年版,第61页。

② [加]查尔斯·泰勒:《现代性之隐忧》,程炼译,中央编译出版社2001年版,第4页。

③ [法]托克维尔:《论美国的民主》,董果良译,商务印书馆1988年版,第627页。

第二章 现代管理的价值主体意识

在分析日本企业的管理怎样使日本的经济生产率超过美国时,帕斯卡尔(Richard Tanner Pascale)和阿索斯(Anthony G. Athos)发现,其原因正是存在于欧美国家中的那种对自我的过分执著与强调。他们指出,"我们西方人认为我们原则上是靠一个锚停泊的——我们的自我概念。……我们西方人从经验中得知,组织能使我们的生活遭受浩劫并断绝重要的关系。在关系的意义上,组织对我们一般是很重要的,即使我们经常要否认这点,或假作它真是没有关系的样子。""我们对组织的矛盾心理是自然而然的,不过这是令人烦恼的。它标志着我们文化中的一个'盲点'"。① 杜威也指出,"我们将所控制的无数手段和所掌握的可靠技术,用于赞美过去,并使现状合法化、理想化,而不是严肃地思考我们怎样利用所掌握的手段来造就一个公平而稳定的社会。这是我们最大的失职,它可以解释我们怎样以及为何分裂为一所自己反对自己的房子。"②

自我实现如果仅是从与他人、社会分别、分离的角度来理解和对待,最终是无法达到的。因此,人们作为个体在把握自己与他人区别的同时还要把握自己与他人、社会之间的联系,在这两者的结合中考虑、把握、推进自我的发展、自我的超越和自我的实现。这样,他就不再是一个孤独的人,一个处处遇到外在力量制约和干涉的人,而是一个自由的人,他所实现的个性不是一般个性,而是自由个性,他不再是一般的个人,而是全面发展的人、自由发展的人。"全面发展的个人——他们的社会关系作为他们自己的共同的关系,也是服从于他们自己的共同的控制的——不是自然的产物,而是历史的产物。要使这种个性成为可能,能力的发展就要达到一定的程度和全面性,这正是以建立在交换价值基础上的生产为前提的,这种生产才在产生出个人同自己和同别人相异化的普遍性的同时,

---

① [美]理查德·帕斯卡尔、安东尼·阿索斯:《日本的管理艺术》,张宏译,科学技术文献出版社1987年版,第124页。
② [美]杜威:《新旧个人主义》,孙有中、篮克林、裴雯译,上海社会科学院出版社1997年版,第62页。

也产生出个人关系和个人能力的普遍性和全面性。"①而这必须要在一个以个人的自由发展为一切人自由发展的条件的联合体中才能实现,到那时,"对人的统治将由对物的管理和对生产过程的领导所代替。"②

---

① 《马克思恩格斯全集》第 30 卷,人民出版社 1995 年版,第 112 页。
② 《马克思恩格斯选集》第 3 卷,人民出版社 1995 年版,第 755 页。

第三章　现代管理的价值目标观念

一个管理人员的全部职能就在于确定一个企业的集体目标并创造出这个目标得以实现的环境。

——[美]克劳德·小乔治:《管理思想史》

通过企业为社会做贡献这一使命和取得合理利润,二者决不矛盾。相反,可以认为,利润是完成使命,为社会做出了贡献,而社会以合理利润的形式,给予的应得的报酬。

——[日]松下幸之助:《实践经营哲学》

前现代社会向现代社会转变的过程是从领域合一的社会到领域分离的社会的转变过程,先是包括经济领域、政治领域的世俗领域从宗教领域中分离出来,紧接着是经济领域从政治领域中分离出来。这样,经济领域的专门职能不是别的,而是争取最大的经济功利。在这一过程中,人们对参加现代经济行为、管理行为的人的基本价值理解是"经济人",但这样的"经济人"不是单调的"经济人",而是丰富的"经济人"即"充实的经济人"。在整个现代管理产生、发展的过程中支配人们的价值目标,是追求最大物质利益的同时也追求其他方面的(社会的、政治的、文化的)利益从而保证实现利益的最大化。在这样的人性观念指导下的管理的价值目标,一方面把经济业绩看作管理至高无上的准则和理性,否认自己具有社会责任或把保证经济业绩看作是自己唯一的社会责任,秉持着企业和经济的"非道德性神话",而经济业绩实际上主要就是利润,而利润来源于较高的效率,因此现代管理把效率的提高看作直接的目标。这样,利润至上、效率至上就成为现代管理的价值目标观念的显著特征。

一、"充实的经济人"假设

人是管理活动的主体,也是管理的对象(被管理者等),在一定意义上说,管理的问题就是"人与人的关系问题"①。因而对人的特性、目的等的理解就成为管理的前提和基础。"不管人们是否自觉地认识到,一定的管理方式总是建立在一定的对人的理解的基础上的,管理方式的对错,取决于人们对人的理解的正确与错误,取决于是否符合一定历史条件下的人性。"②管理对人的理解不是从各个角度、各个方面的立体式、全方位的理解,而是受一定历史条件的限制和根据管理工作的需要对人的特定方面的理解,甚至就是对人们参加经济行为、参加管理活动的直接需要和目标的理解。正因为如此,我们认为管理中的人性假设首先是关于人的价值目标的假设,是关于人性的简化式理解。许多观点认为在现代管理产生、发展的过程中起主导地位和作用的关于人的假设并不是一种,而是几种,它们依次替代,也就是说,"经济人"假设并不是支配现代管理全过程的人性假设。我们对此持不同看法,认为占主导地位和主导作用的仍然是"经济人"假设,只不过是经过修正的"充实的经济人"假设。

1. "经济人"假设的由来及其含义

物质需求是人们生存最基本的需求,物质生活资料的生产活动是任何时代人们最基本的社会活动。但在古代社会特别是封建社会,受经济

---

① 《毛泽东文集》第 8 卷,人民出版社 1999 年版,第 134 页。
② 唐伟等:《现代管理与人》,北京师范大学出版社 1998 年版,第 3 页。

发展水平的限制,人们的生活水平十分低下,使得不断通过斗争、战争的方式求得生存和经济利益成为以封建贵族、诸侯、君主为代表的阶级、阶层的必然选择,战争把社会带进民不聊生、社会混乱的境地。在这样的环境下,人们的生存又必须在一定的社会秩序的需要得到满足的条件下才能成为可能,也就是说,在当时社会的瓶颈需求凸现为社会秩序。"这种其满足手段匮乏或稀缺从而在现实生活中只能按最低限度要求予以满足的需求,可称之为'瓶颈需求'。""'瓶颈需求'的满足状况和方式制约着其他需求的满足状况和方式。"①而能提供秩序和满足秩序需要的可以是伦理(以古代中国为代表),也可以是宗教(以西欧为代表),还可以是政治、军事(各个封建王国的通用方法)。在中国主要表现为通过伦理、政治、军事的方式维护社会的统一,在西方通过宗教、政治、军事的方式维护社会的统一,从而都实现了社会诸领域合一的局面。但不管上述哪种领域合一的社会,为了限制在有限经济条件下人们因谋取物质利益而引发社会问题,都对人们的谋利行为在价值观上进行限制,把求利的行为或看成违反了道德,古代中国称"不义",比如,孔子说:"不义而富且贵,于我如浮云。"②孟子也指出要"去利怀义"③,董仲舒更是提出,"正其道不谋其利,修其理不急其功。"④后来,这句话被引作"正其谊不谋其利,明其道不计其功"⑤,产生深远影响;在西欧诸国"求利的行为"被说成是触犯了宗教禁忌,教会就告诫信众"贪财是万恶之根"。

因此,对求利(自利)行为只有突破道德或宗教的限制才能成为可能,当然这又必须以变化了的经济条件为基础。伴随着西欧商业的发展和市场经济的兴起,政治领域、经济领域从宗教领域中分离、经济领域从

---

① 王南湜:《社会哲学》,云南人民出版社 2001 年版,第 176 页。

② 《论语·述而》。

③ 《孟子·告子下》。

④ 《春秋繁露·对胶西王越大夫不得为仁》。

⑤ 《汉书·董仲舒传》。

政治领域中分离,发生于欧洲的宗教改革运动给人们的自利行为以宗教的支持,紧接着古典经济学家也开始为以商人、资本家为代表的社会阶层的自利行为进行经济上的论证和道德上的解脱,最终形成"经济人"的假设。首先是英国的洛克(John Locke)提出,国家和法律就是为保护人民的人身和财产安全而存在,在此条件下,人们可以遵循自己的意志,自由地处置或安排他的人身、行动、财富和全部财产,人们的个人财产神圣不可侵犯,不经人们的同意国家不能剥夺他们的财产。接着是出生于荷兰的曼德维尔(Bernard Mandevile)在其著作《蜜蜂寓言》中提出,个人对自身利益和幸福的追求,是使人们成为社会生物的伟大原则,是毫不例外的一切职业和事业的牢固基础、生命力和支柱,这里存在着一切艺术和科学的真正源泉,一定能使民族变得强大、声誉卓著和繁荣。社会没有恶,即使不会完全毁灭,也会衰落。魁奈(Francois Quesnay)等法国重农学派主张社会生活存在着自然秩序,它明确规定着人们享有的自然权利,即人们有自由从事对自己最有利的劳动,取得这种劳动的果实,只有自由和私人利益才能使国家欣欣向荣。英国的亚当·斯密(Adam Smith)在继承前人和受到当时英国市场经济发展的成果的鼓舞,提出改善自身状况的愿望,是人们从出生到死亡没有一刻放弃过的,人们不会满足于现有的自身地位,而是不断寻求改进,增加财产就是必要的手段。每个人改善自身境况的一致的、不断的努力能促成社会财富、国民财富和个人财富的重大因素,使各种事情不断改进。对于每个人而言,"他追求自己的利益,往往使他能比在真正出于本意的情况下更有效地促进社会的利益。"①这就第一次系统地清晰地为经济人的自利行为导致整个社会财富的经济机制提供了经济学的证明。对"经济人"的假设初步形成。以后,李嘉图(David Ricardo)、边沁(Jeremy Bentham)、穆勒(John Stuard Mill)等对这一假设进

①　[英]亚当·斯密:《国民财富的性质和原因的研究》下卷,郭大力、王亚南译,商务印书馆 1974 年版,第 27 页。

第三章　现代管理的价值目标观念

管理之魂

行传播和进一步补充。到 19 世纪中叶后,"经济人"术语就有了明确的表述。新古典主义经济学又对这一假设进一步系统化,使"经济人"的行为更加具有理性。

具体而言,"经济人"假设主要包含这样的内容,追求自身利益是驱使人的经济行为的根本动机,他具有理性,力求使自己的利益达到最大化,如果有良好的社会条件的保证,经济人追求个人利益最大化的行为能无意识地、卓有成效地增进社会公共利益。①

当然,"经济人"起初是对以商人、资本家为代表的人们的称呼,后来随着现代工厂、企业的大量产生,也大量涌现了"经济人的新亚种——支薪的经理人员",②不仅如此,人们把企业中的工人也称作"经济人"。现代管理也就开始把人称作经济人,认为"对于人的行为而言,经济刺激和利益的最大化是他的首要激励因素"③。正是把雇主、管理者和工人看作经济人,泰罗在推行科学管理时认为,"管理的主要目的应该是使雇主实现最大限度的富裕,也联系着使每个雇员实现最大限度的富裕。"④

2. "经济人"假设过时了吗

在科学管理阶段,"经济人"假设是雇主、管理者、学者们对于人性的基本理解,它指导甚至支配着人们对人特别是对工人的基本看法,影响着管理者们的计划、组织、协调、领导、指挥、控制等各项管理活动。研究人员在美国西方电器公司进行的霍桑实验,在很大程度上改变了人们对人、

---

① 杨春学:《经济人与社会秩序的分析》,上海三联书店、上海人民出版社 1998 年版,第 11—12 页。

② [美]小艾尔弗雷德·D. 钱德勒:《看得见的手》,重武译,商务印书馆 1987 年版,第 4 页。

③ [英]摩根·威泽尔主编:《工商管理辞典》(英文版),辽宁教育出版社 1999 年版,第 94 页。

④ [美]F. W. 泰罗:《科学管理原理》,胡隆昶、冼子恩、曹丽顺译,中国社会科学出版社 1984 年版,第 157 页。

对工人的传统看法。这个实验起因于"工作场所的照明对工人生产力有什么影响"的研究，但此研究并没有发现生产率的提高与工厂照明的变化的正相关关系，认为照明并不是所要研究问题的正确答案。研究人员认为可能有什么其他因素对生产力的提高更为关键，于是就转向影响生产力的其他因素的研究。在哈佛大学梅奥（George Elton Myao）等人的努力下，霍桑实验继续进行，通过访谈计划和在霍桑工厂的绕线室进行的试验等，他们力图解释工人产量提高的因素到底是什么。结果他们发现，管理上对效率的逻辑的过分强调，压抑了人们对团体交往和社会关系满足的愿望，使感情的非逻辑失去平衡，进而限制了他们提高工作效率。因此，梅奥指出，管理者认为解决工业问题的办法在于技术效率，但实际上它是一个关于社会和人的问题。参加实验的另一位来自哈佛大学的研究者勒特利斯贝格尔（Fritz J. Roethlisberger）也提出，"工人们并不是孤立的、无关的个体，他们是社会性的动物，应该以此来对待他们。"①他还强调，在过去上百年里，人类在技术上的发展是十分巨大的，而对于人的问题的处理方法依然还很落后。如果这个文明社会还要持续下去的话，就必须对人的动机和行为能有一种新的理解。在西方电器公司进行的实验只是向这个正确的方向迈出的一小步。

小资料

稻盛和夫论人类的本性

京瓷集团创始人稻盛和夫先生是日本的"经营四圣"之一，一人创建了两家"世界500强"企业——京都陶瓷株式会社（京瓷）和日本第二电电株式会社（KDDI），曾缔造了京瓷40余年从未亏损的奇迹。他在其著作《人为什么活着》中有许多发人深

---

① ［美］杰伊·M.沙夫里茨、J.史蒂文·奥特编：《组织理论经典》（英文版，第5版），中国人民大学出版社2004年版，第16页。

105

第三章　现代管理的价值目标观念

思的思考和观点。

偶尔,总是有人会问:"人性本善还是人性本恶?"并由此展开"性善说"与"性恶说"的辩论。我对人类本性的看法则是"既非善,也非恶"。

当人类以实际行动去追求过多的欲望时,其人性就是恶的。也就是说,因为自己拥有自由,就滥用这种自由,以致强压周遭的人,让他人承受不自由。歌颂自己的自由时,却忘记了别人也有他的自由。人类常常会强调自己的自由,而在不知不觉中对他人造成伤害。

如果人类懂得提高自己的心智,也就是控制欲望、积极服务于众生,就会往善的方向发展。换句话说,如果能秉持这种意识,努力持戒或是做利他的事,并且提升自己的心智,那么,人性就能够不断朝着好的方向改善。

目前,因为人类对地球和其他动物滥用自由,对大自然造成极大的伤害,因而正在承受更大的惩罚。地球环保问题的出现,仿佛让人感觉到,大地正在对人类呼喊着:"醒醒吧!人类。"

我也曾强调,具有思考力和心智的人类,可以说是地球上最有价值的存在,这种说法并不过分。人类居于万物之首是毋庸置疑的,所以人类的思想和行动会对万物造成各种各样的影响。如果人类散播错误的思想、采取错误的行为,都将给犹如万物母亲的地球带来莫大的伤害。

因此,对于人类,我们的要求是:作为最具价值的光荣存在,人类应该付出相应的责任。

对人类而言,倾尽全力为世界的进化而努力,才是人类最重要的使命。

　　资料来源:稻盛和夫:《人为什么活着:稻盛和夫的哲学》,
中国人民大学出版社2009年版,第51—55页。

　　这就引发了人们对人性的新的理解,他们认为工人并不是一个"经济人",而是一个"社会人","经济人"的观点应该抛弃。勒特利斯贝格尔就指出,"在人类的商业行为中,经济利益绝不是最主要的和唯一的推动力,它在使人们愿意去工作的刺激要素名单上是排名很后的。"①许多学者和实践者认为,现代管理的发展过程就是一个人性假设不断产生又依次替代的过程,首先是19世纪末20世纪初的"经济人",然后是"社会人",接着是"管理人"、"自我实现人"、"复杂人"以及"文化人"。

　　随着现代社会的深入发展和现代管理的作用的不断增强,人们对管理者、广大员工的人性的理解确实在不断深化,也促使管理的方式更加合理、更加科学。但是,我们认为在实际的管理活动中,长期占主导地位、支配人们的人性假设还是"经济人"假设,当然这一假设得到了补充、丰富和完善。雷恩(Wren)就指出,对社会人有所研究的人对管理理论乃至管理活动的影响是较晚的事情,"直到60年代,那些在心理学、社会心理学和人类学等行为科学方面受过训练的人对一般管理理论还没有多大影响。"②人们认为,企业文化的提出是把人性的认识提高到"文化人"阶段的标志,但我们认为,"文化人"假设确实包含了对人的认识的深化,但更要看到人们对企业文化的提出是从企业生产率、国家生产率的提高的角度来看待文化的作用,而不是从有利于人的发展、本质力量增强的角度看待文化的作用,而这才是文化的本质、实质。迪尔(Deal)、肯尼迪(Kenne-

---

　　① 〔美〕丹尼尔・A.雷恩:《管理思想史》第5版,孙健敏、黄小勇、李原译,中国人民大学出版社2009年版,第341页。

　　② 〔美〕丹尼尔・A.雷恩:《管理思想的演变》,赵睿等译,中国社会科学出版社2000年版,第475页。

第三章　现代管理的价值目标观念

dy)从公司的经济业绩的角度提出,"我们把这些有着出色表现的公司定义为强文化公司。"①彼得斯和沃特曼在《追求卓越》中对优秀企业及其文化特色也是以六个衡量财务状况的标准包括企业组合资产的增长率、组合权益的增长率、市价对账面价值的平均比率、总资本的平均回报率、股票的平均回报率、销售的平均回报率等为基础的。② 科特(John P. Kotter)和赫斯克特(James L. Heskett)对企业文化与经营业绩的关系的考察也是从企业经营业绩、资本年均回报率、企业股票价格年均增长率三个经济指标来进行的。③ 就是被誉为日本"经营管理之神"的松下幸之助也曾指出,"没有利润的经营,是违背了企业的社会责任。换言之,对企业本身来说:一方面通过自己的事业,完成为社会贡献的使命。同时,从中得到合理的利润,这是非常重要的。"④这些都说明,他们并不是从满足管理者和员工的文化需求、发展的角度来分析企业文化的。就在人们大谈特谈"经济人"早已成为历史、人性假设正在演进到一个更新阶段的时候,美国《商业周刊》的一篇文章曾指出,在 20 世纪 90 年代,贪婪成为社会特征,没有力量可以克制贪婪。会计公司可以为了咨询费而作假账,律师可以为了拉到公司业务而搞伪证,董事可以为了自己的利益不顾股东的死活。2008 年,在美国肇始的金融危机已席卷全球,造成世界经济的严重衰退。而金融危机的爆发与金融资本家追逐暴利的欲望是分不开的,雷曼兄弟公司的破产成了金融危机的导火索。现实生活说明,追求个人的利益并力求最大化在现代管理过程中是人们行为的巨大动力,各种人

---

① [美]特伦斯·迪尔、艾伦·肯尼迪:《企业文化》,李原、孙健敏译,中国人民大学出版社 2008 年版,第 7 页。

② [美]托马斯·彼得斯、罗伯特·沃特曼:《追求卓越》,戴春平等译,中央编译出版社 2000 年版,第 21—22 页。

③ [美]约翰·科特、詹姆斯·赫斯克特:《企业文化与经营业绩》,曾中、李晓涛译,华夏出版社 1997 年版,第 25、29 页。

④ [日]松下幸之助:《实践经营哲学》,滕颖编译,中国社会科学出版社 1998 年版,第 49 页。

性假设不是对"经济人"假设的替代而是一定程度的补充。"经济人"假设的存在具有客观的现实基础。

这些基础主要包括以下几点：

第一，经济需求仍然是人们的基本需求，保持较高的收入是他们生活、工作的第一目标。对于个别收入极高、有巨额存款的管理人员、企业家等人来说，可能他们对于经济的需求和收入的要求没有那么迫切了，希望满足其他各方面的需求，但对于大多数的人特别是一般管理者、员工来说，不但希望自己的物质需求能得到满足，还希望不断提高自己的收入，满足更多更高的要求。德鲁克（Drucker）指出，在发达国家中，至少从传统意义上讲绝大多数人在经济上有保障了，但是没有任何迹象显示他们对经济报酬（无论是物质的还是非物质的）丧失了欲望，也许只有少数中的最少数才是例外。相反，对他们而言，"现在已经尝到了生产率果实的某些甜头，显然就更渴望能够得到更多——如果没有比我们这个星球的有限资源所能生产得更多的话，那也是比迄今为止经济所能提供的要多得多。"①可以说，对于现代社会中的人们来说，拥有较高的经济收入，具有较高的生活水平是他们的一个首要需求。

第二，具有较高的经济收入，已被人们看作一个基本的权利和人格尊严。不像泰罗时代的工人施密特，能获得比平时多不了 1 美元的奖金就同意参加泰罗等进行的搬运生铁的试验，今天的普通工人和其他白领员工希望工资和奖金保持在较高的水平上，这是他们所在的企业必须要保证的。只要社会中存在着收入的较高相对差距，感到有相对差距或相对差距较大的人不管自己的绝对收入有多高，就都希望能获得更多的收入，一直到对此差距失去敏感性为止。在各地、各国的人们之间交往日益频繁的情况下，本来已经感到收入不错的人也会被其他国家、其他地区的人

---

① ［美］彼得·德鲁克：《管理：使命、责任、实务》（使命篇），王永贵译，机械工业出版社 2006 年版，第 186 页。

们的较高收入所刺激,希望能获得像他们那样的收入。这是我们从亚当斯(Adams)的公平理论中得到的启示。如果不能得到这样的收入,他们认为自己就失去一定的做人的尊严,失去应该享有的权利。虽然说"干活为了挣钱"这句话是过于简单了,但是金钱酬劳的确是满足感的主要源泉。但是工资的意义并不仅是它所能买到的东西,而且它是地位的象征,是对人的能力的承认,是个人价值的体现,是自尊心的源泉,是通向安全的大道。"工资的这些非经济方面的意义对人们在工作中的行为的影响常常比工资本身的购买力的影响要更大些。"①

第三,追求自己利益的最大化既包括经济利益的最大化,也要求实现其他方面利益的最大化。人们一般认为,作为经济人,人们对最大利益的需求仅只是经济的需求,给予经济刺激就能激励他们工作的积极性。其实,他们始终存在着有利于自己发展的更多需求、更多需要,只是这些需求还处在需要层次的并不突出的地位而已,当经济的需求满足以后或者经济的需求满足了一些,他们会感到最大利益并没有实现,就会通过其他方面来寻求整体意义上的最大利益的实现。也就是说,人们心中总是存在一个关于最大利益的尺度,调节着人们想方设法使自己获得感到满意为止的利益。它不会因为管理者或社会认为他们应该得到什么样的利益就满足而怎样怎样,总是有从自己角度出发来考虑自己的需要及其满足的行为倾向。可以说,在人们的这个利益系统中,经济利益处在主导的地位,其他的利益作为补充以使其整体利益实现最大化。

总之,这是我们人类的发展阶段还处在马克思所指出的"以物的依赖性为基础的人的独立性"阶段的缘故。"以物的依赖性为基础的人的独立性,是第二大形式,在这种形式下,才形成普遍的社会物质变换、全面的关系、多方面的需要以及全面的能力的体系。"②在这个阶段人们确实

---

① [美]W. H. 纽曼、小 C. E. 萨默:《管理过程》,李柱流、金雅珍、徐吉贵译,中国社会科学出版社 1995 年版,第 216 页。
② 《马克思恩格斯全集》第 30 卷,人民出版社 1995 年版,第 107 页。

实现了一定的独立自主性,但是通过拥有物和借助于物而实现的,也就是说通过对物的占有和积累而实现的,越想赢得独立和自主就越需要占有和积累更多的物。在这里,物首先表现为私有产权,表现为货币。因此一个对象"只有当它为我们拥有的时候,就是说,当它对我们来说作为资本而存在,或者它被我们直接占有,被我们吃、喝、穿、住等等的时候,简言之,在它被我们使用的时候,才是我们的。""一切肉体的和精神的感觉都被这一切感觉的单纯异化即拥有的感觉所代替。"人们把占有物、拥有产品(商品)看作增强自身能力、提升、体现社会地位、弥补个人不足或缺陷的重要途径和手段。"凡是我作为人所不能做到的,也就是我个人的一切本质力量所不能做到的,我凭借货币就能做到。"①人们参加一定的组织,承担一定的工作,从事一定的劳动,并不是为了从工作、劳动中获得人生的乐趣和满足,因为"劳动不表现为目的本身,而表现为工资的奴仆"②。在这样的阶段,在这样的社会,人的发展比较片面,人的自由还受到极大的限制,特别是,"产品起着思想灌输和操纵的作用;它们引起一种虚假的难以看出其为谬误的意识。然而,由于更多的社会阶级中的更多的个人能够得到这些给人以好处的产品,因而它们所进行的思想灌输便不再是宣传,而变成了一种生活方式。这是一种好的生活方式,一种比以前好得多的生活方式;但作为一种好的生活方式,它阻碍着质的变化。由此便出现一种单向度的思想和行为模式",③一部分人在很大程度上丧失了反省的意识、理性的批判力量和理想性的超越的能力。当然,这个阶段和过程将为人们不是作为片面人、单面人而是作为总体的人占有自己的全面的本质的自由阶段打下坚实的财富基础。

---

① 《马克思恩格斯全集》第 3 卷,人民出版社 2002 年版,第 303、363 页。

② 《马克思恩格斯选集》第 1 卷,人民出版社 1995 年版,第 51 页。

③ [美]赫伯特·马尔库塞:《单向度的人》,刘继译,上海译文出版社 2006 年版,第 12 页。

管理之魂

3. "充实的经济人"假设的提出

正是根据以上的考虑,我们认为在现代管理阶段占主导地位的人性假设仍是"经济人"假设,当然人们实践理解和运用的不是自动投币机式或经济动物式的单调的"经济人",而是主动的、理性的、丰富的"经济人",我们称之为"充实的经济人"。关于"充实的经济人"的假设主要内容有以下几条:

第一,他是追求经济利益并争取经济利益最大化的人。在其他情况大致相同的条件下,他把能获得较高的收入、取得较大的经济利益,作为选择某一企业或组织,选择某一工作职位的首要目标。为确保这一目标,他不仅会拿现在所得的收入跟自己过去所得的收入进行比较,也会与本企业、组织其他人的收入进行比较,还可能与同他交往的来自其他企业、组织的人的收入进行比较。争取获得最大的经济利益,成为人们离职去选择新的工作的重要动力。在工作对于大多数人来说还不是生活第一需要而是谋生的手段的发展阶段上,以上情况具有很大的普遍性。

第二,他不仅追求经济利益的最大化,而是也希望能实现其他利益,从而从整体上实现利益的最大化。获得经济利益是他首要的考虑,一旦这一目标基本实现,他还有可能对经济利益有更高的期望,同时他还会对其他的利益予以更多关注,这包括工作环境、自主程度、参与决策、晋升和发展状况等等,进而感到在总体上实现了最大利益。如果在经济上的目标不能实现,他有可能在其他方面上极力争取更多、更大的利益,以弥补经济上的损失,获得利益上的最大满足。

第三,他在追求最大利益的过程中不是被动的,而是主动的。不管他是寻求经济利益,还是谋求其他利益,都不是消极被动、处在被激励的地位,而是积极主动,在很大程度上是自我要求、自我激励。获得一些经济利益和金钱奖励不是他努力工作的全部理由和原因,虽然他认为这样是很有必要的,但他希望能被当作同管理者、同事一样的人来看待。他有自己的个性,有自己的工作主张和主动性,他希望他的主动性能够被关注。可以说,对他的主动性的忽视,就是对他作为人的人格的忽视,对他的尊严的损害,他一定会通过一定的途径对管理者或企业表达自己的不满。

第四,他具有人的一般特征,希望能进行人际交往,也可以进行决策,还具有运用符号的能力。他确实是需要取得最大利益,但他也希望能和同事、上级、下级保持一定的人际关系;他为了获得自己的最大利益必然要进行认真的计算和全面的衡量,也会进行一系列的决策,这包含在一定条件的限制下,不是寻求利益的最大化而是寻求满意;①并且他也是一个"符号的动物"②,能使用各种符号和文化形式进行人际交往,在可能的条件下愿意更新自己的能力,试图构建一个理想性的观念世界,寻求工作的价值和人生的意义。当然,这个世界还主要是以实现利益最大化为突出特征的世界。

二、经济业绩:管理至高无上的准则和理性

作为经济人的现代企业家、管理者在从事管理活动时必然会把追求利益、追求利益的最大化作为开办企业、进行经营管理的首要目标。因为绝大多数企业是由单个的或联合起来的经济人所拥有的,是作为私有财产、作为人格化的实体而存在和发展的,几乎拥有同经济人一样的特征。因此,马克思在评析资本主义管理时就指出,"它所管理的生产过程本身具有二重性:一方面是制造产品的社会劳动过程,另一方面是资本的价值增值过程"。③ 现代管理的价值目标观念最为突出的就是取得经济业绩,

---

① [美]赫伯特·西蒙:《管理行为》,杨砾、韩春立、徐立译,北京经济学院出版社1988年版,第20—21页。

② [德]恩斯特·卡西尔:《人论》,甘阳译,上海译文出版社1985年版,第34页。

③ 《马克思恩格斯全集》第44卷,人民出版社2001年版,第385页。

第三章　现代管理的价值目标观念

获得可观利润的观念,把经济业绩和利润看得高于一切,他们认为这是企业作为特殊的组织形式存在的理由和责任之所在。这一价值观念主要包括三个方面的内容:一是认为企业的社会责任就是企业自身取得经营利益的责任,除此之外不涉及社会责任和道德;二是获利的观念,认为企业活动都是围绕有利可图的目标而展开的;三是以效果为评价标准的观念,对于管理者、员工的行为、态度、做法的评价都归结为能不能取得所需要的效果,并不看重员工在工作中的态度和思想表现,不对取得效果的手段、态度和方法进行评价。

1. 企业的主要社会责任是生产经营的观念

企业是在经济从社会其他领域分离的过程中产生的社会组织,因而具有不同于政治组织、文化组织的性质和职能即经济的职能,否则如果社会诸组织都从事同样的职能,社会就仍然还是处在领域合一的状态——一个没有明确的分工,经济不能满足人们基本需求的不发达状态——而这是不可能的。这样,处在不同领域的组织从事着各自独特的职能和任务,拥有独特的价值原则。贝尔(Bell)就指出,"掌管经济的是效益原则,决定政治运转的是平等原则,而引导文化的是自我实现(或自我满足)原则。"①在此情况下,企业如果从事政治组织的职能或文化组织的职能不仅没有相应的权力,也不具有起码的资格,它只是一个经济组织而已。德鲁克指出,"一个组织机构是为了某种特殊目的和使命,为了某种特殊的社会职能而存在的。在工商企业中,这就意味着经济绩效。"②因此,"管理的第一个定义是:它是一种经济机制,确切地说,是工业社会的一种特定的经济机制。管理所涉及的每一项活动,每一项决策,每一种考虑都以

---

① [美]丹尼尔·贝尔:《资本主义文化矛盾》,赵一凡、蒲隆、任晓晋译,三联书店1988年版,第41—42页。

② [美]彼得·德鲁克:《管理:使命、责任、实务》(使命篇),王永贵译,机械工业出版社2006年版,第40页。

经济的尺度作为它的首要的尺度。"①社会上也一般认为,企业的主要职责和社会责任就是处理好自己的生产和经营,获得一定的利润,促进社会的经济繁荣和人们的普遍富裕。

　　大多数企业作为私人所有的组织,作为特殊的人格化的实体,要求被看作同单个人一样的存在,赋予单个人的权利,它也应该享有,正如个人具有自己的私人领域——不受强制的领域——一样,它也应该有私人的领域,这就是它自己的独立自主的领域,是它的生产经营活动;正如个人在遵守法律的前提下可以自由从事活动一样,它也可以在遵守法律的前提下自由从事自己的经营活动。个人的活动是为了自己的生存和发展,企业的管理活动也是为了企业自己的生存和发展。正是为了生存和发展,为了实现这一目的,经营者和管理者才有动力去生产产品,提供服务,并致力于市场交易行为。因此,企业及其管理人员和员工并不直接关注伦理道德的事情。他们不是破坏伦理或不道德的,而是认为自己的行为与道德没有太多的关联。经常用道德来思考和决定问题,那是不可能的。就企业及其管理者看来,在企业经营和管理活动中经常进行伦理道德的考虑是不合时宜的。总之,生意就是生意,经营管理活动就是经营管理活动,企业及其管理者不能把活动都道德化。当然他们也不会因为遭遇竞争者的激烈竞争,就破坏、损害对方的财产。许多企业持有的观念是:伦理与企业经营是社会界限分明的两种事,企业在道德上是中立的。当然,许多企业极端和典型的表现就是盛行"企业的非道德性神话"②。

　　企业该不该承担除了经营以外的社会责任?

　　人们认为企业需要承担一定的社会责任。这包括企业能决心通过自愿地捐助教育事业和其他慈善事业而减少自己的利润,选择和确定一个

---

　　① 〔美〕彼得·德鲁克:《管理实践》,毛忠明、程韵文、孙康琦译,上海译文出版社1999年版,第10页。

　　② 〔美〕理查德·T.德·乔治:《经济伦理学》第5版,李布译,北京大学出版社2002年版,第9页。

高于法律和习俗所要求的最低水平的经营管理企业的道德标准,在面对各种经济机会时,能根据社会价值标准选择要把握的机会和从事的业务,为了经济利益以外的缘由(往往与经济利益有关),关心改善企业内部人们生活的质量。

对于以上的这些社会责任,在现代企业产生、发展的早期阶段,是不需要承担,也不能承担的。美国19世纪的法律严格限制公司的慈善活动,明确规定,管理者和董事们是股东财产的受托人,只有当捐赠财产从事慈善或者其他什么活动能给企业带来可以衡量的利益时,管理者才能做出这样的决定。[①] 但是,随着人们生活水平的提高,越来越关注企业活动对社会和自身造成的影响,希望企业改善自己承担社会责任的呼声在20世纪中叶开始变得强烈起来。但由于界定和监督企业社会责任存在着诸多困难,比如到底企业应该承担哪些社会责任,以谁界定的社会责任为准,谁来监督企业承担这些责任,又由谁来实施必要的惩罚等等,因而难以实施。即使人们广泛关注企业的社会责任,在需不需要履行社会责任和道德责任的问题上,还有不同的意见。一位叫约翰·胡德的人在其所著的《英雄企业》(1996)一书中以不可思议的术语提醒我们记住那种"有德性的"企业,它越是更多坚持其纯粹的经济使命,它就会更好地为公益服务。当且仅当"英雄企业"在法律的范围内把利润最大化置于至高无上的地位时,它才能履行其社会责任。法律和市场的力量是企业行为的唯一指南,伦理在此根本没有立足之地。慈善活动、对雇员的合理精简、教育项目、复兴城市、提高保健和福利待遇、销售安全的产品、关爱自然等只有作为增进股东财富的纯粹手段时才应被广泛采用。它产生的其他好处如消费者满意、雇员有意义的工作和环境保护等不具有任何内在

---

① [美]丹尼尔·A.雷恩:《管理思想史》第5版,孙健敏、黄小勇、李原译,中国人民大学出版社2009年版,第127页。

价值。作者认为,靠这种行为就能拯救自由企业制度。①

不管怎样看待企业的责任,有一条原则是十分重要的,那就是,不能对于企业经营管理的任何活动都从道德、社会价值准则的角度来进行评价和要求,经常干扰企业的日常活动,必须保证企业能专心地进行自己的生产经营和管理活动,承担自己的经济职能,同时对于其违反法律的行为进行惩处,对应承担的社会价值准则和道德标准不是从理想而是从实际的需要出发由共同商讨及其产生的规则来予以确定。

2. 赢取最大利润的观念

企业作为私人所有的组织,是以获得最大的经济利益而存在的,而人们参加企业的直接目的也是获得最大的经济利益。在市场经济条件下,对企业经营活动的评价没有别的客观途径,而是必须看它在市场上的经营业绩和赢利状况。企业需要管理就在于通过它的职能和作用的发挥,保证企业取得最大的利润。

首先,进行经济核算,赢取利润是企业存在的理由。在人类社会相当长的历史阶段,个人、群体在比较封闭的环境下进行自给自足式的经济活动,还不需要以企业的方式进行市场活动。主要的表现是,有个人和群体的经营活动,而无企业形式的经营活动。随着人类社会的发展进步,社会之所以需要企业的形式,当然包含美国经济学家德姆塞茨(Harold Dem-setz)所认为的建立"为其他人进行专业化生产的制度"的因素,②但主要还是为了借助管理和集体生产方式节约交易成本从而获取更大的利润。这是企业所有者创立企业、建设企业和发展企业的主要原因和主要动力。因此,判断一个企业的组织和一个作为非企业的组织的最基本标准,就是

---

① [德]乔治·恩德勒:《面向行动的经济伦理学》,高国希等译,上海社会科学院出版社 2002 年版,第 149—150 页。

② [美]哈罗德·德姆塞茨:《企业经济学》,梁小民译,中国社会科学出版社 1999 年版,第 16 页。

看它们是否进行资本核算,怎样进行资本核算。"只能在资本计算的企业经营中,才应该谈什么'赢利'和'亏损'。(作家、医生、律师、官员、教授、职员、技术员、工人的)无资本的所得,我们当然也认为是'所得'。然而,它不应该叫做'赢利'(习惯用语也不是这样称呼它)。'有利可图'是一个可以应用于任何以商业计算技术手段、能独立计算的收益行动(雇佣一位特定的劳动者,购置一台特定的机器,安排劳动休息时间等等)的概念。"①

　　其次,赢取最大利润是实现社会承诺和信仰的需要。正如我们曾指出的,在进入现代社会阶段后,能不能获得经济收入,能不能增加经济收入,成为社会成员迫切需要解决的问题,是他们让渡自己的劳动力的最大目的之所在。而社会对企业寄予的期望是能取得越来越大的经济成果,促进整个社会的经济繁荣,从而有更多的资金用于公共设施建设,用于提高整个城市、社区的生活质量。即使目前生活水平已相当不错了,人们还希望能享有更高水平、更高质量的生活。正如德鲁克(Drucker)所指出的,我们确实处在了一个经济目的被夸大的物质时代。人们可能会感到西方国家在放弃所有真正的价值观、传统观念和使生活变得美好的事物,执著地追求提高生活水平的幻影。对于那些亲眼看到生活在工业化前的国家的穷苦大众的人来说,这一看法也许会非常缺乏说服力。但是,即使他们也不得不承认我们文化引以为荣的物质目标并非人类所要追求的最高目标。但我们目前还不能选择到其他什么目标来统一大家的意愿。②正因为如此,对于企业的成员来说,企业的政治和社会职能是极其重要的;而对于企业自身和社会来说,企业作为我们的核心经济机构的职能必然永远是最重要的,并且优先于企业的其他职能。"企业的经济职能对

---

① ［德］马克斯·韦伯:《经济与社会》上卷,林荣远译,商务印书馆1997年版,第117页。

② ［美］彼得·F. 德鲁克:《公司的概念》,罗汉等译,上海人民出版社2002年版,第203页。

于企业来说是最重要的职能,因为企业的生存依赖于其经济职能的有效业绩;企业的经济职能对于社会来说是极其重要的,因为从社会角度出发,经济业绩是企业的目的及其存在的理由。"①

联想:企业不是家

针对 2004 年的联想集团的裁员,有的员工对被裁掉的同事表示同情,表达了自己的感受。在 4 月 16 日的联想集团新财年的誓师大会上,柳传志谈了对裁员和企业与家的关系的看法。

他认为,一个企业应该遵循的最根本原则就是发展,只有发展才能做到为股东、为员工、为社会几个方面负责;而从发展的角度出发,企业就必须上进,内部就必须引进竞争机制。员工在联想既要有感到温馨的一面,更会有奋勇争先而感到压力的另一面,因此不能把企业当成一个真正意义上的家是必然的。在家里,子女可以有各种缺点,犯各种错误,父母最终都是宽容的。企业则不可能这样。

他指出,联想高层管理者只能从企业发展的角度,从大局的角度看问题,这才是最根本的以人为本,最根本的为员工负责。如果真的用为局部员工负责的方法去考虑问题,企业就会陷入一片儿女情长之中,完全无法发展,中国就会失去联想。因此,企业前进的主旋律只能是战鼓,是激昂。

资料来源:凌志军:《联想风云》,中信出版社 2005 年版,第 388—394 页。

---

① [美]彼得·F.德鲁克:《新社会》,沈国华译,上海人民出版社 2002 年版,第 59—60 页。

第三章 现代管理的价值目标观念

管理之魂

再次,赢取最大利润是评价企业经济合理性的标准。企业作为参与市场活动的独立主体,必须遵从等价交换的原则,与其他所有企业平等地参与竞争,这样所有平等竞争的企业就站在(相对意义上的)同一个起点上。企业经营的好坏,不在于企业对自己的产品或服务的主张和宣传声势,不在于在市场上的曾经表现,而在于现在和将来在市场上的表现,能不能取得比竞争对手更多的市场份额和赢得可观的利润。这是它继续发展的基础,是吸引广大的投资者继续给予投资和支持企业发展的根本途径,也是衡量各个部门、项目团队等工作实效的标准。因此,对企业唯一的衡量尺度是在一个真正有效的市场上的经营业绩。"任何其他标准都不可能比市场客观、公正,都有可能由那些自己的业绩也要被考核的人来制定,或者有可能去测度不应该测度的东西,如履行某项专门职能的技能,而不是测度管理一家工商企业的一般业绩。"①认为除了赢利性以外还存在其他什么衡量经济行为成败得失的标准,这种想法是非常荒谬的。赢利性是经济合理性的另一种说法。利润和赢利性都是衡量经济行为的客观标准。它们与某个特定的社会信仰或某些特定的制度没有什么必然关系,无论一个社会采用怎样的组织结构都不影响其适用性。从本质上说,利润和赢利性是用经济术语表示的能量守恒定律。

最后,赢取最大利润是管理的责任和管理者的业绩所在。企业对管理的需要就是它通过自己的所有职能(包括计划、组织、人事、指挥、协调、控制等)整合和协调所有工作人员的努力,选用具有各种专门能力的人员,采用合理的制度,使企业适应市场环境、社会环境的需要,保证企业的最大利润的实现。因此,"所有管理人员都有一个共同的目标:创造盈余。"②管理者的责任是确保自己所在部门的利润目标的实现,从而保证

---

① [美]彼得·F.德鲁克:《新社会》,沈国华译,上海人民出版社 2002 年版,第 348 页。

② [美]哈罗德·孔茨、海因茨·韦里克:《管理学》第 10 版,张晓君、陶新权等译,经济科学出版社 1998 年版,第 3 页。

整个企业利润的实现。对管理者、对部门的衡量和评价就是对其为赢得最大利润所做出的贡献来确定的。所以,管理人员在作出每项决策和采取每一个行动时,都必须始终把经济绩效放在首位进行考虑。管理人员只能以他们创造的经济成果来证明他们的存在和他们行使的权威是必要的。可能存在着诸如企业成员的幸福、对社区的福利和文化所作的贡献等大量的非经济的成果。但是,如果管理未能创造出可观的经济成果,管理便失败。如果管理人员不能以顾客愿意支付的价格向他们提供所需要的商品或服务,管理便失败。如果管理人员不能把交给他们的各种资源用来提高或至少保持创造财富的能力,管理便失败。① 泰罗(Taylor)在提到科学管理有利于企业和工人的赢利的作用时也强调,科学管理不是给工人一些不是他自己赚得的工资和奖金的计划。如果科学管理的原理不能使人们有利可图,那它就是一个可悲的制度。对任何管理或制度的最终检验都是它究竟能不能赢取利润。②

3. 一切看效果的观念

利润作为企业和管理者最后、最终的目标,是给予管理者和员工工资与奖金、晋升或降职乃至解除雇用的客观依据,企业和管理层要求所有工作人员一旦承担了实现一定利润的任务指标,就必须完成。没有任何理由,也不管采用怎样的方法。因此,在现代管理的价值观念中有一种"一切看效果"的价值倾向。企业管理者可以赞成面对面的交往和沟通,合理地向员工解释情况和虚心地听取他们的建议等等,但归根结底他们所看重的还是什么能和怎样能产生最佳效果。策略、程序、预算以及其他的管理技术一律都是手段,它们的价值在于其所能产生的经济效果。强调

---

① [美]彼得·德鲁克:《管理实践》,毛忠明、程韵文、孙康琦译,上海译文出版社1999年版,第9页。
② [美]F. W. 泰罗:《科学管理原理》,胡隆昶、冼子恩、曹丽顺译,中国社会科学出版社1984年版,第258页。

以效果为检验手段和人们的表现是一种普遍的社会标准。这一基本原则的实质是，一项美好的规划或设计始终应该用其产生的实践效果这一客观现实来得到检验。① 这体现在这样几个方面：

第一，管理者给予高度评价的不是员工的工作态度和情绪，而是他们完成目标的能力。管理者和员工对承担的工作会表现出不同的态度和精神状态，而积极的态度和精神状态是做好工作所特别需要的。"激情、热情是人强烈追求自己的对象的本质力量。"②态度和精神状态是管理者和员工作为人、作为主体的生命的表现形式，是管理者和员工顺利完成工作的精神力量和能力。但从最终的结果出发，管理者不会因为员工表现出积极的态度和精神状态就给予他们高度的评价，也不会因为他们具有良好的态度和精神状态但未能完成任务，而免除对他们的处罚，也不太关心他们在完成任务的过程中到底付出了怎样的努力。

小资料

忽视组织绩效的中国式现象

企业的绩效包含着效益和效率两个方面的内容。一个企业需要有好的效益的同时，又需要用最快的时间获得这个结果。因此，对于管理来说，无论采用何种管理行为和管理形式，只要能产生绩效，就应该被认为是有效的管理行为和管理形式；如果不能产生绩效，那么这个管理行为或者管理形式就是无效的，就是管理资源的浪费。以下三种现象在我国一些企业或组织常常发生：

一是人们赞扬功劳，但是也容忍苦劳，甚至以苦劳为荣。只

① ［美］W. H. 纽曼、小 C. E. 萨默：《管理过程》，李柱流、金雅珍、徐吉贵译，中国社会科学出版社 1995 年版，第 848—849 页。

② 《马克思恩格斯全集》第 3 卷，人民出版社 2002 年版，第 326 页。

有功劳才产生绩效,苦劳不产生绩效。但是,我们会经常听到这样的说法:"我虽然没有功劳,但是也有苦劳。""我流汗的时候,企业还没有你呢!"等等。人们只关心自己对企业的付出,但是不关注这种付出是否会真的产生绩效。在不少企业或机关会有这样的情况,有苦劳的人得到肯定,在企业里有资历的人得到重用。

二是人们关心态度多过于关心能力。只有能力才会产生绩效,态度固然重要,但只有转化成能力才能产生绩效。而实际上,企业或机关并不是按照绩效来激励员工。比如,某个企业里有张三与李四两个人。张三是一个任劳任怨、勤勤恳恳的员工,每天都早来晚走,经常加班加点。李四是一个准时上下班,从不加班的员工。细心的人经过思考会发现,张三之所以态度好,是因为能力不够,只能早来晚走和加班,而李四能力强,用不着加班加点。但对于这两个员工的最可能结果是,张三因态度好而得到表彰,而李四得不到表彰。经常的情况是,态度好而能力平平的人得到晋升的机会比能力强但态度一般的人多得多。这给予人的暗示只能是,企业里主要考核的是态度,而不是能力。

三是德与才取舍中人们希望德才兼备,如果两者不能兼顾就先德后才。才干产生绩效,品德只有转化成才干才会产生绩效。但是,人们在考核员工的时候往往高度评价的是品德高的人,而对他们的绩效则关注不够,同时,对于那些有才干但品德不够突出的员工则不予关注。这样做,对于企业的目标的实现是个严重的障碍。当然,在两种情况下,可以以德为先:一个是从外部招聘人员的时候,一个是提拔人员的时候。

资料来源:陈春花:《中国管理十大解析》,中国人民大学出版社2006年版,第16—19页。

第三章　现代管理的价值目标观念

第二,管理者并不关心失败者。在竞争的市场环境下,在获得更大利润的愿望的驱使下,企业和管理者把人、财、物整合起来用于达到既定的利润目标,而对于达不到工作要求、目标要求的人员不是通过培养—提高—适应这样的途径再重新使用他们,只要不适应工作和目标的要求,就会解除对他们的雇用,再起用适合工作要求的人员,从而努力使人、财、物保持在合理的配置和关系优化的状态,保证既定利润目标的实现。正因为如此,人们认为,在商业社会的价值观里,经济报酬是独一无二的社会准则。商业社会无疑是达尔文主义的产物,因为它拒绝关心"失败"的大多数人。人们尚未处理好这样的关系,在把经济成就作为判断个人价值的决定因素的同时,又不把无用之人,即失败者,抛入无边的黑暗世界。

第三,企业及其管理层只下达给下级和员工必须要实现的目标,而不管他们实现目标的途径和手段。有一句广泛流传的经典名言是:"我不管过程,只问结果!"在生产经营过程中,企业及其管理者为了实现既定的目标,一般采用了注重结果的决策技术。这种技术通常考虑量(如目标管理),或追求货币参照值(如利润中心系统或投资回报率控制等),给下级管理层和员工下达量的指标,使得下级管理者只拥有根据给定目标选择实施手段的权力。因为目标和任务是由上至下布置的,只能被确认是正确的,因而他们不得不以给定的决策框架和条件为依据。因此,根本没有关于手段管理的行为原则,"为了良好的目的可以不择手段!"由于其主要关注纯形式的业绩指标,因此,这种注重结果的控制技术的制度化必然带来一种危险的行为倾向:道德中立。在不少企业中流行的做法就是,把决策权限的分散同利润、收入或市场份额的指标联系起来。然而,尽管做了努力,这种旨在提高业绩的指标有时只能通过采纳不正当的手段才能完成。

第四,管理层要达到预定结果的要求,会导致人们关注短期的效果。利润和工作计划一经实施之后,就按照管理人员取得的工作成就与实行计划的情况的关系来进行衡量、评价他们的工作,并据此决定对他们或提升,或停职、解雇。在常规会计方法和定时定额的方法的控制下,企业人员的工作表现就转化成其内部的短期经济成果或技术成果了。在许多企业中对下层管理人员和员工的典型的评价方法是给他们目前所达到的成就量化计分,而不考虑对将来工作的不利之处。这样,在大家努力完成计划时,极有可能发生有损于将来的利润的获得。既然大家的发展取决于可以用数量表示的短期的工作表现,这就促使各部门、各层级的经理和员工,想方设法做最有利于自己和得分最多的工作和事情,而且立即就做,同时集中注意影响短期成果的内部问题。这样,人们的工作表现越用数量表示、越过多地对变化的情况进行监督,就会越少注意那些无形的工作,例如企业在社区的社会作用,或企业内部的生活质量,或推进某些具体的社会行动(例如减少污染和为处境不利的应聘人员提供工作机会)等。而这些都影响企业长远的发展,这确实是很多下层管理人员和员工所无法顾及或不愿顾及的问题。①

总之,管理的最终目标是既定的利润和结果,管理的一切工作都要从结果出发。这一观念不仅是已经过去的相当长的历史阶段内企业及其管理者的指导原则,甚至人们还把它看作是将来企业及其管理的指导原则。著名管理学家阿吉里斯指出,虽然需要将员工的士气、满意度甚至心理承受等因素都纳入企业的人群关系政策之中,但不要将这些因素作为管理行为的最终标准,因为它们不是管理的最终目标,工作绩效才是管理的最终目标。管理人员和员工作为个人可以是优秀绩效的创造者,同时又表现出较低的士气。对管理而言,"最为重要的是工作绩效而不是士气。在将士气、满意度、授权感当作组织成功的最终标准的情况下,这些因素掩盖了组织在 21 世纪必须解决的许多问题。"②

---

① 《哈佛管理论文集》,孟光裕译,北京社会科学出版社 1985 年版,第 419—420 页。
② [美]克里斯·阿吉里斯:《授权:皇帝的新衣》,载[英]罗布·戈菲等:《人员管理》,吴雯芳译,中国人民大学出版社 2000 年版。

管理之魂

第三章　现代管理的价值目标观念

三、效率至上的观念

企业利润是在管理职能整合企业的人、财、物等各种资源的基础上所取得的生产经营成果减去投入的各种成本和花费后得到的东西,或者说所有收入与所有开支的差额。这样,保证收入大于开支并且扩大这一差额就成为管理的中心任务和直接目标。为此,追求利润就转变为花费最低成本取得最大收入的问题,因而也就主要成为提高效率的问题。这样,赢取最大利润必然要求取得最高效率,用效率来安排、衡量一切生产经营活动。泰罗在推行科学管理的时候就指出,在一个复杂的制造企业中,情况将十分清楚,只有在企业能做到以最小量的支出(人力、自然资源以及以机器、建筑物等形式出现的资本的费用等)完成其工作,才能实现工人的最大富裕,同时也使雇主实现最大富裕。也可以说,只有在企业的人与机器达到最大的潜在生产率,即在每个人和每台机器生产出最大量的潜在产品时,才能实现最大的富裕,因为在市场竞争中除非企业的人和机器每天能比其他企业的人和机器有更多的产量,否则它就无法比其竞争对手给自己的工人支付更高的工资。[①] 西蒙也提出,现代管理者及其决策如果要具有理性,就必须受效率准则支配。[②] 因此,在现代管理中与赢取最大利润观念一起产生的还有效率至上(或称效率主义)的观念、原则。

1. 对效率的理解

效率问题是伴随现代管理的产生而突出出来的,是每一位现代企业

[①]　[美]F. W. 泰罗:《科学管理原理》,胡隆昶、冼子恩、曹丽顺译,中国社会科学出版社1984年版,第158页。

[②]　[美]赫伯特·西蒙:《管理行为》,杨砾、韩春立、徐立译,北京经济学院出版社1988年版,第175页。

家、管理者必须思考和认真对待的重大问题,也是学界关注的重要课题。但什么是"效率"?怎样理解"效率"?人们对此进行了广泛、深入的研究。

孔茨等人认为,效率是指以最少资源达到目标。① 罗宾斯等人认为,效率是指以尽可能少的投入获得尽可能多的产出,也就是通常所指的"正确地做事";而效果是所从事的工作和活动有助于组织达到其目标,也可称作"做正确的事"。前者是关于做事的方式,侧重于资源利用的情况,后者侧重于结果和目标的实现情况。② 西蒙在他的名著《管理行为》中提到了三种关于效率的解释:一是早期牛津词典给"效率"一词的定义,即实现预期目的的适宜性或能力,或指在实现预期目的的过程中的成效,充分恰当的能力、效力、功效。这里对效率的分析还不明确。二是投入与产出之比。这是20世纪30年代出版的《社会科学百科全书》上关于效率的解释,即指投入与产出之比、费用与效果之比、开支与收入之比、代价与收益之比。此书指出,这种含义是比较新近的用法,在19世纪下半期才在工程界流行起来,而在工商界和经济学界,它的流行是从20世纪初开始的。三是科学管理运动的倡导者给出的解释。泰勒描绘了他在米德维尔钢铁厂建立工作成绩标准的开创性方法。在这种标准建立起来以后,用劳动力的效率来称谓实际成绩与标准成绩之比,就习以为常。此用法与机械工程师们的用法有些不同。后者用"效率"一词表示实际产出与实际投入之比。但西蒙指出,把效率定义为产出与投入之比,或是定义为实际产出量与最大可能产出量之比,实际上是一回事。③ 后来,他又

---

① [美]哈罗德·孔茨、海因茨·韦里克:《管理学》第10版,张晓君、陶新权等译,经济科学出版社1998年版,第8页。

② 斯蒂芬·P.罗宾斯、玛丽·库尔特:《管理学》第9版,孙健敏、黄卫伟、王凤彬等译,中国人民大学出版社2008年版,第8页。

③ [美]赫伯特·西蒙:《管理行为》,杨砾、韩春立、徐立译,北京经济学院出版社1988年版,第174—175页。

进一步指出,效率,就是"达到的成果与消耗资源的比值"①。我国的厉以宁教授认为,效率指的是资源的有效使用与有效配置。一定的投入有较多的产出或一定的产出只需要较少的投入,都体现效率的增长。而效益主要指由投入转换而产出的被市场和社会接受的生产要素的数量、质量和有用成果。② 研究劳资关系的美国学者巴德(John W. Budd)也持这样类似的观点,他指出,效率是"对有限资源的有效利用"。并指出"效率与利润最大化的商业目的密切相关"③。我国最新版的《辞海》对于"效率"的一个解释是"指消耗的劳动量与所获得的劳动效果的比率"④。

小资料　丰田生产方式的效率观

丰田生产方式是彻底杜绝浪费的方式,是通过杜绝浪费来提高劳动生产率。关于彻底杜绝浪费的这一基本想法,最重要的是充分掌握下述两点:

(1)提高效率只有与降低成本结合起来才有意义。为此,必须朝着以最少量的人员、只生产所需要数量的产品这一方向努力;

(2)关于效率,必须从每一个操作人员以及由他们组织起来的生产线,进而以生产线为中心的整个工厂着眼,每个环节都要提高,以收到整体效果。

无论是就每一个生产人员来看,还是就整个生产线来看,只

---

① [美]赫伯特 A. 西蒙:《管理行为》第 4 版,詹春茂译,机械工业出版社 2004 年版,第 256 页。

② 厉以宁:《经济学的伦理问题》,三联书店 1995 年版,第 2—12 页。

③ [美]约翰·W. 巴德:《人性化的雇佣关系》,解格先、马振英译,北京大学出版社 2007 年版,第 21 页。

④ 《辞海》,上海辞书出版社 2009 年版,第 2525 页。

把真正必要的事情当作工作来考虑,而把除此以外的事当作无效劳动来考虑。用公式表示:

现在的能力＝工作＋无效劳动(浪费)

(作业＝劳动＋无效劳动)

只有使无效劳动(浪费)成为零而使工作的比例接近100%,才是真正的提高效率。

丰田生产方式追求按需生产,因此,要将人员减少,以使多余的生产能力同所需求的生产量相吻合。

因此,以运用丰田生产方式为前提,要彻底找出无效劳动和浪费现象来:(1)过量生产的无效劳动;(2)窝工的时间浪费;(3)搬运的无效劳动;(4)加工本身的无效劳动和浪费;(5)库存的浪费;(6)动作上的无效劳动;(7)制造次品的无效劳动和浪费。

通过彻底杜绝这些浪费来大幅度提高工作效率是可行的。在这种情况下,当然是只允许生产需要数量的产品,所以就要发现多余的人员。从一定意义上讲,丰田生产方式也是把剩余人员清楚地区分出来的体系。当然经营者要在真正掌握多余人员的数量基础上采取有效的安排。

资料来源:[日]大野耐一:《丰田生产方式》,中国铁道出版社 2006 年版,第 11—12、24—26、61—63 页。

总结以上认识和分析,我们认为,对"效率"的定义和理解,不能仅限于从理论上进行理解和说明,而且还要十分关注在实际工作中管理者对"效率"是怎样认识和理解的。管理者首先是从以最少成本实现目标或正确地做事情的角度来认识、理解和处理效率问题的,他们必须考虑在与竞争对手的比较中,本企业或以较低的成本提供顾客需要的相同的产品

第三章 现代管理的价值目标观念

或服务,或以较低的成本提供顾客需要的更好的产品或服务,或以同样的成本提供顾客需要的更好的产品或服务,或以较高的成本提供顾客需要的独特、优质的产品或服务,从而最终实现收入和开支的最大比值。他们理解的效率主要是一种相对效率,或把几个方案进行比较,或与自己企业的过去比较,或与其他企业进行比较,从中来理解效率,运用效率。因此,我们认为,效率就是以相对较少的投入获得相对较大的产出。可以看出效率有这样几个特点:"效率"是在比较中被确认和提高的,这种比较既可以是个人或组织自己与自己比,也可以是自己与其他人或其他组织比;效率是动态的,随着改进技术或加强管理促进效率的提高带来的利益的增加,或随着比较的对象的扩大,人们提高效率的动力会不断增强,会推动效率持续提高;效率总是从一定主体的角度去看待的,也就是说从有利于主体自己的角度去认识、把握的,因而具有一定的为我性、封闭性、狭隘性。① 总之,"效率"从狭义的角度理解就是减少成本、节约资源,或正确地做事情。当然,效率还必须和效果特别是效益联系起来考虑。效率和效益主要是由不同的主体来评价的,效率是由企业及其管理者来评价的,效益则主要由顾客、市场、社会来评价。但是,企业及其管理者往往必须站在顾客、市场和社会的角度来思考包含效益的效率问题,这既是他们具有市场观念的逻辑引申,也是他们追求利润的必然要求。不包含效益的效率观念是不可能帮助企业向顾客提供满足他们需要的产品或服务的,进而导致很难实现可观的利润;同样,不包含效率的效益观念也不可能确保效益的最佳实现,因为有可能为了实现效益的目标而造成不必要的巨大浪费。

2. 效率与竞争优势

效率问题确实直接关系到企业利润的获得情况,但主要先通过影响

---

① [美]赫伯特·西蒙:《管理行为》,杨砾、韩春立、徐立译,北京经济学院出版社1988 年版,第 167、118 页。

其在市场中的竞争地位,进而影响其利润的获得。也就是说,企业通过自己比其他企业所具有的较高的效率在市场中取得有利的竞争地位,进而不断地获得稳定的利润。一句话,一个企业的效率是其在市场中取得竞争优势的关键。对于企业的效率怎样促进其竞争优势地位的形成,我们以著名管理学家波特(Michael E. Porter)提出的关于竞争的战略理论来进行分析。正如他所指出的,一个企业与其竞争对手(其他企业)相比的竞争优势归根结底来源于企业为其客户创造的超过其成本的价值,或以低于竞争对手的价格提供同等的效益,或者它提供的效益补偿付出的高价还能有剩余。① 同样,走出国门,企业要在国际市场中取得竞争优势,也必须要有较低的生产成本,或具有与众不同的产品特性,"企业要想持续这种竞争优势,就必须日复一日地提供高质量的产品或服务,或提高生产效率,这些努力都将直接转换成生产力的成长。"②

一个产业内部的竞争状态取决于五种基本的竞争作用力。这些作用力分别为进入威胁(加入一个产业的新对手引进新的业务能力,有获取市场份额的愿望,同时也常常带来可观的资源,结果产品价格可能被压低或成本上升,利润率下降)、替代威胁(其他企业生产替代产品,设定了企业可获取利润的定价上限,从而限制了一个产业或企业的潜在收益)、买方砍价能力(买方压低价格,要求较高的产品质量或索取更多的服务项目,从竞争者彼此对立的状态中获利,从而减少企业的利润)、供方砍价能力(通过提价或降低所购产品或服务的质量的威胁来向企业施压,影响其获得的利润)、现有竞争者的竞争(其他竞争企业通过价格竞争、广告战、产品引进、增加顾客服务及保修业务来与此企业进行竞争,进而压低其所能获得的利润)。这五种竞争力共同决定了产业竞争的强度和产业的利润率,最强的一种或几种作用力起着关键作用。例如,假如一个企

---

① 〔美〕迈克尔·波特:《竞争优势》,陈小悦译,华夏出版社1997年版,第2页。

② 〔美〕迈克尔·波特:《国家竞争优势》,李明轩、邱如美译,华夏出版社2002年版,第9页。

第三章 现代管理的价值目标观念

业没有潜在的进入威胁，但面临着替代威胁，这样也就只能获得较低的利润。如果前两种威胁都不存在，现有竞争者的竞争也会限制其能获得的利润。因此，企业要获得较大的利润，必须采取一定的竞争战略，克服上述五种竞争作用力，形成有利的竞争优势。为此，采取的战略主要有三种，分别是成本领先战略、标歧立异战略和目标积聚战略。第一种战略就是通过成本领先获得竞争优势，第二种是通过提供标歧立异的产品或服务而获得竞争优势，第三种是借助前两种战略主攻某个特定的顾客群、谋取产品系列的一个细分区段或一个地区市场而获得竞争优势。后一种使用的战略是前两种的一种或全部。①

可以看到，成本领先战略就是通过提高企业的效率来实现的，也就是在创造的产品或效益基本相同的情况下，努力降低生产此产品或效益的成本，从而在与其他对手的竞争中赢得低成本地位。这样，有了低成本地位，企业可以在强大的买方威胁中保卫自己，因为买方企业的压力只能把价格压到效率居于其次的竞争对手的水平。并且，对于供方抬价的威胁，因为企业有更低的成本和较高的利润，完全可以灵活应对。建立的低成本，往往对于要进入同样产业的企业构成进入壁垒，因为它们很难向现在的企业那样通过规模经济或其他途径降低成本。同样，企业的低成本地位，也使其在与替代品竞争时比低于其效率的竞争者更有利。这样，由于拥有较高的效率和较低的成本，企业可以在全部五个方面的竞争作用力的威胁中保护自己，取得竞争优势，获得较大的经济利益。② 而企业通过为买方提供一些独特的、对买方来说其价值不仅仅是价格低廉的东西时，这个企业就具有了区别于其竞争对手的经营的标歧立异性。如果企业获得的溢价超出为经营歧异性而追加的费用，那它就能获得出色的经济业绩，实现较高的利润。企业采取标歧立异战略同成本领先战略不同的是，

① ［美］迈克尔·波特：《竞争战略》，陈小悦译，华夏出版社1997年版，第2—40页。
② ［美］迈克尔·波特：《竞争战略》，陈小悦译，华夏出版社1997年版，第34—35页。

为了比竞争对手能提供独特性的产品或服务,就会付出不小的成本。当然,这并不意味着标歧立异企业就不考虑效率了,通过提供独特的产品或服务就是一种采取高效率的行为,另外它还要不断优化自己的价值链(即企业用来进行设计、生产、营销、交货以及对产品起辅助作用的各种活动的集合)的效率。同时,为了从买方的需要出发,这个标歧立异企业还必须在向买方提供自己的产品或服务时能降低买方成本、提高买方收益亦即帮助买方提高效率。包括降低产品的使用性以达到同等的效益、更快的工艺时间、降低劳动力的使用成本、降低投入质量或所需的辅助设备、减少所需的维修、少量停产或闲置时间、少量所需的调整或控制、减少失败成本或风险、降低安装成本、更快的开动时间、更快的加工时间等,进而赢得买方对这些独特产品或服务的忠诚,在市场上取得竞争优势,从而得到买方为其产品或服务付出的更高价钱来获得可观的利润。①

需要指出的是,在经济全球化的背景下,企业间的竞争愈来愈具有国际性,国家间的竞争也愈来愈激烈,不管对于一个企业、产业(集群),还是一个国家,"国际竞争成败的关键在于,竞争者是否能有效运用所在地的生产要素。"②提高生产效率是一个企业、产业(集群),一个国家取得、保持、发展竞争优势的基本条件。当然,这种效率不是静态的效率,而是动态的效率,并与生产活力、产品(或服务)的持续改善、创新和升级有机结合起来。

3. 从精益企业到企业再造——效率主义观念的加强

有的观点认为,效率主义的观念主要是科学管理运动所重视和倡导的价值观念,在 20 世纪中叶以后人们对这一观念和原则的重视程度有逐

---

① [美]迈克尔·波特:《竞争优势》,陈小悦译,华夏出版社 1997 年版,第 122—142 页。

② [美]迈克尔·波特:《国家竞争优势》,李明轩、邱如美译,华夏出版社 2002 年版,第 14 页。

渐下降的趋势。我们认为,这种观点是值得商榷的。因为,企业面临的竞争在科学管理时代只是限于在特定工业地区和国内争取劳动力的竞争和生产产品效率的竞争,而从 20 世纪中叶以来特别是受 70 年代石油危机的冲击和开拓国际市场的需要,企业面临的竞争更加广泛、全面和激烈,因而加强企业各方面的效率成为管理者更加需要优先考虑的问题。马克思曾正确地指出,"资本本身是处于过程中的矛盾,因为它竭力把劳动时间缩短到最低限度,另一方面又使劳动时间成为财富的唯一尺度和源泉。因此,资本缩减必要劳动时间形式的劳动时间,以便增加剩余劳动时间形式的劳动时间;因此,越来越使剩余劳动时间成为必要劳动时间的条件——生死攸关的问题。"[①]在新的条件下,这一矛盾又进一步加剧和更加复杂了。可以说,效率主义的观念不是削弱了,而是有了进一步加强的趋势。

在这样的形式下,出现了两种提高企业和管理效率的观念:建立精益企业和企业再造。

精益(又称精简)企业的构想是由美国麻省理工学院日本项目的首席科学家詹姆斯·P. 沃麦克(James P. Womack)等人提出的。这一构想建立在对日本丰田公司发明的精益生产的研究基础上。精益生产以创造价值为目标,消除不必要的浪费,最终目标是要以具有最优质量和最低成本的产品,对市场需求做出最迅速的响应。与传统的大批量生产相比,精益生产消耗较少的人力、物力、空间、资金和时间制造最少缺陷的产品,以满足客户的需求。它是生产率和创新的核心。

精益生产建立在三个简单的原则上:

一是及时生产,包括减少库存,直接根据市场和客户的要求来确定产品的数量和质量,使生产与市场紧密相连。

二是现场与现场主义,生产现场的员工对产品质量负起责任,当机器

---

① 《马克思恩格斯全集》第 31 卷,人民出版社 1998 年版,第 101 页。

和生产线发生故障,他们要敢于停止机器和生产线运转,进而彻底查明故障的真实原因。

三是生产是一个价值流,供应商、顾客和生产商等都能对产品做出贡献。

当然,企业只是实行精益生产还是不够的,必须再前进一步,实现一个新的效率的飞跃。因此,"必须以一整套新的思想来考虑企业的作用、职能和职务安排,使从概念设想到投产、从订货到送货、从原材料到最终产品的价值流得以畅通运行。"①这就需要一个新的概念,即精益企业,把产品的全部价值流引导到尽善尽美的方向。精益企业就是一个将精益行为连接起来的创造价值的整合的企业集团模式。精益企业的关键是价值流,企业集团的任务是共同分析和关注一条价值流,尽一切可能使得其提供的产品和服务能够为顾客带来最大的生产价值,这一条价值流也是最有效率的价值流。要建立起这样的企业,需要裁掉大量的冗余人员,减少员工所需要的工作量,要求个人为某一过程全身心地贡献力量,还要打破以往职能部门的划界,以跨部门的项目团队为主兼顾职能部门的组织形式来开展生产,而每一个加入到集团中的企业只负责相对狭窄的一系列经营行为。也就是说,精益企业的每个成员单位必须通过确保参与员工的增值性行为来专注于自己的工作,从而对更少的目标付出更多的努力。这样的企业形式虽然有高效率和高价值的优点,但要建立起来必须要解决许多难题。因此到目前为止,沃麦克等人认为,还没有发现符合这样概念的企业群体。但我们要看到,进行精益生产的企业是符合许多特点的。这一思想反映了人们对企业效率的极端重视,不但重视企业内部的效率,而且还重视与产品有关的包括供应商、生产商、顾客、分销商等所有环节的效率,从而使生产产品的整个价值链条都具有高效率,并且还能快速应

---

① [美]詹姆斯·P.沃麦克、[英]丹尼尔·T.琼斯:《精益思想》,沈希瑾、张文杰、李京生译,商务印书馆1999年版,第6页。

对市场的各种变化。沃麦克和琼斯(Daniel T. Jones)就指出,"精益思想是精益的,因为它提供了以越来越少的投入——较少的人力、较少的设备、较短的时间和较少的场地——获取越来越多产出的办法,同时也越来越接近客户,提供出他们确实要的东西。"①

小资料

青岛啤酒集团的价值链与价值网

1972年,青岛啤酒进入美国市场,目前还远销日本、德国、法国、英国、意大利、加拿大等几十个国家和地区。考虑到所占国际市场份额还较小,青岛啤酒提出"成为拥有全球影响力品牌的国际化大公司"的企业愿景,努力提升核心竞争力。

青岛啤酒集团认为,企业要有活力、有核心竞争力,不仅仅要重视价值链,更要重视价值网,要制定基于价值网的职能战略。价值链只是平面的,价值网则是立体的。在企业越来越依赖于所处的商业生态系统的形势下,基于立体的价值网的战略才能确保企业成为一个生态系统,而一个具有生态系统的企业才能够基业长青。

价值网是以价值链为核心的系统。企业的价值链是由一系列相互联系的创造价值的活动构成的,这些活动分布于从供应商的原材料获取到最终产品消费时的服务之间的每一个环节,这些环节相互关联并相互影响。对于青岛啤酒来说,价值链的前端是资源,包括大麦、水等,主平台是由采购、生产、销售、终端组成的供应链,最末端是消费者,由此形成了一个环环相扣的价值链。

① [美]詹姆斯·P.沃麦克、[英]丹尼尔·T.琼斯:《精益思想》,沈希瑾、张文杰、李京生译,商务印书馆1999年版,第10页。

营造价值网的本质是要营造一个创新的生态系统。这其中的关键是要按规律办事。由采购、研发、生产、销售、终端等组成的价值链，其价值的大小，呈现的是一条"微笑曲线"，两头翘，中间低，表明前端的采购、研发和后端的销售、终端，其价值是最大的，而生产制造的价值则是最小的。遵循这样的规律就可以看出，降低成本是生产制造获取价值的出路，这就要求青岛啤酒必须做到成本最低、效率最高，拥有成本领先的优势。同样，拉长前后两端的价值区间，则能实现更大的价值。青岛啤酒把价值链看作一条直线，这样的价值链安排是以最终端的消费者的喜好为导向的，因为只有更多的消费者来购买，才有可能拉长这个区间，同时，只有拉长这个区间，才能够把前端的区间拉长。

　　按照消费者喜好的导向，青啤确定的价值观就是"用我们的激情酿造消费者喜好的啤酒，为生活创造快乐"。青岛啤酒价值链上所有节点的终极目标便是怎样酿造出消费者喜好的啤酒。内部价值网同样要按照这样的目标来努力，并通过整合外部价值网的力量为我所用，形成合力，从而使企业在这个生态系统中创造价值。为此，青岛啤酒创建的"三位一体"的营销模式，将产品销售、品牌传播和消费者体验三种竞争手段结合起来。这是在价值网这个生态系统中创造价值的具体体现。

　　资料来源：金志国：《努力实现成为国际化大公司的梦想》，载《经济日报》2008年8月16日；金志国：《锻造企业的核心竞争力》，载《经济日报》2006年10月24日。

　　"再造（Reengineering）"是由哈默（Michael Hammer）等倡议和推进的。"再造"主要指的是业务流程再造。他在1990年的《哈佛商业评论》（7—8月号）上发表了《再造：不是自动化改造而是推倒重来》的文章，提出业务流程再造的思想,从此开创了一场新的管理革命。

哈默指出,战后产生的企业的许多工作设计、工作流程、控制体系以及组织结构产生时的竞争环境与现在的(受过良好教育的人显著增加,员工利用信息的能力显著提高,等等)已经截然不同,并且当时计算机还没有被广泛使用。当时,上述设计、流程、体系和结构着眼于成本、增长和控制,而现在是创新、速度、服务和质量。因此,他认为不能再延续过去的思维、经营原则和基本假设,也不能停留在组织精简或流程的自动化上,必须质疑过去的思想观念和原则,丢弃从根本上造成企业表现不佳的过时规则,为企业创造一个新的业务流程。

何谓"再造"?再造,是"针对企业业务流程的基本问题进行反思,并对它进行彻底的重新设计,以便在成本、质量、服务和速度等当前衡量企业业绩的这些重要的尺度上取得显著的进展"[1]。

企业再造的原则有以下几点:围绕结果进行组织,而不是围绕任务进行组织,从而通过让一个人完成某个流程中的所有步骤,能加快工作速度和节约成本;让利用流程结果的人来执行流程,改变过去的专业化流程,把各项专业任务由最后的使用人统一起来;将信息处理工作归入产生该信息的实际工作流程,而不再由其他人或部门收集处理信息;将分散各处的资源视为集中的资源,在实现资源规模优势的同时,确保灵活性;将平行的活动连接起来,而不是合并它们的结果,这样各个部分既同时工作又能相互协调,从而可以节约时间和成本;将开展工作的地点设为决策点,并在流程中形成控制,把决策、执行、监督等合为一体,从而压缩管理层,压缩成本并提高工作速度;从源头上一次获取信息,信息留在源头,不多头传送,避免信息拖延、记录错误等。这样,企业经过流程再造就能加快流程的速度,节省大量的行政费用和精简一批毫无成效的员工(有的流

---

[1] [美]迈克尔·哈默、詹姆斯·钱皮:《企业再造》,王珊珊、胡毓源、徐获洲译,上海译文出版社2007年版,第25页。

程再造能减少一半以上的员工),从而大大提高效率。

以上的这种再造,还是企业内部的再造,改进的只是内部的一系列业务流程,只能使企业成为高效的公司。要进一步提高公司的效率,还必须再造公司之间的流程。正如哈默所指出的,"理顺公司间操作流程是实现削减成本、提高质量和加速公司运营的又一个瓶颈。"①因此,要大幅提高公司的效率,只进行内部的再造是远远不够的,必须再造和理顺公司间的业务流程。为此,可以通过以下的步骤进行公司间流程再造:筛选(确认进行重构的恰当的业务流程,选择合作伙伴)、组织(建立再造的执行委员会,组成设计团队,确定具体目标)、再设计(对现行流程进行拆分,重新组装,实现预期绩效目标)和实施(推行新的流程,在沟通交流中改变员工的思考方式及其与公司的关系)。经过成功的公司间流程再造,就能使公司实现从高效到超效的飞跃,从而使高效公司提升为超效公司,取得竞争的领先优势。

可以看出,企业、企业间的业务流程再造是想在加快速度中提高效率,并且希望能大大提高效率和改善绩效。

一句话,20世纪中叶以来,效率主义的观念不是削弱了,而是正在不断得到加强。

---

① [美]迈克尔·哈默:《超效公司》,载《战略前沿》,胡左浩、余伟萍、贾崧译,中国人民大学出版社2004年版。

第三章 现代管理的价值目标观念

第四章　现代管理的价值手段观念

理性主义主张,我称为实践知识的东西根本就不是知识,严格说来,它主张没有知识不是技术知识。理性主义者认为,一切人类活动中所含有的唯一知识要素是技术知识,我称之为实践知识的东西实际上只是一种无知,如果它不是实际有害的话,可以忽略不计。对于理性主义者来说,"理性"的霸权意味着技术的霸权。

——[英]迈克尔·欧克肖特:《政治中的理性主义》

官僚体制是"理性"性质的:规则、目的、手段和"求实的"非人格性控制着它的行为。因此,它的产生和传播处处都是在那种特别的、还在讨论的意义上发挥了"革命"的作用,正如理性主义的进军在一切领域里一般都发挥这种作用一样。同时,它摧毁了统治的不具有在这个特殊意义上的理性性质的结构形式。

——[德]马克斯·韦伯:《经济与社会》

为实现管理的价值目标,现代企业、组织及其管理者需要摆脱对日常经验的依赖,削弱人们的本能、欲望、情感、直觉等非理性因素的不利影响,借助专业化、科学化和制度化的手段,来提高管理的计划性、预见性和控制性等确定性的特征,使管理依赖于、立基于理性化、理智化的因素。而这恰恰是现代管理取代前现代管理的关键和优势所在,也是现代管理实现其目标的手段根源。现代管理的价值手段观念就是现代管理对于实现管理目标的手段的价值认识、理解和信念，突出表现在这样三个方面：专业化的观念、崇尚科学的观念和依赖制度的观念。

一、专业化的观念

企业不是把人们的工作杂乱无章地联系在一起的，而是通过劳动分工和专业化把工作有机联系在一起的，其中重要的一项分工就是管理从众多的工作、职能中独立出来，成为一种专门的职能、专业性的职能。正如钱德勒所指出的，正是出现了支薪的专门经理和管理的层级制，现代企业才得以产生、发展和成熟。

1. 劳动分工和专业化是企业提高生产率的需要

劳动分工有助于提高人们对特定工作、活动的熟练掌握和灵活运用，如果把所有工作和活动有机连接起来，就能很好地提高整项工作或产品的效率和质量。斯密早在他的《国民财富的性质和原因的研究》（简称《国富论》）中就举出一个扣针制造业进行劳动分工后所带来的效果。一个人如果对扣针的制造没有受过专门训练，把它当作专门职业，又不知怎样使用专门的机械，那么竭尽全力一天制造出一枚扣针也很难。但是如果把制造扣针的工序和作业分成 18 种专门操作，从事制造的工人都经过专门训练，进行劳动分工，1 人抽铁线，1 人拉直，1人切截，1 人削尖线的一端，1 人磨另一端，以便装上圆头，而做圆头也需要工人分别装圆头、涂白色、包装等。有的工厂把 18 项操作分别交由 18 个专门的工人做。他发现，即使在一家只雇用了 10 个工人的小厂，有几个工人还必须从事两三种操作，设备虽然比较简陋，经过大家勤勉努力，也能人均制造 4800 枚扣针。因此，斯密认为，凡是能采用劳动分工制的工艺，只要采用了劳动分工，就能相应地显著提高劳动的生产力。①

　　前现代社会中也存在分工,但由于市场发育还很不发达,商品化程度比较低,社会对商品的需求也是十分有限的,实现了一定劳动分工的手工工场也就很难发展壮大,劳动分工在此条件下很不完善,分工也不广泛和普遍。但随着市场的发展和社会对一般商品需求的显著增加,简单的劳动分工已很难满足需求,必须实现更为全面的劳动分工。斯密看到的情况是英国产业革命过程中产生的工厂分工的情形。同前现代劳动分工有一点不同的是,产业革命产生的工厂越来越多地使用机械设备,从而大大提高了生产力。社会需要的产品越多,赚得的利润越大,工厂使用机械和扩大规模的积极性就越高。而能专门制造机械设备和使用机械设备的专门人才特别是机械工程师就受到厂主的普遍欢迎。可以说,产业革命以来的工厂、企业的发展是同劳动分工紧紧联系在一起的,是同劳动的专门化、专业化联系在一起的。当然,当时的劳动分工和专业化只是初步的,因为人们大多从事着体力劳动,依靠的也主要是体力劳动的经验,知识化程度很低。只是随着各种工业教育、高等教育的产生和发展,为了得到更好的聘用条件,获得更多的收入,生活条件较好的家庭的孩子才逐渐主动接受专门职业教育或高等专业教育,掌握从事专业工作的知识。他们毕业后到企业工作,主要选择待遇较好、工作条件较好的工作。大量的普通工人提高文化程度,掌握从事工作所需的越来越多的专门知识,还是更晚的事情。② 现代企业的劳动分工也就越来越成了专业的分工,使用专门知识的分工,工作的专门化、专业化也就愈益成为工业社会(现代社会)的重要的原则。需要指出的是,分工并不是企业和经济生活中的独特现

---

　　① [英]亚当·斯密:《国民财富的性质和原因的研究》上卷,郭大力、王亚南译,商务印书馆 1972 年版,第 5—12 页。

　　② 即使到了 19 世纪末,泰罗(Taylor)等人开始进行科学管理的研究和推广工作时,工人们从事的还是没有多少现代知识可言的体力劳动。但泰罗等人则是受到高等工业教育的人。

象,它在大多数的社会领域中都存在,政治、行政和司法领域的职能都日趋专业化,科学、艺术领域也是如此。

有分工,就要有合作,就要维护组织的团结、统一。"社会的凝聚性是完全依靠,或至少主要依靠劳动分工来维持的,社会构成的本质特性也是由分工决定的。"①有了工作分工,一个组织、一个社会就要进行监督、指挥,就要有整合各项专门工作使各项工作协调一致从而达到目标的专门工作和职能,其中一项重要的工作和职能就是管理。管理也是一种劳动的分工。企业的管理工作起初是由开办企业的人即企业主进行的,并且还主要是一种工程指导、协调等意义上的管理工作。当企业的工作还不复杂、市场变化还不显著的时候,企业主还能进行管理。但是,要是工作的程序越来越复杂,需要协调整合的工作层级越来越多,企业间产生一定的竞争,就必须增加承担管理专门职能的人,甚至由企业主进行的管理工作也必须由擅长管理的专门人员来承担。在 1886 年美国机械工程师协会的年会上,身为工程师的耶鲁与汤制造公司总裁亨利·汤(Henry R. Towne)提交了一份论文指出,有许多优秀的机械工程师,也有许多优秀的商人,但是这两类人的特征很难综合在同一个人身上,但这种品质的结合对于工业管理至关重要;如果这些品质综合在同一个人身上,就能发挥出最高的效果。他指出,车间管理和工程管理同等重要,而工作的管理的意义既重要又深远,乃至极有可能会被当作一门现代艺术而确立自己的地位。② 可以看出,管理即是劳动分工的产物,也是众多专门工作中的一项工作。这样既有劳动分工,又有对劳动分工的整合,企业生产的效率就会大大提高,取得的利润也就有可能显著提高。

总之,劳动分工是现代企业对工作进行组织的基本原则,管理作为一种职能,作为一种专门化的工作、专业性的工作而存在并发挥作用。

---

① [法]埃米尔·涂尔干:《社会分工论》,渠东译,三联书店 2000 年版,第 26 页。

② [美]丹尼尔·A.雷恩:《管理思想史》第 5 版,孙健敏、黄小勇、李原译,中国人民大学出版社 2009 年版,第 117 页。

2. 管理是管理者的专门职能

管理作为专门化工作、专业性工作是由承担这一工作的人——管理者——来实施的。当然,不是由一个管理者而是由一些管理者来实施的,这样,在现代企业中还体现为管理的层级制,多层级的管理者共同进行管理。

不能否认,在现代企业也有例外。既有资金又有技术或一定管理才能的人有权独自享有管理的职能,这也是他们所希望的,其他雇员只作为执行者来接受和执行他的命令,这样既可以保证命令畅通,又能减少不必要的干扰。而这也就是作为机械工程师的亨利·福特(Henry Ford)曾在福特公司坚持做的。1908 年,他利用先进的生产线,降低生产成本,设计、生产了当时售价仅 850 美元的 T 型车,使普通人驾车旅行的梦想成为现实。此型车的销售量不断攀升,到 1914 年,生产量达到 26 万多辆,占有美国轿车市场 48% 的份额,年销售额是 1 亿美元;1923 年,生产量高达 200 万辆;1926 年之前福特汽车的收入一直都超过通用汽车,20 年代进入巅峰时期。[①] 但从 1927 年开始到第二次世界大战爆发,福特汽车所占市场份额逐年下降,一直降到 20%。人们估计,这些年中没有一年是赢利的。福特公司的失败主要在于亨利·福特坚信一个企业无须管理人员和管理,他坚持认为企业所需要的只是所有主兼企业家,以及他的一些只能听从命令的助手,他拒绝承认管理人员和管理是必要的,拒绝承认管理人员要以工作和职能为基础,而不能以上司的授权为依据。[②] 而挽救福特公司的措施恰恰是亨利·福特的孙子小亨利·福特代替他的职位,进行了管理班子的组织和建设。许多家族企业也走了类似的道路,逐渐把

---

① [英]斯图尔特·克雷纳:《管理百年》,邱琼、钟秀斌、陈遊芳译,海南出版社 2003 年版,第 23—35 页。

② [美]彼得·德鲁克:《管理:使命、责任、实务》(实务篇),王永贵译,机械工业出版社 2006 年版,第 4—6 页。

管理权转移给具有专门管理能力和经营能力的管理者,实现了所有权和管理权的分离,成为经理式的企业。① 而大量的企业则是直接由创业的企业家让位给职业的管理者。实践证明,通过所有权和管理权两权的分离,实现管理的专业化,企业的创办者或所有者能较稳步地获得可观的所有权和管理权利润,而管理人则通过发挥自己的特长和能力得到较高的收益,并且伴随着企业的发展壮大,国家经济也繁荣起来。这成为美国经济后来居上超过英国、法国等西欧国家的一个关键。二战后的一项研究表明,西欧和美国之间的生产率的差别不是资本投资的问题,因为在欧洲许多行业中,资本投资和生产设备与美国不相上下,但其生产率比相应的美国行业要低三分之二。对原因的唯一的解释是管理人员和技术人员的比例偏低,以及由于过分依赖人工技能,使欧洲工业的组织结构显得相当落后。②

小资料

哲学家应做治理者

苏:除非哲学家成为我们这些国家的国王,或者我们目前称之为国王和统治者的那些人物,能严肃认真地追求智慧,使政治权力与聪明才智合而为一;那些得此失彼,不能兼有的庸庸碌碌之徒,必须排除出去。否则的话,我亲爱的格劳孔,对国家甚至我想对全人类都将祸害无穷,永无宁日。我们前面描述的那种法律体制,都只能是海客谈瀛,永远只能是空中楼阁而已。这就是我一再踌躇不肯说出来的缘故,因为我知道,一说出来人们就会说我是在发怪论。因为一般人不容易认识到:除了这个办法

---

① [美]小艾尔弗雷德·D.钱德勒:《看得见的手》,重武译,商务印书馆1987年版,第529—535页。
② [美]彼得·德鲁克:《管理实践》,毛忠明、程韵文、孙康琦译,上海译文出版社1999年版,第47页。

之外,其他的办法是不可能给个人给公众以幸福的。

格:哦,苏格拉底,你信口开河,在我们面前乱讲了这一大套道理,我怕大人先生们将要脱去衣服,赤膊上阵,顺手拣起一件武器向你猛攻了。假使你找不到论证来森严你的堡垒,只是弃甲曳兵而逃的话,那时你将尝到为人耻笑的滋味了。

苏:都是你把我搞得这么尴尬的。

格:我是做得对的。但我不会袖手旁观,我将尽我之所能帮助你。我可以用善意和鼓励帮助你,也许我还可以答复你的问题答得比别人恰当些。因此,在我的支持下,你去试着说服那些怀疑派去吧:真理的确是在你的一边。

苏:有你这样一个坚强的朋友,我一定去试。我觉得,如果我们要能避过你所讲的那种攻击,我们必须对我们敢于认为应该做我们治理者的那种哲学家,给以明确的界说。在哲学家的界说明确后,我们就可以无所畏惧了,因为那时我们可以向人们指出,研究哲学和政治艺术的事情天然属于爱智者的哲学家兼政治家。至于其余的人,不知研究哲学但知追随领导者是合适的。

格:给以清楚的界说,不宜再迟了。

苏:那么,跟我来罢,我们也许有什么办法可以来说明我们的意思。

格:讲下去吧。

苏:那么,不必我提醒你,你一定还记得,如果我们说一个人是一样东西的爱好者,如果我们称他为这东西的爱好者说得不错的话,意思显然是指,他爱这东西的全部,不是仅爱其中的一部分而不爱其余部分。

格:看来我需要你的提醒,我实在不太理解。

苏:格劳孔啊,你那个答复对别人适合,对你并不适合。像你这样一个"爱者"不应该忘记,应该懂得所有风华正茂的青少年总能拨动爱孩子的人的心弦,使他觉得可爱。你对美少年的反应不是这样吗?看见鼻扁者你说他面庞妩媚;看见鹰鼻者你说他长相英俊;看见二者之间鼻型的人你说他匀称恰到好处;看见面黑的人你说他英武勇敢;看见面白的你说他神妙秀逸。"蜜白"这个形容词,本身就是爱者所发明,用来称呼瘦而白的面容的。一句话,只要是在后起之秀者身上,你便没有什么缺点不可以包涵的,没有什么优点会漏掉而不加称赞的。

格:如果你一定要我充当具有这种倾向的爱者的代表的话,为了便于论证起见,我愿意充当。

苏:再说,爱喝酒的人怎么样?你没有注意到他们也有这种情况吗?他们爱喝每一种酒,并且都有一番道理。

格:确是这样。

苏:至于爱荣誉的人,我想你大概看到过也是这样的。他们做不到将军,做连长也可以;得不到大人物的捧场,让小人物捧捧也过瘾。不论怎样,荣誉他们是少不得的。

格:是的,不错。

苏:那么,你肯不肯再回答一次我的这个问题——当我们说某某人爱好某某东西,不管是什么东西,他是爱好这个东西的全部呢,还是仅爱好它的一部分呢?

格:全部。

苏:那么,关于哲学家我们不也可以这么说吗?哲学家是智慧的爱好者,他不是仅爱智慧的一部分,而是爱它的全部。

格:是的,他爱全部。

资料来源:[古希腊]柏拉图:《理想国》,商务印书馆 1986
年版,第 214—217 页。

职业的管理者①就是把管理作为自己的专门工作的人,他们把自己的工作看作职业,把自己的发展道路寄希望于工作的不断完善、提高和职业上的升迁,因而把企业的命运紧紧和自己联系在一起。美国媒体曾对通用汽车公司的原领导者、杰出的职业经理人斯隆(Alfred P. Sloan)作了这样的生动描述②:

这位衣着讲究、生性活泼、瘦长结实(身高六英尺、体重 130 磅)的男士多年来一直是这个国家中收入最高的人之一——1936 年收入名列第一位——并且负责着这个国家中第二大生产企业,在资产上仅次于大钢铁公司。然而众人甚至连汽车工业圈内人士对他的私人生活也所知甚少,甚至根本不知;他为通用汽车公司所作的贡献更是鲜为人知……他难得有闲暇,即使在闲暇时也是忙忙碌碌;他从来没有在传统意义的文化上投入过一分钟。假如他到了欧洲,那他大部分的旅程都是在谈生意,甚至连挑选自己讲究的服装也是由手下人操办。他没有孩子让他操心烦神,工作就是他的一切。

职业管理者需要与同行进行交往,使用职业的语言,参加管理协会等职业的团体,在有关专门职业的报刊发表关于管理的理论或思考文章,到商学院或管理学院参加管理方面的专业培训,聘请管理顾问帮助解决相关管理问题,并且职业管理者中越来越多的人接受过商学院或管理学院

①　或叫专业的管理者。我们在这里所指的管理者不仅包括接受过高等管理专业教育的人和获得 MBA 学历的人,还包括受过其他专业教育但具有管理特长和能力的人。

②　转自[美]托马斯·K.麦克劳:《现代资本主义:三次工业革命中的成功者》,赵文书、肖锁章译,江苏人民出版社 2006 年版,第 304 页。

的专业教育。一句话,管理工作在现代管理中越来越成为专业性、职业性的工作,也受到企业所有者和社会的广泛认可。

正因为管理者是以管理为其特长和职业的,在企业活动中,他们行使了几乎所有的管理职能,包括计划、组织、人事、协调、指挥、控制等,而其他的人员特别是普通工人就成为执行管理指令的人。从劳动分工、专业分工的角度,这有利于企业适应外部的市场环境,统一企业的各项生产和经营活动,从而提高企业的生产率和赢得较高的利润,因而有利于广大员工获得自己的收益。另外,企业的所有者既然需要专业性的管理,认为管理能力高低直接影响企业的生产、经营和盈利情况,就必然倾向于聘用其认为具有最高管理才能的人担任最高管理职务,并把企业的命运寄托在他(她)身上。当企业取得较好的经济业绩时,就更加信任最高管理者,更寄希望于他(她)能使企业继续获得较好的经济收益,稳步持续获得发展。而如果最高管理者并不像他们想象的那样管理企业,未能使企业获得较好的经济收益,甚至导致企业严重亏损,那么就会放弃对此管理者的信任,再重新寻找有才能的最高管理者。这样,在现代管理的发展过程中,在一定程度上存在着对最佳管理者的英雄崇拜现象。当然,这是在制度的制约下进行的,也就是说通过制度使最佳的管理者产生并发挥积极的作用。

3. 自主观念在现代管理中受到的限制

独立自主观念是现代企业得以产生的一个重要前提,是现代管理的价值主体意识的重要内容。从独立自主的观念出发,在包括管理工作在内的企业工作中,不管是管理人员,还是普通员工,对于自己所从事的工作或自己的劳动都应该具有独立自主性。但情况并非如此,因为大多数企业作为个人或联合起来的个人所拥有的私有物,享有对它们的独立自主权,他们会从自己的利益出发,选择专业的管理人员从事专门管理工作,而广大普通员工通过雇用契约向企业让渡自己的劳动力,必须在管理

管理之魅

者的监督、指挥下从事布置好的内容有限、甚至单调的工作。在现代管理发展的相当长的过程中，人们坚持的原则就是管理者管理，工人被管理。由于管理者对自己管理能力的自信，以及从事管理工作所得到的收入比工人从事生产工作得到的收入高，甚至高出许多倍，工作条件也比他们好，从而又加强了管理者独自享有管理权的思想倾向。

20世纪40年代，德鲁克在通用汽车公司调查研究后就指出，通用汽车公司的绝大多数主管人员认为，任何类似于工人参加工作改进计划或者质量圈的情况都意味着他们放弃管理职责，并且当时美国企业内几乎所有的主管人员也都是这样认为的。他们主张，不管怎样，他们才是专业人员，付给他们薪水是因为他们懂得如何去组织工作，或者至少比那些无论是在经验、教育程度，还是在收入方面都远不如他们的人懂得多，对公司、股东和客户来说，尤其是对员工自身来说，他们都有责任使员工尽可能地发挥出生产力，进而付给员工一份不错的薪水。① 在这样的情况下，管理者的理想类型是以一种不对称的关系为特征，一个主体（管理者）总是面对一个客体（工人和其他员工），管理的关系是主体—客体关系，内含于管理关系的隐喻是指导和控制。②

这样的思想在现代企业发展的初期还可以被认可，那是因为当时工人们的文化水平比较低，主要靠体力进行劳动，对工作的主要期望还是获得养家糊口的经济收入；但随着他们文化水平和生活水平的提高以及对工作选择能力的增强，就会被质疑和反对。人与物的最大不同就在于人总是从内在尺度出发来看待自己以及自己与他人、组织、社会、自然的关系，总希望能作为主体把握这些关系，掌握自己的命运。因此，在工作中是不愿意被支配、被控制、被指挥、被监督的；但企业所有者和管理者为组

---

① ［美］彼得·F. 德鲁克：《公司的概念》，罗汉等译，上海人民出版社2002年版，第250页。

② Ole Fogh Kirkeby, *Management Philosophy-A Radical-Normative Perspective*, Springer, Berlin, 2000, pp. 39－43.

织和各自的利益必然要工人和员工服从管理,服从在管理关系中的客体地位。结果只能导致管理者与被管理者的矛盾,导致工人和员工工作主动性、积极性和自觉性的下降;如果工人们与管理者、企业的利益矛盾加大,这一问题会更加突出,从而影响企业的生产率和经济业绩。因此,作为以控制为特征的管理就要对工人和员工通过各种途径进行激励。泰罗(Taylor)设计科学管理的一个想法就是克服工人时常磨洋工的情况,使他们为了得到奖金而不再限制自己的产出,提供最大的产出,从而使雇主和工人双方实现更大的盈余。但这样的问题并不能从根本上得到解决,因为工人们仍然处于被管理、被控制的地位,其主动性、积极性和创造性不可能从根本上被激发出来。霍桑试验的起因也是出于解决霍桑工厂工人的生产效率的需要,但研究人员最终却发现不是工作场所的照明而是工人之间的人际交往、社会协作影响他们的生产效率,因而他们建议企业及其管理者要培养人际技能。正因为如此,参加了此项研究的梅奥(Mayo)认为,解决企业的效率问题的途径在于受到培训的管理人员能提高促进社会协作的技巧,而不在于工厂民主、工业民主。① 社会协作当然是十分重要的,但是如果不能把其奠基于工人和员工对自己的工作的自主性即民主的牢固基础上,是很难实现的。并且,如果不能支持工人和员工承担一定的责任,生产效率和生产质量是很难得到保证的。德鲁克(Drucker)指出,直到20世纪60年代中期,通用汽车公司坚持"金钱 + 纪律 = 生产率"的原则看上去还很正确。但当通用汽车公司在俄亥俄州的洛兹敦开了一家最大的装配工厂时,整个体系出现严重问题。这个工厂自动化和技术水平很高,是整个通用公司中技术最先进的,也被认为是世界上生产率最高和产品质量最优的一家(也是最昂贵的工厂)。但是工厂纪律几乎立刻就瓦解了,因为这里的大多数年轻的新员工要求承担起

---

① [英]马尔科姆·沃纳主编:《管理大师手册》英文版,辽宁教育出版社1998年版,第442—443页。

第四章 现代管理的价值手段观念

职责,而当他们没有达到目的而挫伤了工作的责任感和主动性时,就影响到生产率和质量的下降。直到那时,通用汽车公司还以在汽车质量方面的世界领先地位而自豪,可是突然之间就有了许多对它不利的消息,汽车质量频频出现问题。①

总之,工人和员工的主体地位和独立自主性在现代管理的大部分时期内是很难得到保障的,这是现代社会为实现企业发展和经济繁荣不得不付出的历史代价,也是阶级的历史局限性之所在。正是看到在现代社会很难实现工人的自我管理,美国的一位学者在其所著的《反对资本主义》中就提出,资本主义必将被一种以工人自我管理为特征的社会主义形式所取代。②

二、崇尚科学的观念

人们对专业化特别是管理专业化的信赖和强调,实质上是对专业所依据的科学技术知识的信赖。因为正是在科学技术知识的帮助下,人类实现了祖先世世代代都无法实现的生产力大发展的梦想。马克思和恩格斯指出,在产业革命以来不到一百年的时间中人类所创造的生产力,比过去一切时代创造的全部生产力还要多,还要大。看到自然力的征服,机器的采用,化学在工业和农业中的应用,轮船的行使,铁路的通行,电报的使用,整个整个大陆的开垦,河川的通航,仿佛用法术从地下呼唤出的大量人口,他们惊叹到过去没有一个世纪能想象到在社会劳动里竟蕴涵有这

---

① [美]彼得·F.德鲁克:《公司的概念》,罗汉等译,上海人民出版社2002年版,第259页。

② [美]戴维·施韦卡特:《反对资本主义》,李智、陈志刚译,中国人民大学出版社2002年版,第65—77、289—338页。

样的生产力。① 并且借助科学技术知识人们认识和解决了使他们感到困惑不解的大量生命、人生和自然问题，对自己的工作和未来也能进行预测和控制了。因此，利用科学和技术确保管理活动的预测性、确定性、可靠性就必然成为现代企业及其管理者的自觉选择。这样，在现代管理产生、发展的过程中，人们对于价值手段不仅有专业化的价值观念，还有崇尚科学、追求科学的价值观念。

1. 科学技术知识和方法优于经验的观念

管理要设法经济有效地分配和利用人力及物质资源，使人、财、物合理结合和协调，从而实现确定的目标和效率，就必须具有自觉性、被动性、可预期性、稳定性等特点，②成为一种利用理性的社会活动，作为人类的理性职能而存在，也就是说管理本质上是理性的，属于理性管理。理性是受意识支配的人的精神属性、精神过程，包括人的感觉、知觉、表象、概念、判断和推理等，是人的主导性的精神属性、精神过程，是人区别于动物的显著标志。"人离开动物越远，他们对自然界的影响就越带有经过事先思考的、有计划的、以事先知道的一定目标为取向的行为的特征。"③但在人类社会发展的相当长的历史时期中，人类要实现的管理的自觉性、可预期性、稳定性只能借助于在日常管理实践中缓慢积累起来的习惯、经验、习俗，还广泛遭受着盲目的、外在的力量的影响、束缚，管理作用的发挥还十分有限，制约了人们的劳动能力和社会生产力的发展，人类的生活水平还很落后，文明程度也很难提高。总之，人类的管理长期处于经验管理的阶段，管理发展和作用的发挥还很不充分。为了进一步发挥管理的作用，第一次工业革命以来，人们开始对经验管理所依赖的经验进行广泛和深刻的反思。

---

① 《马克思恩格斯选集》第 1 卷，人民出版社 1995 年版，第 277 页。
② 韩震：《重建理性主义信念》，北京出版社 1998 年版，第 19—20 页。
③ 《马克思恩格斯选集》第 4 卷，人民出版社 1995 年版，第 382 页。

东方管理与西方管理

东方管理是人性管理,即通过人自身以及人与人之间的关系所进行的管理,与此相反,西方管理是理性管理,即通过合理性概念以及理性推断所进行的管理。我认为,东方管理和西方管理是管理哲学的两极,二者都为成功并富有创造性的企业管理和行政管理所必需。理性离开了人性,就不能得到完善;人性离开了理性,就不能得到扩展。许多美国企业所遵奉的西方管理,其缺陷恰恰就在于,根本不了解除此之外,竟然还有一种主要依靠人自身以及人与人之间的关系来进行管理的东方管理模式。

东方管理以人为中心,探究的是一个人如何同他自己,如何同他周围的人,如何同他周围的环境,如何同整个世界所发生的关系。为了发挥领导的能力并提高解决问题的功效,一个领导者将把他的主要精力放在处理人与人之间的关系上,了解人以及人与人之间的关系,是大多数管理问题得以解决的关键。这是因为,人本身才是一切知识、信息和技术得以应用的基础。

一个值得注意的事实是,所谓"人性管理"在西方从来就没有得到贯彻和坚持,更不用说成为一种潮流和行为方式了。西方对于"理性"的发现与推崇,使"人性"始终成为"理性"的奴隶。本来,理性作为工具应当服务于作为目的的人,但最后却支配了目的,支配了人。在"理性"的步步进逼与消蚀之下,所谓的"人性"成为消极、冷淡、无用的东西,被理性所控制而丧失了它的主动性与创造性。

资料来源:成中英:《C 理论:中国管理哲学》,中国人民大学出版社 2006 年版,第 143、149—150 页。

泰罗(Taylor)指出,过去企业雇主和管理者所依赖的经验是很不可靠的。当时伯利恒钢铁公司有 5 座高炉,它产出的生铁一直由一个人数约为 75 人的生铁搬运小组进行搬运,他们在一个曾是生铁搬运工的工长的领导下,每天从生铁堆捡起一块约 92 磅的生铁,把它放上运送的车厢,每人每天装货约 12.5 吨。但泰罗等人认为工人们能每天搬运更多的生铁。他们通过对所有工人仔细观察和研究,挑选了一个每天只能挣 1.15美元叫施密特的工人,激励他只要每天能搬运 47 吨生铁就给他 1.85 美元。在施密特参加后,研究人员对他进行的各项动作的时间进行研究调整,并对他进行训练和指导,使得他每天都能搬运 47.5 吨生铁。这样泰罗等人认为,只要工人们经过训练都用科学的方法使用合适的工具搬运生铁,每天都能搬运 47.5 吨,而且每天能多得到 60% 的工资。[①] 而另一位科学管理运动的创始人吉尔布雷斯(Frank Bunker Gilbreth)通过对砌砖工作研究后证明,砌砖的动作能由人们经验认为的 18 个降为 4 个,砌砖工人每天砌砖的数量能从原来的 1000 块增加到 2700 块,而并不需增加劳动强度。当然,需要对他们使用的各种工具、方法进行科学规定或指导。[②] 经过广泛研究和考察实际效果,泰罗指出科学管理大大优于旧式的管理,并指出原因的实质在于前者把管理奠基于科学方法和知识之上。因此他指出,对于科学管理具有绝对意义的是,无论工人还是工长都必须承认,对待工厂中包括每项工作所采用的方法和完成每项工作所需要的时间在内的一切事情都要用准确的科学研究和知识来替代旧式的个人经验或个人判断。并认为管理这门学问注定会更具有工程学和技术的性质。那些现在看来还被认为是在精密知识领域以外的基本因素,很快都将像其他工程因素那样加以标准化,制成表格,被接受和利用。管理工作

---

① 〔美〕F.W.泰罗:《科学管理原理》,胡隆昶、冼子恩、曹丽顺译,中国社会科学出版社 1984 年版,第 172—176 页。

② 〔美〕丹尼尔·A.雷恩:《管理思想史》第 5 版,孙健敏、黄小勇、李原译,中国人民大学出版社 2009 年版,第 190 页。

第四章 现代管理的价值手段观念

会像技术工作那样被人们研习,不再依靠从个人接触到的有限经验中得出的一些模糊的观念,而是建立在一种被人们广泛承认、有明确定义和原来已经确立的基本原则之上。① 通过利用科学方法和科学知识,科学管理取代旧式的经验管理,使管理的计划性、预见性、稳定性、确定性大大提高,有力地推动了企业的产量和生产率的大幅增长,为企业、工人和社会带来巨大的物质利益。正是看到科学技术知识、科学技术方法对管理和企业生产的显著作用,企业及其管理者在管理中更加自觉利用科学技术知识,努力排除经验因素的干扰。

 复杂性理论对管理的启示

第一,管理者可以做的最重要事情是改变他们的思考方式,放弃机械论和宿命论,学会欣赏并应付联系、不可预测性。

第二,由于组织与其环境共同演化,因此与环境联系方面的管理显得格外重要。这意味着时刻准备好对环境进行反应,根据需要进行适应,而且随时准备抓住各种出现的机遇。

第三,最佳管理者能够根据直觉领会那些正在驱动他们组织和所面临的环境的模式。他们寻找整体模式并探索一些在不利的模式下能够产生最大影响的微小变化。

第四,最成功的组织并不试图对每件事都进行控制。在某种程度上管理者可以相信混沌状态,并允许各种过程在混沌边缘处运行,以便通过自组织带来新的有序形态。

第五,组织有更好的机会对确实存在的那些模式进行领会并对不可预测的事件进行反应。管理者应该鼓励学习、多样性

---

① [美]F. W. 泰罗:《科学管理原理》,胡隆昶、冼子恩、曹丽顺译,中国社会科学出版社1984年版,第240、60页。

和各种观点的多元化。

资料来源:[英]迈克尔·C.杰克逊:《系统思考:适于管理者的创造性整体论》,中国人民大学出版社 2005 年版,第 127 页。

在一定程度上可以说,现代管理发展演变的历程就是一个运用种种科学技术知识特别是自然科学为管理开辟道路的历程,科学管理阶段与近代工程学、机械学联系特别密切;行为科学阶段以运用心理学、社会心理学和人类行为学为其显著特征,在这一阶段,行为科学家汇入到商学院后对管理思想和实践产生了重要影响;管理科学阶段(至今还没有结束)主要运用系统论、控制论、信息论、计算机技术理论以及其他新兴科学。可以说随着科学技术的进步,管理活动所运用的科学知识不断增多了,也为充分挖掘管理的潜力奠定了坚实的基础。正是从这个方面,我们说管理的计划性、预见性、确定性等理性程度不断加强,特别是由于这种管理能帮助人和社会创造越来越多的财富,又进一步强化了企业家和管理者对管理科学化、理性化的追求。科学技术知识和方法优于经验的观念成为现代企业及其管理者的广泛共识。

2. 定量分析和客观数据胜过人的直觉、精神态度的观念

管理的科学化、理性化的增进,蕴涵着这样的信念,"只要人们想知道,他任何时候都能够知道;从原则上说,再也没有什么神秘莫测、无法计算的力量在起作用,人们可以通过计算掌握一切。而这就意味着为世界除魅。人们不必再像相信这种神秘力量存在的野蛮人那样,为了控制或祈求神灵而求助于魔法。技术和计算在发挥着这样的功效,而这比任何其他事情更明确地意味着理智化。"①但是,现代企业及其管理者把管理

----

① [德]马克斯·韦伯:《学术与政治》,冯克利译,三联书店 1998 年版,第 29 页。

奠基于科学技术知识之上,就必须收集、掌握和利用事实和数据等这些客观的因素,而对那些包括直觉、态度、责任感等在内的属于心理过程、精神过程的主观性特点较强因而无法实现数量化的非理性因素就必须忽略和排除,因为只有这样才能对管理和经营活动进行科学的计算、推导、分析、归纳和演绎,才能对管理和经营进行计划、预测和控制。斯隆(Sloan)就认为,"为了组织的健康,必须尽量减少从主观角度出发办事的情况。""取消凭直觉作决定所带来的损失可以通过最后获得的高于平均水平的成果中得到补偿"。①

　　以上的情况突出表现在现代管理决策中,进行决策的依据必须基于事实,而不能是直觉。管理者一有直觉或灵感就决定采取一项管理或改进产品的措施,这在现代管理中是绝对不允许的。不管他们是最高的管理层,还是基层的管理者,都不允许。管理者必须收集充分的事实数据,进行严密的分析论证,使人们认为采用这种方法、措施确实是可取的。西蒙(Herbert A. Simon)就把管理决策的过程分为两种:一种是程序化决策,一种是非程序化决策。前者是指对反复出现的特定问题进行的决策,后者是对表现新颖、无结构的新出现的问题进行的决策。而决策的过程可以分为四个阶段:第一阶段是探查周围的环境,寻求要决策的条件,称作"情报活动";第二阶段是创造、制定和分析可能的行动方案,叫做"设计活动";第三阶段是从备选的方案中选出一个特定的方案,为"选择活动";第四也是最后一个阶段是对过去的抉择进行评价,称为"审查活动"。可以说,在决策特别是程序化决策的每一个决策阶段都力图通过使用事实和数据,而不是直觉或情感,来保证决策的准确性和可靠性。随着战后出现管理科学(它以运筹学为代表),以这种技术为基础的决策对数据和数学工具的依赖进一步加深。西蒙指出,在管理决策中使用数学

_____

　　① [美]艾尔弗雷德·斯隆:《我在通用汽车的岁月》,刘昕译,华夏出版社2005年版,引言、第387页。

工具包括建立能满足所用工具的条件,同时能反映将要分析的管理环境的重要因素的数学模型;规定一个基准函数,作为对各种可能的行动方案的相对优劣进行比较的一个量度;概算出该模型中说明其特定的具体情况的数学参量;最后将所需要的数学运算进行到底,求出行动方案,并且为了适合于特定参量值这个方案,要使基准函数达到最大值。[①] 为了能利用新近出现的计算机技术使运算实现自动化,在决策中进行数学化和符号化的努力又进一步加深,从而把人们的直觉、想象、态度、习惯、个人判断等因素完全排除在外。即使对于不适合于进行数学化、符号化的非程序化决策,人们认为也可以对有关过程尝试进行自动化,以深刻洞察人类的思维过程。

循证管理:科学管理的新形态

循证管理是以证据为基础的管理方法。在某种程度上,循证管理的灵感之源和目标导向是循证医学,即靠最可信的证据指导治疗决策。循证管理是一种洞悉世界的方法,是一种思考如何磨炼管理技艺的方式。它的理论前提是,尽量利用更合理、更深入的逻辑,充分援引事实,能够帮助领导者更出色地完成自身工作。循证管理认为,直面确凿的事实,明辨传统管理经验中真假参半的危险传言,拒绝频繁被误认为合理建议的胡说八道,能够给组织带来更好的绩效。循证管理有九项执行原则:

一是不要认为自己的组织很圆满。循证管理意味着按当时所知、当时可用的最佳数据采取行动,哪怕尝试创造学习条件,掌握更多情况。即要把真相看成移动的靶子,把组织和管理知

---

① [美]赫伯特·A.西蒙:《管理决策新科学》,李柱流、汤俊澄等译,中国社会科学出版社1982年版,第33—34、38—41、48—49页。

识看作未尽的雏形,根据能获得的最佳数据,尽快尝试一种不成熟的东西。

二是不吹牛,只讲事实。不要容忍传言和胡扯,要求所说的事情符合事实,并根据最佳的事实展开行动,哪怕事实让人头痛。

三是掌握显而易见的常识。看似无趣、琐碎的事情能带来巨大的不同,常识也是十分有用的东西。

四是以旁观者的眼光看待自己的组织。局外人的判断往往比当事人更客观。跳出自己的位置,以旁观者的角度看待自己的组织,可以做出更好的决策。

五是想到权力、威望和绩效会让人顽固、愚蠢。权力、威望和绩效会让人过度自信,而过度自信会使人自以为是,不承认事实,忽视事实,造成错误甚至不可挽回的损失。

六是认识到循证管理不光是高层管理者的事。由于循证管理极其重要,组织中的所有人都必须实践循证管理,不能只留给高层领导者来做。最好的组织就是人人都得到许可,承担起收集定量和定性数据的责任,并据此展开行动。

七是全力推销循证管理。既可以利用众人赞美的大师、明星和成功人士来推销最佳证据,推广循证管理;也可以把有效的证据变得生动鲜活,从而吸引人们的注意力,并根据它展开行动。

八是至少也要阻止错误方式的蔓延。如果不能公然违背或拒不理会一项糟糕政策,就尽量拖延时间,如果实在不能拖延,就尽量缩小实施范围。有时候,证据式不作为是能为组织尽力的最好方式。

九是提出最佳诊断式问题：人们失败了会怎样。对组织来说，永远不变比改变更危险。要把组织看作未尽的雏形，从过去和现在的改革努力中学习极为重要，而这类学习取决于一种心理安全的氛围，让人们敢于开诚布公地讨论出了错以及有可能出错的事情。同时，承认错误，宽恕错误，并从错误中学习。

与医务工作一样，管理是——而且可能永远是——一种可以通过实践和经验来掌握的技艺。如果经理人与医生一样，在日常工作中根据最佳的逻辑分析和实证依据进行思考，如果他们能够如饥似渴地探寻组织内外的各种新知识和新见解，以便不断更新自己的假设前提、知识和技能，那么他们就能更有效地运用管理这门技艺。

资料来源：[美]杰弗瑞·菲佛、罗伯特·萨顿：《管理的真相：事实、传言与胡扯》，中国人民大学出版社2008年版，第13—15、225—240页。

可以看到，在从泰罗的科学管理思想到西蒙的决策理论，以至新近出现的管理科学和系统理论的整个管理和管理思想发展的过程中，现代管理者和学者都把组织和管理看成是数据和信息处理的过程，看成各种物的力量、数的力量作用的结构，只相信可计量、可计算的数据、程序，认为适用于一切情况的数学模型和分析公式是唯一可靠的知识，于是相应地用来评价企业经营管理成果的东西也都是可计量和可分析的数据、公式，而不关心人们的意识（潜意识）、直觉、灵感、欲望、情感、意志、信念等人性的因素。

但是，这些非理性因素是人的不受意识支配的精神属性、精神过程，虽具有自发性、非抽象性、非逻辑性、易变性等特点，可作为人脑特别是人脑的左半球的一种机能，是和理性因素对应的人的精神属性，是人把握世界和自身的一种方式,是人的一种主观状态和主观需要。它是人的能力要素,激情、热情是人强烈追求自己的对象的本质力量;还是人的"内在尺度"的基本内容,人不仅把自己的需要、劳动能力,也把自己的理性因素、非理性因素运用于对象,认识和改造它,满足自己的需要。同时它还是人的"主体性"的基本要素。只要企业及其管理者能正确地运用这些非理性因素,是很有利于取得较高生产率的。但是,现代管理由于强调定量分析和数据等理性因素的作用,在一定程度上存在着使理性因素与非理性因素对立起来进而脱离人性因素,成为人性因素之外的东西的倾向和趋势,对人造成压抑和排斥,组织和社会付出沉重的代价。在一些企业和组织中,由于推行客观、理性的管理,带来不少问题,定量和客观的分析无法衡量企业员工额外的责任感和劳动热情,测量不出销售人员为了满足一名普通顾客的需要而多走的路的价值,坚持把现存的、有生命力的因素考虑在外,从而导致对人的抽象、压抑和冷酷,与人相背离。正因为如此,"如果想使管理科学做出贡献而不是歪曲我们的方向和提供错误的指引,其首要任务就是确定其研究对象的特殊性质。""这可能包括工商企业是由人组成的这一基本认识。"①

3. 不断质疑和改进强于盲目自信和知识停滞的观念

科学技术知识、理论和思想的生成和发展就是从习以为常的事件中、从人们无可怀疑和信以为真的现象中发现科学假设、知识、理论的过程,是一个新的科学技术知识、理论、思想去质疑、代替或改善旧的科学技术知识的过程。这个过程是不断产生科学技术知识、方法的过程,是一个不断地趋近于规律性、真理性知识和本质事实的过程。因而企业及其管理要以科学技术知识、理论和方法为管理和经营的基础,就决定了其必须不

---

① [美]彼得·德鲁克:《管理:使命、责任、实务》(实务篇),王永贵译,机械工业出版社 2006 年版,第 149 页。

断质疑自己使用的知识、方法的正确性,质疑自己形成的理论、思想、决策的可行性,改进乃至创新管理的知识、方式和方法,并且要取得更高效率和更大利润的管理目标又进一步加强了这一质疑和改进的过程,使知识、理论、方式、方法、做法等成为不断产生又不断被否定的过程。用经济学家约瑟夫·熊彼特的话说,这是一个"创造性的破坏过程"。因此,在现代管理发展的过程中还有个根深蒂固的价值观念,这就是不断质疑和改进强于盲目自信和知识停滞的观念。我们用组织学习的理论来说明这一观念。

组织学习是一个由组织成员个人协作性探索作为媒介的过程,①是一个针对组织及其目标的发现错误和纠正错误的过程。② 学习可以分为三种,分别是单环学习、双环学习和再学习。组织成员对组织内外环境的变化做出的反应是发现错误或改正错误,保持某种恒长性,即在组织所运用的规范、理论、制定的目标下主要涉及效果的发现错误和改正错误的活动,就是单环学习,也可称作适应性的学习。而如果是发现或纠正组织所运用的理论、规范、制定的目标中存在的问题,就是双环学习。克吉里斯(Chris Argyris)打过一个很形象的比方,如果一个恒温器能够在温度低于68℃时自动供热,那么就是一个单环学习的例子;如果这个恒温器还能问为什么是68℃,设置其他温度是不是更经济,那么它就在进行双环学习。另外,对以上两种学习形式进行进一步学习即"学习如何学习",就是再学习。后两种学习又可以称作开创性的学习,即真正意义上的学习。"真正的学习,涉及人之所以为人此一意义的核心。透过学习,我们重新创造自我。透过学习,我们能够做到从未做到的事情,重新认知这个世界

---

① [英]D. S. 皮尤:《组织理论精萃》,彭和平、杨小工译,中国人民大学出版社 1990 年版,第 348—368 页。

② Chris Argyris, *Double loop learning in organization*, In C. L. Coopor(ed.), *Classics in Management Thought*, vol. 1, An Elgar Reference Collection, Cheltenham, 2000, pp. 135 – 145.

及我们跟它的关系,以及扩张创造未来的能量。"①

学习促进山雀进化

在 19 世纪末期,在英国有一个由来已久的牛奶递送系统,由送奶工人开着小卡车把瓶装的牛奶送到各家各户的门口。当时牛奶是敞口的,由于牛奶要在用户家门口放上一段时间才被用户拿走,牛奶瓶口会形成厚厚的一层奶油。两种在英国常见的鸟——山雀、红知更鸟——学会了从瓶口吸食奶油。这种吸食方式对两种鸟的进化有一定作用,它们的消化系统发生了适应性的变化。

后来,在 20 世纪 30 年代,英国奶制品的传送者们开始用铝箔封住了奶瓶口。鸟还能吸食到牛奶吗? 到 20 世纪 50 年代早期,从苏格兰到沿海地区,据估计,大约 100 万只山雀已经学会了啄开封口。而红知更鸟没有学会这项技能。偶尔地,一只红知更鸟学会如何刺穿奶瓶封口,但这种本领不会传给其余的红知更鸟。

尽管在个体上,山雀和红知更鸟都有创造性,但为什么山雀能普遍(制度化地)学会这种技能,在与红知更鸟的竞争中取得优势呢?

人们研究发现,山雀四处飞来飞去,经常集体行动,几十只组成一群在花园间觅食嬉戏,在一起自由"交流",一旦一只山雀学习了新技能,有了进化上的提高,其他山雀通过交流和学习也能获得。而红知更鸟具有领地本能,雄红知更鸟不允许其他雄性同类进入它的领地。面临威胁时还以鸣叫发出警告,倾向

---

① [美]彼得·圣吉:《第五项修炼》,郭进隆译,上海三联书店 1998 年版,第 14 页。

于采取敌对的方式交流,也就是说红知更鸟不属于群居的动物。

看来开放性、流动性和自由交流是获得学习、促进进化的关键。

资料来源:爱瑞·德·葛斯(Arie De Geus):《有生命力的公司》,载《企业成长战略》,中国人民大学出版社 2004 年版;阿里·德赫斯:《长寿公司》,经济日报出版社 1998 年版,第 167—171 页。

在现代管理中的质疑和改进观念主要是针对单环学习的,也就是说现代管理强调的质疑和改进是在既定的管理目标、管理原则、科学理论下的质疑和改进。约瑟夫·熊彼特(Joseph A. Schumpeter)在 1912 年出版的著作《经济发展理论》中所提出的创新就属于这一方面。如采用一种新的产品或一种产品的新的特性;采用一种新的生产方法;开辟一个新的市场;掠取或控制原材料或半制成品的一种新的供应来源;实现任何一种工业的新的组织,比如造成一种垄断地位或打破一种垄断地位等。德鲁克后来提到的创新也主要是这个意义上的。他认为,对创新性的战略占主导地位的假设是,所有现存的事物都处在日益成熟、陈旧的过程中,所有现存的产品线和服务、市场和销售渠道、技术和生产程序,迟早会被逐步淘汰,因而对创新的基本要求就是"新的和不同的"而不是"更好些和更多些",必须有计划和有系统地淘汰旧的、正在死亡的、陈旧的事物。创新性的组织不为保卫过去而花费时间和资源。只有系统地抛弃过去才能解放出用于新工作所需的各种资源,特别是最稀缺的资源——能干的人员。另外,清楚地认识到创新要树立高目标,因为一般来说,对现有产品做些小的改进同创新一种新产品是一样困难的。①

———————

① [美]彼得·德鲁克:《管理:使命、责任、实务》(责任篇),王永贵译,机械工业出版社 2006 年版,第 217—219 页。

进行单环学习式的质疑和改进也是不容易的,因为改变一种产品、方法、做法等都意味着对原有发明或创新的管理者或员工地位、利益的威胁,也是一种伤害他们尊严的举动。但是,受追逐效率和利润的动机与愿望的驱使,这一过程又是必须进行的,并且成为所有有所作为的员工和管理者的必然选择和价值共识。我们认为组织学习理论的出现本身也说明质疑和改进观念所具有的广泛而深刻的影响。

20世纪中叶以来,以企业为代表的组织为了适应社会经济形势的发展变化,加强了组织学习的实践。70年代初,英荷壳牌石油公司开发了一种"远景预测计划法"的技术(60年代起就以某种形式存在),研究和预测影响世界能源和石油形势变化的"驱动力量",提高和加速整个组织的学习能力,使自己成功度过了多次能源危机,增强了竞争优势。彼得·圣吉(Peter Senge)称赞英荷壳牌石油公司是第一家了解加速组织学习好处的大企业。以后特别是进入90年代,组织学习和学习型组织在提高组织的应变力、创造力和适应力上的巨大作用受到企业界和社会各界的关注与青睐,通用电气、摩托罗拉、惠普等越来越多的企业和社会组织积极推行组织学习。并且在这些学习中,不仅单环学习方式继续受到欢迎,管理者和员工对双环学习和再学习这两种方式更是充满期待。学习型组织的出现也是适应上述情况而产生的一种组织形式和管理方式。学习型组织及其理论的一个实质是不再单纯地依靠现有的知识的运用,更强调对运用知识的思维方式保持警惕以确保其真实性和可靠性,同时对知识、技术、理论的更新程度和速度提出更多、更高的要求,而学习型组织及其管理所用的理论和技术涉及的系统理论、人类行为理论、对话理论等都比较深奥,在实际创建中往往还需要咨询人员的参与,因而从一个方面看正是管理科学化程度进一步提升的体现。一句话,现代管理中的不断质疑和改进的观念正在得到进一步巩固和新的发扬。

三、依赖制度的观念

现代企业及其管理要提高生产或服务的效率,从而获得可观的利润就必须依靠管理者、工人和广大员工所实现的专业分工,努力利用人们的专业特长,必须借助科学技术知识,使管理和经营奠定在科学技术知识的基础之上,不断实现管理和经营的发展。但对这两方面提供激励和约束仅靠几位管理者的口头命令或现场监督是远远不够的,并且,为此所花费的巨大成本也是企业和组织不能承受的,因而要求有在节约人力和资源上更为有效和更为根本的手段、方式,这就是各种管理制度。正是制度确保了企业及其管理所需要的大量专业人才的加入、所需要的人的行为的持续出现和所需要的成果的不断产生,成为对人的行为进行约束、激励和调节从而使管理具有预测性、稳定性和确定性的关键环节和根本因素。因此,在现代管理关于手段的价值认识、价值理解、价值信念和价值理想中,不仅有专业化的观念和崇尚科学的观念,还有依靠制度或优先依靠制度的观念。

1. 制度——人们相互影响的规则框架

在一定意义上可以说,人类社会就是由制度所界定的社会关系构成的体系。人们对于制度的理解往往有很大的差异,不少人一提起制度不是认为指的是政治制度,就是指的法律制度。其实,制度不限于这两种,它有更为广泛的形式和内容;即使在现代企业、现代组织中,制度的形式和内容也是相当广泛的。之所以这样广泛和普遍,是由于它是人类生活的需要,具体来讲是规范、调节、制约、激励人们的价值追求、价值选择、价值创造乃至价值分配的需要。通过制度,特定人们的或人们特定的价值追求、价值选择、价值创造乃至价值分配成为可能和现实。从实质看,

"制度是人类自身给人们之间的交互作用施加的约束。"①制度主要不是正式的条文或实体，而是一种人类社会和组织借助强制力量或社会舆论、习俗、习惯保证实施的价值观念、价值准则。"制度反映着特定的价值观，它们是价值追求的手段"。②

"制度"，就是一系列社会和组织制定出来的需要在人们中遵循的行为规则。它主要分为两种形式，一是正式规则，主要包括由强制力保证实施的各种政治、经济和文化法规、各种组织建制；二是非正式规则，包括由社会舆论约束和保证实施的行业规则、公约、各种习俗、习惯和道德规范。制度遵守的情况不仅决定于其内容，也决定于其本身的实施特性，包括对人们遵守或违反规则的监督、督促和奖惩。实施特性对制度能否得到遵守发挥的作用十分关键，因为制度不具备这方面的条件就很难发挥作用，成了不能约束人们行为的摆设。另外，制度是由人制定出来的，其制定者和执行者也必须遵守和服从它，这也是实施特性的必要方面。也就是说，制度必须是对人普遍适用的。我们在一些发展中国家能看到这样的情况，它们虽然制定出大量的法律、规范，但人们还是感到缺乏法律和制度，认为存在制度上的问题。分析其原因，不能否认这些国家确实还缺乏一些法律和具体制度，但更为重要的因素是那些制定出来的制度没有很好地得到人们的监督和执行，特别是官员的遵守和执行，使法律和具体制度本该具有的作用不能得到有效的发挥。一句话，制度的实施特性在这些国家是很欠缺的。正因为如此，制度不能是个人对集体的限制和制约，而必须是集体对个体的限制和制约，因为这不仅有利于使制度成为集体的共识，还有利于制度的执行和实施。康芒斯（John R. Commons）就指出，"如果我们要找出一种普遍的原则，适用于一切所谓属于制度的行为，我

① ［美］道格拉斯·诺思：《理解经济变迁过程》，钟正生、邢华等译，中国人民大学出版社2008年版，第55页。
② ［德］柯武刚、史漫飞：《制度经济学》，韩朝华译，商务印书馆2000年版，序言。

们可以把制度解释为‘集体行动控制个体行动’。”①所以，从总体上说，制度不是简单的几个规则组成的体系，应该是一个所有规则和规则的实施特性组成的有机体系，一个约束人们行为的规则生态。人们还可以把制度分为狭义和广义两种。狭义的制度是指支配经济单位之间可能合作与竞争的方式的一种安排，或特定领域中人们必须遵循的一套行为规则，亦即制度安排。戴维斯（Lance E. Davis）和诺斯（又译为诺思，Douglass C. North）认为制度安排是最接近于人们通常使用“制度”一词的含义了。② 广义的制度是指一系列用来建立生产、交换与分配基础的基本的政治、社会和法律规则，亦即所有制度安排的总和，称为制度框架或制度环境（包括制度的实施特性在内）。

制度在管理和社会领域中具有十分重要的作用。

首先，它对人们的行为具有约束作用。制度之所以制定和存在就是因为社会和组织要对人们的行为进行约束，反对和禁止人们采取某种、几种行为或一系列的行为，允许人们进行特定的某种、几种或一系列的行为。比如在现代组织中，人们的专利权得到保护，侵犯专利的行为是被禁止的，一旦发现就会受到处罚，因此这一制度就会限制人们侵犯专利的行为。另外，现代社会反对企业的市场垄断，无疑就会使人们寻求企业规模无限扩张垄断某一类市场的产品价格的行为受到限制。

其次，制度对人们的行为具有激励作用。制度不仅限制一部分行为，允许一些行为，还对于有些行为给予支持和鼓励；只要人们采取这方面的行为，往往能获得不错的收益，受到激励。也可以说，制度本身存在激励性。正如诺斯所说，制度“规定着社会的激励结构”③。如果人们的能力在

① ［美］康芒斯：《制度经济学》（上册），于树生译，商务印书馆1962年版，第87页。
② ［美］R. 科斯、A. 阿尔钦、D. 诺斯等：《财产权利与制度变迁》，刘守英等译，上海三联书店、上海人民出版社1994年版，第270—271页。
③ ［美］道格拉斯·诺斯：《理解经济变迁过程》，钟正生、邢华等译，中国人民大学出版社2008年版，第58页。

一个组织中得不到重视，而与管理者的关系却受到欢迎重视，一定会激励人们为了在这个组织中生存和发展，不是把精力放在提高能力和提高工作业绩上，而是用在利用正当或不正当的途径、手段与管理者建立、发展亲密的关系上。同样，创新的行为如果在一个组织中受到欢迎和鼓励，就像在以创新和发明而闻名的美国 3M 公司那样，人们肯定不会保守和反对创新，而会努力进行各种尝试和创新行动。在现代社会中对人们的行为具有巨大激励作用的是产权的规定。产权是个人和组织的受保护的排他性权利，包括个人或组织对其所有的经济品享有的使用权、转让权、出卖权、抵押权和收益权等。如果这个权利归个人所有，就叫私人产权。正是对产权的制度保障，激励着人们为取得属于自己的更大经济收益而奋斗和努力，在其他有利的制度共同保障下既促成了个人的富裕也促进了社会的经济繁荣。

另外，制度帮助社会和组织形成一定的秩序。既然一定的行为受到限制，而一定的行为受到支持和鼓励，制度必然就会调节人们的行为，使人们行为和社会的关系呈现为某种特定的秩序状态。也就能维护社会和组织的稳定关系，并且，这也使人们在社会或组织中对其他人在一定条件下的行为进行判断和预测成为可能。如果在某一领域缺乏制度或制度不健全，人们就很难形成某种稳定的秩序，不可能对他人的行为进行稳定的预测，在此情况下，人们的行为因而也就很难确保理性。比如，在一个社会或组织，对于管理者的知识、能力和素质结构、工作的业绩不做出明确规定，那么想成为管理者的人就无所适从，不知道如何作为和采取怎样的行动。形成特定的秩序，是社会和组织制定制度的目的；但如果夸大这一目的，也会存在问题，尤其容易过分约束人们的自主行为而阻碍组织或社会发展的多种可能性，窒息组织和社会的活力。因此，要处理好制度和人的行为的关系，制度的目的不是限制人的行为，而是调节、规范人的行为，使人们的利益在获得保障的基础上不断得到增进。

最后，制度在一定程度上决定着社会或组织的经济成就和发展。制度对人们行为和活动的限制或鼓励，能促进特定结果的产生，如果这些行为是生产性的,能够把资源配置到效率高的领域,就会促进这些领域的经济效率和成就。当然,配置性的效率还很难确保整个组织和社会的效率,因为某一领域的效率或某一阶段的效率不一定有利于组织或社会整体的短期或长期的效率。因为这些效率可能是以损害社会长期的效率为代价的。比如,个别企业的裁员和成本降低有利于企业的效率,但是对社会的效率不一定就有帮助,因为失业的人过多,社会的购买力就会下降从而影响整个社会的效率和经济增长的后劲。再比如,企业往往把资金投资于能取得效率而获得丰厚利润的应用科技领域,但基础科学领域因为投资巨大、获利周期太长而很难得到它们的投资,从而影响整个经济产业的效率和持续发展。因此,诺斯认为,制度仅仅具有配置效率的特性是不够的,还必须具有调适效率(或称适应效率)的特性。① 他认为,调试效率是关于塑造经济体系长时间演变方式的规则种类,也涉及一个社会或组织愿不愿意求知与学习、鼓励创新、进行各种冒险和原创性的活动,以及解决随着时间变化所产生的社会或组织的问题和瓶颈。竞争、分散型决策、界定明确的产权以及破产法,对组织和制度促进调试效率是相当重要的。因为有了这些制度与安排,才能淘汰掉社会中失败或调试不当的组织或组织中失败的或调试不当的部分,淘汰、消除不成功的做法,坚持、发扬成功的做法和努力。因此,一个组织和社会不仅要有配置效率,还要有调试效率。

2. 制度重于人的观念

现代企业的产生得益于产权制度和其他一系列制度,而制度所具有的各种作用也正是现代企业和管理者所需要的。为了实现企业和组织所需要的效率和经济利益,必须保证管理者和广大员工的行为乃至整个组织都具有预测性、稳定性和明确性,适应生产环境和社会环境,而这就要

---

① [美]道格拉斯·诺斯:《制度、制度变迁与经济成就》,刘瑞华译,时报文化出版企业有限公司 1994 年版,第 97—98 页。

借助和依靠有效的制度。但在个别现代企业发展的早期,确实还有企业的所有者和管理者认为人的作用比组织和制度的作用大,靠个人或一些人的出色才干和能力就能保证组织的效率和利润,正像当年亨利·福特(Henry Fort)所做的那样。但一次次不依赖制度而依赖人的失败的教训告诉人们,现代企业和现代组织不能依靠个人或个别优秀人才,必须把自己的管理和经营牢固地奠基于制度框架之中,依靠制度吸引人才,发现人才,使用人才,培养人才,只有这样才能保证自己的生存、发展和繁荣。因此,泰罗强调,"过去,人是第一位的,将来,体制必须是第一位的。这并不意味着不再需要伟大人物,恰恰相反,任何好体制的第一位目标必须是发掘第一流的人才,并在系统管理之下,使最佳人才能比以前更有把握和更迅速地提升到领导岗位上来。"①并认为,最佳的管理必须建立在明确的法律、条例和原则的基础之上。在分析为其所有高级职位都配备了优秀人才的政府部门为什么官僚主义依然盛行和效率低下时,德鲁克指出,"问题在于制度,而不在于人。"②

制度重于人的观念突出表现在人们对在现代管理具有标志性意义的科层制的认识、理解和对待上。韦伯(Max Weber)提出历史上有三种合法统治(管理)的类型,分别为传统型的统治(管理),即把统治(管理)建立在一般的相信历来适用的传统的神圣性和由传统授命实施权威的统治者的合法性之上;魅力型的统治(管理),它建立在非凡的献身于一个人以及由他所默示和创立的制度的神圣性,或者英雄气概,或者楷模样板之上;合法型的统治(管理),它建立在相信统治者(管理者)的章程所规定的制度和指令权利的合法性之上,统治(管理)层是根据合法授命进行统治的。在这三种类型中他尤其倾向于第三种类型,认为它的最纯粹类型

① [美]F. W. 泰罗:《科学管理原理》,胡隆昶、冼子恩、曹丽顺译,中国社会科学出版社 1984 年版,第 155 页。

② [美]彼得·德鲁克:《管理:使命、责任、实务》(使命篇),王永贵译,机械工业出版社 2006 年版,第 145 页。

就是官僚体制（科层体制）。在此体制中行政管理班子的整体由单个的官员组成，对于他们有以下规定和安排：他们作为个人是自由的，只在事务的意义上服从官职的义务；他们处在固定的职务等级制度之中；他们拥有固定的职务权限；根据契约受命，原则上是建立在自由选择之上的。另外，雇主可以对他们解聘，他们也可以自己提出辞职；根据专业业务资格任命，专业业务资格最好是通过考试获得并通过证书确认；对他们采用固定的薪金支付报酬，大多数有权领取退休金；薪金首先依据岗位等级分级，同时也根据职位的责任；他们把此职务看作唯一的或主要的职业；他们能看清自己的前程，职务晋升根据年资或业绩，或者两者兼而有之，对他们的评价由上级决定；他们在工作中是完全同管理物资分开的，个人不能把职位占为己有；他们要接受严格的、统一的业务纪律和监督。① 在科层制的组织中，要从解决职位上的事务中，排除爱、憎和一切纯粹个人的、从根据上说一切非理性的、不可预计的感觉因素亦即脱离人性，从而通过依据非人格化的规则使组织行为的可预计性得到充分的发展。正因为如此，它得到传播和广泛运用，成为现代组织的典型形式。

现代管理不仅把企业的组织形式看成克服人性、依据非人格化规则的一种组织建制，对于企业管理者和员工的行为也力求控制在制度的框架下，使人遵守制度、服从制度。企业文化建设本来需要管理者和员工发挥更大的自主性，但现代企业及其管理者也倾向于使之制度化，要求广大员工不折不扣地遵从。人们对于一些十分优秀的企业进行企业文化建设的做法概括为这样几个方面：通过对加入企业的新员工进行新人培训和后续的各种培训使他们认识企业的价值观、历史和传统；通过在企业内部开办的大学和培训中心对人们的思想、观念和行为进行文化引导；由同事与直接上级在岗位上进行现场培训；在招聘期间或雇用的初期阶段对人

---

① ［德］马克斯·韦伯：《经济与社会》上卷，林荣远译，商务印书馆 1997 年版，第241—246 页。

第四章　现代管理的价值手段观念

员依据企业文化进行筛选；依据企业文化的一些理念和原则对内部的年轻人逐级进行提升，从而促使他们把本企业的企业文化内化为自己的观念和行为方式；用奖赏、竞赛和公开表扬等方式奖励符合企业理念和宗旨的员工，同时用批评、惩罚或其他严厉措施警告那些违反企业理念、宗旨和文化的员工，从而把大家的思想和行为不断统一到企业宣扬的文化中来；用宣誓、标语、企业歌曲、装饰品、仪式、集会、会议等形式不断在员工中强调企业的理念、宗旨、规范、传统等。总之，现代企业和组织把自己的企业文化融入组织结构的所有层面，化为自己的目标、战略、政策、程序、管理行为、建设蓝图、支付制度、会计制度、职务设计，化成公司的一切行为。就这样，许多企业甚至通过企业文化消除了员工的个性，使员工为了企业的利益成为一个符合企业文化的行为个性雷同的人。有的企业为了让员工遵守和坚持企业文化甚至采取了常人难以想象的做法，即要求员工和同事整天一起工作，同时晚上一起写工作的备忘录，周末也要彼此相见，希望自己的员工主要和企业中的其他人交往，希望他们加入同样的业余俱乐部，到类似的教堂做礼拜，并且住同样地段的公寓等。

可以看出，现代管理依靠制度而不是人的观念已经成为一种文化传统。当然，这种观念和做法也有压抑人性的地方，特别是长期排斥有利于人们的社会结合和人性丰富的非正式组织的存在，可以说是现代管理对经验管理依赖于人的观念和做法的矫枉过正。

3. 制度是欧美管理和日本管理依靠的共同基础

制度重于人的观念是不是只是现代欧美管理的突出特点，而现代日本管理则不具备？有的学者就认为，欧美管理具有依赖正式制度的观念和传统，而日本管理则缺乏依赖正式制度的观念和传统。对此我们持不同的看法。欧美和日本之间在对待制度的看法上确实有很大的不同，但从管理的角度来看，它们首先具有的是共同点，其中之一就是都把自己的管理建立在制度之上，使人在制度的框架下发挥作用，而不是个人或几个人大于制度,左右制度;而不同点主要在于怎样平衡制度和精神手段或者说正式制度与非正式制度之间的关系。帕斯卡尔(Pascale)和阿索斯(Athos)在考察日本的管理艺术时,就被松下公司对两者巧妙的平衡所吸引,他们十分赞同这样的看法:使松下公司最终取得胜利的原因在于它在西方的依赖制度、崇尚科学的理性主义与东方的注重精神手段的精神主义之间保持的平衡。①

大内(William G. Ouchi)在《Z理论——美国企业界怎样迎接日本的挑战》中对日本企业和美国企业的组织模式进行了对比,发现了美国模式在每个方面恰恰都是日本模式的对立面。② 他的对比是这样的:

日本企业:　　　　　　美国企业:

终身雇用　　　　　　短期雇用

缓慢的评价和晋升　　迅速的评价和升级

非专业化的经历道路　专业化的经历道路

含蓄的控制　　　　　明确的控制

集体的决策过程　　　个人的决策过程

集体负责　　　　　　个人负责

整体关系　　　　　　局部关系

在日本模式中,公司其实并不是一种契约型组织,而更像是一种"所属型组织"③,"公司就是一群人的组合;每个人都是公司的社员",④员工全身心地、无限地参加到组织中去,人们之间的关系既是一种工作关系,也是一种人与人之间的关系。新雇员被雇用后只要不犯刑事罪就能一直工作到强制性的退休年龄即55岁为止,退休时企业一次性发放给他一笔

_____

① 〔美〕理查德·帕斯卡尔、安东尼·阿索斯:《日本的管理艺术》,张宏译,科学技术文献出版社1987年版,第13—47页。

② 〔美〕威廉·大内:《Z理论》,孙耀君、王祖融译,中国社会科学出版社1984年版,第48页。

③ 〔日〕三户公:《日本企业管理论》,李爱文译,企业管理出版社1994年版,第142—156页。

④ 〔日〕大前研一:《策略家的智慧》,黄宏义译,中国友谊出版公司1985年版,第165页。

第四章　现代管理的价值手段观念

相当于5—6年的工资的退休金。他还可以退休后到本企业的卫星企业谋一份工作，获得一些经济收入，这无疑加强了员工对企业的忠诚和信任。而美国的企业雇用制的特点主要是短期的，企业经常出现50%的职工补缺率，企业不得不在岗位设计时降低对人的具体技能的依赖性。日本企业在相当长的时间内（十年左右）对加入其中的新职员基本上不进行正式评价，而在这个时间段后才开始进行，一步步使他们缓慢晋升，这有利于人们之间以非常坦率的态度对待合作、工作表现和评价；①而美国企业采用迅速的评价和晋级，年轻人只要有才干能很快升到重要岗位，有利于人们更加重视自己的业绩因而努力提升自己的能力，当然也加剧了人们之间的竞争。许多日本企业对雇员进行工作轮换，每个职员在职业发展的过程中需要从事多种职务、多种业务和在国内外的工作岗位之间进行流动，因此既有助于他的业务素质的多方面发展并培养献身本企业的精神，又加强、提高了人们之间的合作共事的愿望和能力；美国企业重视员工的专业技能，员工倾向于以发展自己的专业能力为目标而不是以面向整个企业为目标，虽然可能在多个单位工作但总保持在一个专业内，这有利于其专业水平的提高，但容易导致人们因从事不同的专业和业务相互不尊重、不理解的矛盾和问题。日本企业对员工的基本管理方法包含在管理宗旨中，这些宗旨是含蓄的企业理论、描述企业的目标及其实现步骤；而美国企业通过制定明确的、可以衡量的工作指标来对员工进行控制。在日本企业中要做出重要决定，有关人员全部参加，在广泛讨论的基础上集体做出决定，这种集体决策的方式有利于决策质量的保证，也特别有利于人们形成思想和行动的统一性，并且大家对决定共同分担责任；美国企业在小范围内进行集体决策，但个人决定的特点还很鲜明，而对于具体的工作也采用具体负责的形式，一旦负责某项工作的员工因病或因事

---

① 需要指出的是，我们曾在本书前面分析提到，终身雇用制和年工序列制等主要在20世纪70年代以前的日本企业内比较突出，并且大内本人也提到只有不到40%的雇员能在大企业和政府部门中享受到这些制度。

请假,他的工作就没人负责了。在日本企业中员工和企业的关系不限于劳动关系,企业对员工的其他方面像生活、子女教育等也都会考虑和给予关心,努力满足他们经济的、社会的、心理的和精神的需要,使双方的关系更加紧密;而美国企业与员工的关系主要是劳资关系,这种局部关系主要表现为经济关系,很难使员工形成与企业紧密联系的心理契约。

对于以上的区别人们过去主要关注的是不同点,而忽视了它们之间的相同点。我们要看到,日本模式和欧美模式在内容上确实有区别甚至还是相对的,但在形式上基本上都是一样的,即都是一定的制度类型。这两种模式都是强调制度的作用。同美国企业不同的是,日本企业不仅重视正式的制度还很重视社会和精神的力量、精神的手段,用两手来管理员工。大内就感叹地说,"一个组织如果要做到经济上有效益,职工们情绪又满意,必须在以亲密无间为一方和以客观性及明确性为另一方之间保持着微妙的平衡。"①依据战略、结构、制度(主要指信息传送渠道)、人员、风格、才能和崇高目标组成的7S框架作比较,帕斯卡尔和阿索斯也不无遗憾地认为美国的管理者太关注战略、结构和制度这些"硬"因素了,而对于其他几个"软"因素不够重视。② 当然,两种企业管理制度对管理者和员工是朝着不同的道路进行约束、引导和激励的。这也是需要我们注意的。

另外,被各国广泛赞誉的日本知名大企业极高的工艺开发和创新能力也是奠基于其独特的制度之上的。主要表现在以下几个方面:一是大企业一般都处于一个相互联络和串联起来的企业集团系列——金融集团之中,这个集团包括处在中心位置的主体银行及其综合商社,多家大企业以及企业的附属公司和供应商,企业通过相互之间的交叉持股能使自己获得重视投资长期成长性的持股人,从而使企业经理能得到充分的权限,

① [美]威廉·大内:《Z理论》,孙耀君、王祖融译,中国社会科学出版社1984年版,第53—54页。

② [美]理查德·帕斯卡尔、安东尼·阿索斯:《日本的管理艺术》,张宏译,科学技术文献出版社1987年版,第75—79、217—219页。

管理之魂

第四章 现代管理的价值手段观念

立足长远,集中精力进行企业的创新;二是它们在全球多个重要工业地区、城市建立研究中心、科学实验室、联络办公室,在世界知名大学设立基金建立专门讲座,支持员工到国外知名大学、企业学习,邀请国外著名科学家到企业内开展学术交流等,通过这些途径收集全球各地各种科学技术情报,跟踪全世界研究开发项目的进展,寻求可产生新产品或改进技术的突破点;三是在企业内部建立研究中心,吸引国内有发展潜力的研究人员和大学教授参加各种技术项目的开发;四是在企业系列内部开展多种多样合作研究的开发项目,企业还与其供应商较早建立联系,共同参与对新产品的开发和改进,研究部门、开发部门和生产、市场等部门也密切联系起来,从而使项目开发可以并行进行,加快开发的时间进度,提高新产品、新工艺的质量和市场适应性;五是企业通过对员工的经常调动和工作轮换以及其他方式使大家共享技术信息。这些制度设计有力地促进了日本企业的工艺开发和创新的速度和质量,使企业在国际竞争中获得极大优势。

需要指出的是,许多学者尤其是美国的学者认为,在 20 世纪 80 年代到 90 年代初,日本的企业竞争力超过美国并多年居于世界首位主要得益于其所具有的独特制度模式。但是,从 90 年代中期日本的企业竞争力开始下降,而美国的企业竞争力开始有所上升,到 90 年代末又重新占据世界第一的位置。日本的企业管理制度和模式是不是已经丧失了竞争优势,因而必须进行全方位的改变呢? 现在还很难全面地做出评价。但随着全球化日益发展导致的企业间竞争的加剧,对于原有模式、制度进行调整改善是大势所趋。不管是日本企业,还是美国或其他国家的企业,都需要对自己的组织、管理及其制度进行变革;因为,现在已经是一个变革成为常态的时代,企业和其他组织为了能够生存下去、持续发展,必须成为变革的领导者。① 因此,依据一段时期的生产效率和竞争优势还很难看出企业管理制度的优劣。

---

① [美]彼得·杜拉克:《21 世纪的管理挑战》,刘毓玲译,三联书店 2003 年版,第 93—94 页。

第五章　现代管理及其价值观的转型

　　思想和文化风格并不改变历史——至少不会在一夜之间改变历史。但是它们是变革的必然序幕,因为意识上的变革——价值观和道德说理上的变革——会推动人们去改变他们的社会安排和体制。

　　　　　　　　　　——[美]丹尼尔·贝尔:《后工业社会的来临》

　　新型管理逻辑的出现势必引发一场真正的革命,该革命将改变我们看待组织、管理和雇用员工的方法,也就是说,革命将波及管理的所有原则和领域。

　　　　　　　　　　——[法]米歇尔·克罗齐耶:《企业在倾听》

　　现代管理及其价值观是与工业社会阶段亦即现代社会阶段相联系、相结合和相适应的,但随着工业社会转向信息社会,现代社会阶段转向后现代社会阶段,现代管理及其价值观也发生着转型。这种转型具有多方面的表现;它不但是一种管理范式的转型,还是管理的时代特性和社会属性的转型。

一、作为社会阶段的后现代及其特征

　　从世界历史的角度来看,不但作为一种文化风格和思潮的后现代主义已经产生,而且作为一种不同于现代社会阶段的后现代也已出现。它伴随着现代社会的发展和转型而产生,既是现代阶段的延续和发展,也是对现代阶段的超越和取代。信息、消费、风险和全球化等因素参与塑造和推动着后现代社会的孕育、形成和发展,构筑了后现代社会的独特面貌和显著景观。

1. 作为社会阶段的后现代

后现代来临了吗?作为一种文化(建筑、文学、哲学等)风格和理论旨趣的后现代思潮亦即后现代主义,在 19 世纪末 20 世纪初已显露端倪,①到 20 世纪中叶逐步形成,在 80 年代达到高潮。后现代主义思潮批判元叙事,消解主体,拒斥理性,瓦解中心,从多个角度、各个层面反对、解构并试图超越和取代现代主义。那么,从世界历史角度来看,作为历史时期、社会样式的后现代是否已经到来?在现代社会是否已经完结、后现代是否已经来临这个问题上,人们的认识并不一致。

哈贝马斯(Jürgen Habermas)认为现代社会并没有走到尽头,问题是生活世界(教育体系、家庭生活等)的发展受到现代社会中的系统(经济组织、管理组织、技术组织等)的地位的侵害,人类错误地将工具理性(系统的运行逻辑)的标准应用于本该由交往理性发挥作用的生活世界的问题中,造成“生活世界的内在殖民化”,使私有利益侵入公共领域,文化日益贫困化,严重损害教育体系和家庭公开、公正和合理的传递价值的能力,从而阻碍了生活世界的发展,扭曲了生活世界的制度。因此,由启蒙运动提出的现代性计划还是一项“未竟的事业”。为实现这一事业,必须借助有效的语言沟通,重建交往理性。正如人们所指出的,面对正在增长的文化多样性以及对现代社会带来的经济、政治系统不断增加的怀疑性,哈贝马斯对启蒙理想保持不衰的信心和所主张的现代性计划在这个世界

---

① [英]玛格丽特·A.罗斯:《后现代与后工业》,张月译,辽宁教育出版社 2002 年版,第 198—204 页。

已不合时宜，也无法实现。①来自德国的另一位学者乌尔里希·贝克（Ulrich Beck）就看到了这一点："现代化正变得具有反思性；现代化正在成为它自身的主题和问题。"②他提出，"一种与社会发展的早期阶段有所区别的新的资本主义，新的经济，新的全球秩序，新的社会和新的个人生活正在形成"，③现代性正在从第一现代性转向第二现代性（反思现代性），现代社会正在由工业社会转向风险社会。虽然贝克主张现代社会愈来愈成为人们怀疑、反思的对象，但它并没有终结。我们认为他的理由并不充分，不能因为现代社会被作为反思的对象就证明它作为整体仍然存在，实际上这种"反思"在社会意义上就是一种超越和取代，要求彻底改变形成和塑造现代社会的前提条件和制度建构，恰恰说明需要另一个社会类型的产生；而在这一点上他是承认的，只是不够彻底。

吉登斯（Anthony Giddens）与贝克一样主张反思性的现代性、高度的现代性，不情愿认为后现代社会已经到来，但他并不排除走向一种后现代社会的现实可能性，并积极探讨了后现代社会的轮廓（包括超越匮乏型体系、多层次的民主参与、技术的人道化、非军事化等四个维度）。④瑞泽尔（George Ritzer）则更进一步，认为，"在最近的若干年里已经有一些新的和不同的东西（社会的、文化的或知识性的东西）出现了。这些新的后现代的发展正在日益代表着一种新的与现代世界不同的另类选择，或者是对后者的一种取代。"⑤格里芬（David Ray Griffin）也提出，现代社会和精神正向后现代社会和精神转变，对于后现代社会而言，"它的社会类型

---

①　[英]尼格尔·多德：《社会理论与现代性》，陶传进译，社会科学文献出版社2002年版，第126—154页。

②　[德]乌尔里希·贝克：《风险社会》，何博闻译，译林出版社2004年版，第16页。

③　[德]乌尔里希·贝克：《世界风险社会》，吴英姿、孙淑敏译，南京大学出版社2004年版，第2—3页。

④　[英]安东尼·吉登斯：《现代性的后果》，田禾译，译林出版社2000年版，第143—151页。

⑤　[美]乔治·瑞泽尔：《后现代社会理论》，谢立中等译，华夏出版社2003年版，第8—9页。

管理之魅

第五章　现代管理及其价值观的转型

必须既有别于前现代社会,也不同于现代社会。"①托夫勒(Alvin Toffler)干脆提出,自 20 世纪中叶开始,"一个新的文明正在我们生活中出现。它到处遭到了一批视而不见的人的压抑。这个新文明带来了新的家庭形式,改变了我们工作、爱情和生活的方式,带来了新的经济和新的政治冲突,尤其是改变了我们的思想意识。这个新文明已经局部存在。"托夫勒把它命名为"第三次浪潮"。②

小资料　后现代主义对管理的启示

第一,它强调许多看上去"肤浅"却十分必要(在许多比较传统的系统方法中被忽略)的东西,比如开心工作、感动激情等等。

第二,它认识到,在我们所面对的日益增加的共同的、多重结构及现代组织中,如果我们希望进行尽可能地学习并且获得成功的话,鼓励多样化和创造性极其重要。

第三,后现代主义对这样的观念提出挑战:世间存在着的由专门知识来解决管理问题的普世方案,或者也许是通过彻底、适当的设计参与过程存在着达到全面解决的普世方式。

第四,它鼓励管理者对所有形式的多元主义进行实验并从中学习。

第五,后现代主义已经给出一些独具创意的后现代系统方法(例如,解构),它们可以用后现代主义精神或以服务于某些其他系统方法的形式得以利用。

---

① [美]大卫·雷·格里芬编:《后现代社会精神》,王成兵译,中央编译出版社 1998 年版,第 3 页。
② [美]阿尔温·托夫勒:《第三次浪潮》,朱志焱、潘琪、张焱译,三联书店 1983 年版,第 51 页。

资料来源:[英]迈克尔·C.杰克逊:《系统思考:适于管理者的创造性整体论》,中国人民大学出版社2005年版,第261—262页。

今天,一些人为什么还在坚持现代社会仍在继续,并没有出现后现代这样的社会? 我们认为主要有两条原因,一是后现代社会只是在世界的局部特别是以美国为代表的西方高度发达的国家中产生,还没有完全取代现代社会,而同时广大的发展中国家还处于从农业社会向工业社会、传统社会向现代社会转型的阶段,因而让这里的人们去想象一个产生在工业社会、现代社会之后与其不同的社会是很困难的,这样一个社会也是难以被人理解的;二是人们仍在使用据以观察现代社会的视角、方法和工具看待当今社会的显著变化,没有看到曾在现代社会中并不显著的社会因素、技术因素正在变得日益重要,正逐步支配着现代社会向后现代社会转向,塑造着后现代社会的进程。这些因素确实以不完善的形式在现代社会存在着,但它们在后现代社会中具有了不同的地位和作用,比如信息、消费、风险和全球化等因素。那么后现代社会是怎样的,有哪些不同于工业社会、现代社会的特征?

2. 后现代与信息

依据工业社会中的社会结构的变化特别是服务业的激增和从事服务业的劳动力大幅度提升的现实,贝尔(Daniel Bell)于20世纪70年代提出"后工业社会"即将来临。后工业社会有五个组成部分:在经济方面,从产品经济转变为服务性经济;在职业分布上,专业与技术人员处于主导地位;在中轴原理上,理论知识处于中心地位,成为社会革新与制定政策的源泉;在未来方向上,控制技术发展,对技术进行鉴定;在制定政策上,创造了新的"智能技术"。他指出,把正在形成的新社会称作知识社会或信

第五章 现代管理及其价值观的转型

管理之魂

息社会，与他的思考是吻合的，之所以称作"后工业社会"而不使用其他的名称，主要是受到了学者们提出的"后资本主义社会"和"成熟后"的经济这两种思想的影响。① 奈斯比特(John Naisbitt)就直接把这个社会称作"信息社会"，他认为，后工业社会确实基于服务业，但压倒多数的服务业工作者实际上从事创造、处理和分配信息。② 德鲁克(Peter Drucker)考虑到这些人从事工作的性质，把他们称为"知识工作者"，并认为现在社会已超过了后工业社会，应该称作"知识社会"。③ 由于信息(包括知识)作为重要因素参与塑造着后现代社会，我们有理由把后现代社会看作信息社会。

一方面，信息以及信息传递、交流的技术和方式革新了人们的生活、交往和组织形式，调整着人们的社会关系。无线电技术、卫星通信技术、电子计算机技术、网络技术、虚拟现实技术等技术的迅猛发展，使世界愈益成为一个"地球村"，促发了一个不同于物理空间的新型社会文化空间——赛博空间——的产生，人们能在全球范围内方便、快捷地获取、使用、传递、交流信息，即时了解本社区、本地、本单位的各方面情况，了解观看来自世界各地的即时报道或节目，在互联网中收发邮件、冲浪嬉戏，与世界各地的网友、陌生人聊天，在虚拟现实中"身临其境"地旅行观光，在虚拟课堂里学习新知识，建立虚拟研发组织开展研发活动，建立虚拟企业进行虚拟生产和虚拟制造等。同时，那些在企业和其他等级组织中以传递信息为主要工作的中间岗位、等级因信息流程的近于消除和信息的便于获取趋于消失，而有利于信息产生、传递、交流的岗位、职业和组织纷纷应运而生，特别是一种新的组织形式——网络状组织——得以产生。这

---

① ［美］丹尼尔·贝尔：《后工业社会的来临》，高铦、王宏周、魏章玲译，新华出版社1997年版，第14、41页。

② ［美］约翰·奈斯比特：《大趋势》，孙道章、路林沙等译，新华出版社1984年版，第16—17页。

③ ［美］彼得·德鲁克：《下一个社会的管理》，蔡文燕译，机械工业出版社2006年版，第144页。

种组织是扁平型的构造,每个人、每个岗位作为一个网结,都处在网的中心充当联系的通道,进行多向的沟通与联系,传播和创造信息,而管理者的职责就是"织网",即建立人与人之间以及这一群人与另一群人之间的沟通联系的途径。① 但是,信息和信息技术也带来了许多问题,如利用机构间系统和计算机网络进行共谋和定价,信息供应商的虚假宣传,对个人隐私权的侵害,因借用、移植、复制软件从而侵犯知识产权以及产生信息安全问题等。

 北京全聚德的现代转型

全聚德创建于 1864 年(清朝同治三年),经历了晚清、民国、抗战等多个历史时期,是闻名中外的中华老字号。周恩来总理曾给予高度评价:"全而无缺,聚而不散,仁德至上。"经过一百余年的发展,全聚德已形成了以独具特色的全聚德烤鸭为龙头,集"全鸭席"和 400 多道特色菜品于一体的全聚德菜系。利用标准化、信息化,全聚德走上了规模化和连锁化经营的发展道路。

全聚德在北京的直营店所卖全都是挂炉果木烤的烤鸭,但为了拓展海外市场,超越原材料的限制,全聚德自主研制出了完全电脑控制的全自动、标准化的智能鸭炉。全聚德的烤鸭对时间、温度和湿度全都有统一的标准,因此确保了只只烤鸭一个味儿。此外,全聚德各大门店都全面执行全聚德制定的特色菜品的统一操作标准,用天平来称花椒、用红外线测温仪测量炉火的温度、用千分尺来量薄饼的厚度,等等,40 多道特色菜品的标准

① [美]约翰·奈斯比特:《大趋势》,孙道章、路林沙等译,新华出版社 1984 年版,第251—273 页。

第五章　现代管理及其价值观的转型

化程序,使中餐的标准化成为了现实。全聚德于 2003 年开始全面实施连锁经营的信息化改造,以信息化的先进技术提升连锁管理水平。

全聚德集团除了主打全聚德品牌外,2007 年完成了对北京仿膳饭庄、丰泽园饭店和四川饭店 3 家企业的收购。由此,全聚德形成了以全聚德老字号烤鸭店为核心,以经营宫廷风味满汉全席菜肴、正宗鲁菜、精品川菜为补充的多品牌共同发展的餐饮上市集团。现在全聚德不仅有百年特色烤鸭,还提供多元化餐饮品牌的特色菜品。

全聚德还加大改革力度,改变了前店后门、师傅带徒弟式的管理模式,运用现代企业制度规范重塑企业,形成了一整套科学的管理体制。2007 年 11 月 20 日,全聚德在深交所成功上市,成为首家 A 股上市的餐饮老字号企业。建立健全了法人治理结构。推进劳动、人事、分配三项制度的改革,彻底打破了"铁饭碗",有效调动起了干部和员工的积极性。

资料来源:周围围、万斯琴:《全聚德:百年老字号的现代化路径》,载《中国企业报》2008 年 11 月 28 日;陈支援:《全聚德:百年老店熠熠生辉》,载《人民日报》2008 年 11 月 18 日;徐慧:《全聚德:百年老店打造烤鸭王国》,载《北京商报》2008 年 6 月 8 日。

另一方面,信息特别是知识逐步取代资源、资本和劳动力成为最重要的生产要素。在工业社会,信息和知识一直存在,但其作用比较有限,真正具有竞争性的生产要素是自然资源、资本和劳动力。最早开展工业革命,实现工业化和现代化的国家和地区基本都是因为拥有丰富的自然资源或资本、劳动力,能建立和发展煤炭、钢铁、纺织等工业。天赋的自然资源、充足的资本和丰富的劳动力成为现代社会最重要的生产要素。但随着这些要素在交通、通信、信息更加便利的条件下更容易被各国、各地区和各企业获取,随着人们物质生活水平的提高和需求层次的提升导致产品的"物"的价值持续下降而文化、知识的无形价值日趋上升,知识对经济的贡献率越来越高,在物质价值构成中占有越来越大的比重,知识的创造成为生产价值的主要内容,成为经济发展和企业利润的主要来源,知识成为最具竞争性的生产要素和资源。① 一种创造财富的新体系崛起了,这种体系不是以肌肉(体力)为基础,而是以头脑(脑力)为基础,它完全依靠数据、概念、符号和表象的即时传播和散布,完全是一种名副其实的超符号化经济。② 这种经济被称为"新经济"、"知识经济"或"人工智能经济"。由于信息和知识在世界产生、分配的不平衡性,新经济也容易导致国家、地区间的新的不平衡,特别是造成"头脑国家"(有的成为创新型国家)和"躯体国家"(有的称作工厂型国家)的区分,前者靠发展新经济获得超额利润和巨大的经济、政治利益,正如弗里德曼(Thomas L. Fried-man)所说,"那些采用新科技手段的国家、公司、个人将获得惊人的收益。"③后者由于不能及时发展新经济或新经济在国民经济中所占份额少而处在被动地位,利益受到损害,发展受到制约。在以上情况下,一个国家的核心竞争力越来越取决于对知识资源(包括知识产权)、智力资源、人才资源的获取、培育、配置和使用,取决于创意阶层、创新人才的多寡,分布的均衡程度。④

---

① [日]堺屋太一:《知识价值革命》,金泰相译,沈阳出版社1999年版,第42—45页。

② [美]阿尔文·托夫勒:《力量转移》,刘炳章、卢佩文等译,新华出版社1996年版,第9—10页。

③ [美]托马斯·弗里德曼:《世界是平的》,何帆、肖莹莹、郝正非译,湖南科学技术出版社2006年版,第39页。

④ 美国乔治·梅森大学教授理查德·佛罗里达在2004年一期的《哈佛商业评论》撰文提出"创意阶层"的概念及其相关论点。

3. 后现代与消费

在工业革命所开启的现代社会中,与分配、交换和消费其他环节相比,生产的地位和作用更为关键和重要,因为人们衣食住行的基本需求还十分迫切,而生产还不能有效满足这些需求,实现较大规模的生产和较高水平的生产率是社会需要迫切解决的课题。正是在这样的背景下,针对人们对政治经济学家在生产、分配、交换和消费这个经济链条中过于重视生产,并把它当作目的本身而把紧密联系的东西割裂开来的责备,马克思一针见血地指出,"好像这种割裂不是从现实进到教科书中去的,而相反地是从教科书进到现实中去的,好像这里的问题是要对概念作辩证的平衡,而不是解释现实的关系!"①就是说,现实的经济关系就是以生产为主导的,并不是政治经济学家一相情愿的理论创造。正因为如此,从基督教禁欲主义中产生的,在一项世俗的职业中殚精竭虑、持之以恒、辛勤劳动、精打细算、节制有度地履行天职的清教伦理观念,对当时的生产和促进资本主义精神的生成、扩张和现代社会的发展具有极其重要的价值。② 但随着较大规模的生产和较高水平的生产率的实现,现代社会也走到尽头,逐步被后现代社会超越和取代;同时现代社会的生产逻辑也逐步被后现代社会的消费逻辑取代,消费成为后现代社会的独特景观,消费主义成为后现代文化的显著主题。"对后现代状况的最普遍的描述/解释,就是对'消费社会'的描述/解释,它指出了新的历史时代的最重要的特征,这就是消费者的来临,以及消费者的(至少是数量上的)统治。"③

首先,在生产者和消费者的关系上,消费者的主动性日益增强,其地

---

① 《马克思恩格斯选集》第 2 卷,人民出版社 1995 年版,第 8 页。

② [德]马克斯·韦伯:《新教伦理与资本主义精神》,于晓、陈维纲等译,三联书店 1987 年版,第 50 页。

③ [英]齐格蒙·鲍曼:《立法者与阐释者》,洪涛译,上海人民出版社 2000 年版,第 257 页。

位日益提高。以往人们作为消费者由于社会生产能力有限和自身生活水平不高还缺乏选择的实力和能力,因而消费的产品、消费的方式受生产者(企业等)的制约和引导。但随着社会生产力的飞跃式发展和全球生产过剩的趋势逐步形成,随着人们生活水平的根本提高和选择能力的增强以及在各种信息网络的帮助下选择范围的无限扩大,问题的关键已不再是生产者有没有生产能力,而是生产者能不能适应消费者的要求和怎样满足这些要求。这样,消费者(顾客)开始掌握产品或服务形成的决定权,他们希望能参与产品或服务的生产或生成的过程,能得到体现他们个性特点的产品或服务。托夫勒把以上的趋势看作是人们由被动的消费者转变为主动的产销合一者的根本变革,①奈斯比特称作"参与制民主"在生产和消费领域中的体现。②

其次,消费被看作弥补或增强人们自身能力的重要途径和技能,愈益成为他们追逐的目标。人们日常的需求依赖于各式各样的商品,同时,人们要提高社交技能、维护健康的技能、改善生产技能、获得人生经历和独特体验以及解决其他事关人性的问题大多要借助消费一定的商品或服务来解决。购物和消费成了人们取代和置换其他技能的技能和习惯。而厂商所承诺的产品或服务性能、功能、使用价值在实际中并没有那样高,于是就通过更新换代的产品或服务来继续和强化对消费者需求的满足的承诺,结果促使消费者在购物消费榜样的引领和广告宣传的诱惑下置身于没有终点的消费"长跑"、消费比赛,不知疲倦地追求新、奇、特的产品或服务,消费成为了他们的上瘾行为。③

最后,消费不再是对物品功能的占有、使用,而愈益成为沟通和交换

---

① [美]阿尔温·托夫勒:《第三次浪潮》,朱志焱、潘琪、张焱译,三联书店 1983 年版,第 337—357 页。

② [美]约翰·奈斯比特:《大趋势》,孙道章、路林沙等译,新华出版社 1984 年版,第 234—237 页。

③ [英]齐格蒙特·鲍曼:《流动的现代性》,欧阳景根译,上海三联书店 2002 年版,第 110—139 页。

第五章 现代管理及其价值观的转型

管理之魂

的系统,成为持续发送、接收并重新创造的符号编码,成为一种语言。人们的日常基本需要得到满足后其需求层次会逐步上升,在此条件下商品作为物的功能和价值逐步缩减,而作为符号的功能和价值逐步增加,商品日益成为一种个性的标志,成为区别人们社会地位和差别的符号。因此,消费不再是占有产品,不再是享受,而成为一种社会编码的生产,成为一种沟通体系、一种交换结构、一种社会语言。人们为了体现差别特别是个性的差别就通过消费一定品牌的商品来体现,也就不可避免地造成一部分人向某种品牌、样式和范例的会聚的情况,导致大家对某种编码的服从、对某种变幻的价值等级的归并,从而使他们在寻找自我独特性的行为本身中相互类同了。当然,这种类同并不是实际财富差别的消除、社会地位的平等化、集体有意识的同质化,而是共同拥有同样的编码、分享那些使自己与另外一个团体有所不同的那些同样的符号。正是在这种意义上,消费具有了重要的政治功效,即并不在于让原本有矛盾的地方变得充满平等和平衡,而是让原本有矛盾的地方变得充满差异,致使对原有矛盾的改变充其量成为一次次形式上的消费模式的"革命"。①

4. 后现代与风险

现代社会以民主、自由、进步等的承诺和所带来的不断增进的物质财富和福利赢得了人们的信任和拥护,使作为这些承诺、目标支撑的经济、政治等领域的部门分化、理性化和个体化的社会和制度建制获得了自主发展的社会基础和动力,并且愈是有利于人们物质财富和社会福利的增进就愈能获得自主发展的基础和动力。而使人们获得这些利益的关键是理性化的不断发展特别是科学技术的不断发展和进步,正因为如此,一种关于进步的假设在现代社会中形成了。这个假设把技术进步等同于社会

① [法]让·波德里亚:《消费社会》,刘成富、全志刚译,南京大学出版社 2001 年版,第 86—90、226—228 页。

进步,把技术进步带来的成果看作社会进步本身,而把技术的副作用看作在技术进步的范围内能得到解决的技术变迁的社会后果,政府则负责社会后果的消化,并且作为技术政策中进步共识的承担者,工会和雇主在社会后果的谈判中也是以进步共识(假设)为前提的。① 结果是这些副作用日益经常化和不断扩大,发展成社会的风险,我们所处的社会日益成为风险社会,宣布了充满风险的后现代社会的来临。疯牛病、口蹄疫、非典型性肺炎、禽流感、甲型 H1N1、核辐射、环境污染、气候变暖等风险时常牵动着人们的神经。

"风险"的特点主要有以下几个方面:一是不可感知性。后现代的风险因为主要是由科学技术造成的,人们往往并不能亲眼目睹到,不能感受到,只有具有特定知识的人才能认识和辨别。二是不可计算性。现代社会中的副作用特别是事故通过保险原则成为可计算之物,但后现代的风险造成保险计算所不能涵盖的后果,其危害和影响甚至会涉及几代人,涉及与风险发生地相距遥远的地方,难以计算,难以保险。三是反事实性。这些风险有的对人类的威胁十分巨大,但人们凭现实无法想象其灾难性后果,只有它实际发生了,人们才能认识到它的可怕性。四是世界性。在一国发生的风险对其他国家也会产生影响,发达国家把污染严重、风险大的产业向发展中国家转移,造成风险在世界的不同分布和发展中国家与发达国家之间的新的不平等,但许多风险还会发生"飞去来器"效应,②暂时规避特定风险的国家迟早会受到风险的"精确打击",在遭受风险影响上,世界各国最终又是平等的,因为风险社会是世界意义的。我们发现,这些风险实质上是"工业现代化的自我应用、自我消解和自我危害",现代化利用自主的现代化力量出乎意料地挖了

---

① [德]乌尔里希·贝克:《风险社会》,何博闻译,译林出版社 2004 年版,第 248—251 页。

② [德]乌尔里希·贝克:《风险社会》,何博闻译,译林出版社 2004 年版,第 21、49 页。

现代化的墙脚。① 一句话，正是作为现代社会发展动力的经济、政治等领域的分化、理性化、科学化等制度和社会建制，使其成了脱离控制、难以驾驭的"猛兽"。

规避和解决风险，必须改变现代社会得以运行、发展的社会建制，必须使后现代的风险逻辑取代现代的技术逻辑和财富分配的逻辑。首先，需要一种亚政治发挥对政府、议会等政治部门决策的监督。人民享有的民主权利不能再局限于选举民主上，还必须体现在对选出的政府、议会所作出的决策和实施政策的监督甚至纠正上。过去那种社会决策一部分由国家、政府作出，一部分由企业和科技部门作出的局面必须改变，群众组织、社会运动、环境组织等开始发挥积极有效的监督作用，及时对错误的有可能导致风险的政策、措施进行纠正，最大限度地减少造成社会危害特别是风险的可能性。其次，企业的商业行为要成为论证性的社会行为。企业的事情不再是私人的事情，只要这个企业的行为不是限制在企业以内而是超出企业范围就会对社会产生影响，就需要证明自己的企业目标、准则和行为不具有负面的社会后果，是社会所允许的。那些公司特别是跨国公司如果违背了公众的意愿，即使有政府的支持和合法的警察力量的帮助也会受到公众力量的遏制。再次，把怀疑和批判引入科学技术自身。以往的科学技术部门确实具有一定的怀疑精神，但主要被用于科学以外的对象和事物，即使有对自身的怀疑和批判也是以不妨碍对外在对象的认识和利用为前提的。但随着科学技术突飞猛进的发展，科技的决策与应用对人类的影响越来越大，有可能影响现在几代人，甚至未来几代人的生命。因此，科学再也不能垄断自己的事务了，必须把自己开放于社会中，主动接受非专业人士、持有不同意见的专业人士的监督和质询，并

---

① ［德］乌尔里希·贝克、［英］安东尼·吉登斯、斯科特·拉什：《自反性现代化》，赵文书译，商务印书馆2001年版，第223—224页。

使之制度化。① 最后,风险愈来愈具有跨国性,要由世界各国团结在一起建立世界主义的体制和秩序来解决。当今各种风险的产生、蔓延及其解决要求打破民族国家的边界和利己主义的藩篱,取消各种现行议事日程和议事议程的优先权,在愚昧和敌对的阵营之间建立活动联系,建设一个全球的命运共同体,促成一种新型的世界主义体制和国际秩序。这种体制和秩序合法性,不是来自有限的、领土主权的民族国家的合法性,而是来自预防、防止和不断解决世界性风险的活动和能力,来自承认文化不同的他人的异样性、承认未来的异样性、承认自然的异样性、承认客观的异样性和承认其他合理的异样性的包含着同一和差异于一身的世界主义。②

5. 后现代与全球化

"全球化"作为概念在 20 世纪 80 年代才开始出现,但作为一种文化意识伴随着基督教等世界性宗教的产生而产生,而作为一个客观过程出现的时间也是比较早的。沃勒斯坦(Immanuel Wallerstein)认为,自 16 世纪始在西欧产生资本主义以来,在谋取最大限度的利润和剩余价值的分配的利益的驱使下,作为核心国家的资本主义国家不断利用自身的优势(更先进的技术、更高程度的机械化和更廉价的商品,有时甚至借助坚船利炮)在全球扩张,把越来越多的国家或地区变为在劳动分工和利益分配中的半边缘国家、边缘国家,从而到 19 世纪后期逐步形成了一个世界体系(资本主义的经济体系),一直持续到现在。③

在"世界体系"中各国的联系主要是基于经济意义上的联系,并且是

---

① [德]乌尔里希·贝克:《风险社会》,何博闻译,译林出版社 2004 年版,第 196—197 页。

② [德]乌尔里希·贝克:《全球化时代的权力和反权力》,蒋仁祥、胡颐译,广西师范大学出版社 2004 年版,第 107、258—262、288—318 页。

③ [美]伊曼纽尔·沃勒斯坦:《沃勒斯坦精粹》,黄光耀、洪霞译,南京大学出版社 2003 年版,第 93—185 页。

管理之礼

由获取最大剩余价值分配的核心国家向半边缘、边缘国家发展起来的单向性联系。这从一个方面也反映了现代社会形成发展的历程和内在逻辑：现代性的展开就是一个构建园艺文化的过程，先"文明"起来的地区（国家）在文化精英的发动下以自身的逻辑（以自己的生产、生活方式为最佳的、最文明的因而也是最具普遍性的方式，不容忍任何对立面，不考虑任何妥协，不反思自身的有限性）进行着一场有意识的改造运动，铲除地方性的、传统的生活方式和共同的生活模式，在世界范围内展开对生活方式的相对性和多元性的根除运动。① 对此，马克思和恩格斯早就正确指出，资产阶级"它迫使一切民族——如果它们不想灭亡的话——采用资产阶级的生产方式；它迫使它们在自己那里推行所谓的文明，即变成资产者。一句话，它按照自己的面貌为自己创造出一个世界"②。

现代性虽然在全球范围内不断得到扩展，但并不是一路高歌猛进，除了遇到各国、各民族的抵抗外，它产生了越来越多诸如环境污染、能源危机以及核威胁等全球性问题，把人类带进风险社会；在二战后独立起来的众多民族国家选择了走西方式的发展道路并没有实现西方国家许诺的民主、繁荣和稳定，而一直不被西方看好的东方却出现"四小龙"，动摇了"西方胜于东方、发达的文明胜于不发达的文明"的西方的偏见，从而促使各民族国家的非西方国家意识的觉醒和增长，现代性的确无疑受到挑战，"现代世界面临的处境就是：在可选择的东西之中，没有一个是好的，这一描述得到了普遍的赞同和推崇。"③进步、秩序、理性等现代性问题被解构和削弱，同时多样性、多元化得到倡导和发展。正是在自己推动的全球化进程中，现代性并没有得到无限扩大而是自毁前程，后现代走进历史

---

① ［英］齐格蒙·鲍曼：《立法者与阐释者》，洪涛译，上海人民出版社 2000 年版，第 67、98、124—126、149—150、159—166 页。
② 《马克思恩格斯选集》第 1 卷，人民出版社 1995 年版，第 276 页。
③ ［英］齐格蒙·鲍曼：《立法者与阐释者》，洪涛译，上海人民出版社 2000 年版，第 165 页。

舞台。因此,罗伯森(Roland Robertson)认为全球化是关于后现代性的一个相对独立的源泉。①

　　与后现代性紧密联系的全球化不是经济联系意义的单向的、片面的、早期的全球化,而是从20世纪60年代后期甚至90年代开始的新近的处于更高程度的(严格意义上的)全球化,②它有不同于以前阶段的显著特点:一是世界各个国家和地区相互交往、相互联系、相互依存的关系更加广泛和深入。不再是比较单向的进程,而是日益成为双向甚至多向的进程;不再是单纯的经济联系或以经济关系为主而是政治、文化、科技、卫生等多领域多层次的交往和联系;并且这种相互交往、相互联系成为各国、各地区发展、繁荣的基础和条件。奈斯比特在《大趋势》中就指出,在第三世界的许多国家经济的快速发展所带来的竞争和世界各国经济相互依存性增强的情况下,美国必须放弃它作为过去的世界政治和经济主导国的角色,适应在一个各国相互依存的世界中交往和生活。③ 当然,西方发达国家从自身的利益出发还会按自己的方式和面貌驱动全球化,发展中国家必须参与重塑全球化,争取自己的发言权,促使全球化恰当公正地运行,以平等地分享自己应有的利益。④ 二是全球一体的意识急剧增强。信息技术、电子媒体和互联网络等,把来自全球各地的人们紧紧联系在一起,个人和小团体在全球范围内进行合作和开展竞争。弗里德曼把这种使个人和小团体在全球范围内亲密无间合作的现象称为"平坦的世界",认为"世界是平的"。⑤ 世界各地的人们可以几乎同时分享全球各地的信

　　① 〔美〕罗兰·罗伯森:《全球化》,梁光严译,上海人民出版社2000年版,第245页。
　　② 〔美〕罗兰·罗伯森:《全球化》,梁光严译,上海人民出版社2000年版,第84—86页。
　　③ 〔美〕约翰·奈斯比特:《大趋势》,孙道章、路林沙等译,新华出版社1984年版,第73—102页。
　　④ 〔美〕约瑟夫·E.斯蒂格利茨:《全球化及其不满》,夏业良译,机械工业出版社2004年版,第4、15、49—54、80—98页。
　　⑤ 〔美〕托马斯·弗里德曼:《世界是平的》,何帆、肖莹莹、郝正非译,湖南科学技术出版社2006年版,第8—9页。

第五章　现代管理及其价值观的转型

管理之魂

息,全球经济相互依存,风险造成的全球性影响,这一切促使人们的世界一体意识不断增强。三是社会的变化加速,全球不确定性因素明显上升。经济和文化以及各领域的双向和多向互动改变了过去各国被动或依靠自身自然发展的模式,各国可以在相互学习、借鉴、促进中加快发展;各国企业面临的竞争不再是国内的竞争而是来自世界各地的竞争,产品更新换代的速度大大加快,新产品、新工艺不断涌现;文化交往日趋频繁,信息呈几何级数增长,这些都大大加速了社会的变化,不确定性因素不断出现和增长。世界不仅是平的,还面临着各种无法准确预测的"静悄悄的危机"。四是民族、社会、个人等的认同成为日益凸显的问题。在"全球场"之中,不管是国家、民族,还是企业和个人都需要在更大的参照系中重新构建自我的认同和同一性。人们的乡愁倾向被加剧,特别对世俗形式的"世界秩序"的怀旧和对作为家园的世界的某种前望式乡愁。"普遍性的特殊化和特殊性的普遍化这一双向性过程"也得以形成,[①]人们要求自己的认同能得到组织、社会乃至国家、世界的重视和承认等。

人类社会阶段的转型对现代管理产生了深刻、长远的影响,需要引起人们的广泛和高度关注,积极加以应对。

二、现代管理及其价值观转型的主要表现

在工业社会向信息社会、现代阶段向后现代转型的过程中,面对来自全球各地的竞争的不断加剧,资本、资源、劳动力等生产要素的跨地区、跨国流动日趋频繁,外界环境的不确定性的增加,包括知识在内的信息的作用的不断提高,作为知识工作者的员工自我管理、自我实现需要的不断增强,人们对精神、文化等价值需求的不断增长,各种组织的管理工作遇到

---

① [美]罗兰·罗伯森:《全球化》,梁光严译,上海人民出版社2000年版,第255页。

许多新情况、新矛盾和新问题,比如,如何提高组织的应变能力? 如何保持和提升组织的竞争优势? 如何提高企业特别是知识工作者的生产率? 如何取得广大员工特别是知识工作者对组织的认同,提高组织的凝聚力? 如何赢得顾客、供应商、社区居民的支持? 等等。对于这些情况、矛盾和问题,适合于现代社会并发挥了积极作用的传统的管理理论、管理思想、管理方式、管理方法等并不能给予正确的认识和科学的解答。当前,全球各地的不少企业或被兼并或走向衰亡,许多政府机构、社会团体或工作效率低下或缺乏创新,都源于此。"面对一个完全不同的、自身正在构建的世界,企业要想生存,必须进行管理革命,这种革命势在必行。这就是企业继续存活的条件。"①新的社会形势和情况呼唤管理的创新和变革,呼唤新的管理理论、管理思想、管理方式、管理方法的产生,这种管理应该有别于和优于传统的现代管理,是对它的突破和超越,它就是正在形成中的新型管理,亦即"新管理"。

1. 从封闭系统到开放系统

现代的传统的管理把组织当作一个封闭的系统,外界环境变化缓慢、稳定;新管理则把组织看成一个开放、复杂的系统,不确定性成为社会的常态,组织和外界环境时刻处在变化之中。

现代组织产生时的社会环境比较稳定。在相当长的历史时期内,人们的需求远远大于企业的供给,企业之间虽然有竞争但并不激烈,企业只要掌握一定的生产技术,拥有资金、设备、厂房、员工,就能进行特定产品的生产,如果能提高生产效率,降低生产的成本,注意产品的质量,就能在市场上站稳脚跟,获得可观的利润,维持和扩大自己的发展。在这样的环境下企业只要关注自身,基本上就可以预测和计划自己的未来发展。

---

① [法]米歇尔·克罗齐耶:《企业在倾听》,孙沛东译,格致出版社、上海人民出版社2009年版,第2页。

管理之魂

同这种情况相适应的传统的管理必然把组织当作一个封闭的系统，管理的重点是企业的内部事务特别是生产率的提高。泰罗(Taylor)坚持认为企业只要采用他主张的标准化(最佳的)方法就能十分有效地提高效率，科学管理是最能提高企业生产效率的管理形式。他为管理下的定义是，确切知道要别人干什么，并注意使他们用最好、最经济的方法去干。① 韦伯(Weber)指出官僚体制(科层制)精确、稳定、有纪律、严肃紧张和可靠，形式上可以运用于一切任务，是实施管理"形式上最合理的形式"②。这个组织形式显然是适应稳定环境的封闭、稳定的组织形式。法约尔(Fayol)探讨的管理及其原则针对的也是企业和组织内部的事务，并不是面向外部环境的。拉开人际行为学派这一管理新阶段序幕的霍桑试验关注的是在稳定、封闭条件下的雇员的行为及其变化，它虽然正确地认识到了企业需要在效率的逻辑和工人感情的非逻辑之间维持一定平衡的重要性，但对于外界环境的变化给企业、管理者、雇员和生产率带来的影响并不予考虑。这以后的管理思想及实践在长时间内也是持有同样的组织观和环境观；即使有不同的组织观和环境观，也是个别情况。

上述局面被二战以来的变化所逐步改变，随着科技革命特别是计算机技术和信息技术的发展，本已启动的全球化开始加速，企业及其所需要的技术、资金、资源、劳动力在全球范围内快速流动，以 1973 年的石油危机和日本经济取得的巨大成功为标志，企业面对的竞争不再仅仅限于本地区或本国范围内，而遇到国外企业甚至多国的企业的竞争，面对的环境也不再仅仅局限于经济环境，而是受到国际的军事、政治、文化等多种环境的影响和制约，一国也不再是单向地开展自己的贸易、经济等活动，愈来愈受到其他国家的影响和竞争。在这样的条件下，外界环境的不确定

---

① [美]F. W. 泰罗：《科学管理原理》，胡隆昶、冼子恩、曹丽顺译，中国社会科学出版社 1984 年版，第 33 页。
② [德]马克斯·韦伯：《经济与社会》上卷，林荣远译，商务印书馆 1997 年版，第 248 页。

性不断增加,未来再也不是在计划和预测之中了。正如查尔斯·汉迪所指出的,这是一个不连续的时代,一个没有确定性的非理性时代,这个时代唯一灵验的语言是:没有预言会灵验。① 企业和组织不能适应环境的不确定性变化就败,就亡,适应则存,则兴。由英荷壳牌石油公司的专家所作的研究揭示,1970 年跻身美国《财富》"全球 500 强"之列的跨国公司到 1982 年有 1/3 销声匿迹了,一个跨国公司的平均寿命在 40 到 50 年。同它们不同,长寿(有生命力的)公司能有上百年甚至更长的寿命,究其原因,第一条就是对自己周围的环境敏感,能做出及时的反应。难怪《追求卓越》的作者认为,优秀公司"不仅特别擅长于生产商业上可行的新产品,而且尤其擅长对周围环境任何变化作出适当反应"②。

取代现代传统的管理的新管理作为"在不断变化的环境中,使协作系统达到均衡,并使其长期延续下去的专业过程或职能",③则采取适应不确定性和变化的环境的对策和措施。首先,新管理认为组织是一个镶嵌在周围环境中的功能系统,必须把对变化的管理纳入其结构之中,引导所有成员"培养应变的能力,发展新技能和采取新态度的能力:一句话,学习的能力"④。其次,企业和其他组织要把可行的竞争战略作为管理的一个重点,认清驱动本产业竞争的作用力(进入威胁、替代威胁、买方砍价能力、供方砍价能力和现有竞争对手的竞争),不断优化包括价值链在内的整个价值系统,努力取得在本产业和市场中的竞争优势。最后,各企业要努力培养面向全球化的理念和视野,认识到各民族和人们的价值体

---

① [英]查尔斯·汉迪:《非理性的时代》,王凯丽译,华夏出版社 2000 年版,第 4—5 页。

② [美]托马斯·彼得斯、罗伯特·沃特曼:《追求卓越》,戴春平等译,中央编译出版社 2000 年版,第 11 页。

③ [日]饭野春树:《巴纳德组织理论研究》,王利平等译,三联书店 2004 年版,第 60 页。

④ [美]阿里·德赫斯:《长寿公司》,王晓霞译,经济日报出版社 1998 年版,第 10 页。

管理之矿

系、行为准则和对现实的各种基本设想之间是多种多样、千差万别的,这种文化差异是在各自特殊的环境和历史条件下形成的,因此在工作中"不是只有一条最佳管理方法,而是有好几种方法,有一些方法比另一些方法更适应一定的文化,也更有效"①。为了在跨文化的环境下开展业务,更好地发展,各跨国企业必须坚持协调各种文化的原则,求同存异,在相互之间形成和谐的交往关系。

2. 从利润至上到创造价值

现代的传统的管理主张利润至上,追求经济性功利主义的管理目标;新管理则强调创造价值,主张超越利润和承担社会责任。

西方的企业是从宗教领域和政治领域分离出来的,解释、保障道德价值、人生意义的功能和维护社会正义、秩序的功能已经分别由宗教领域和政治领域来分担,企业当时被社会认可的职能只剩下经济职能,是一个经济机构。而除了少量的企业的所有权归国家所有外,绝大多数的企业的所有权归私人所有(每家企业最初由一人和几个合伙人所拥有,后来大多由投资人即股东所拥有),为了提高企业的专业化水平和效率,企业后来开始引入职业经理人,也就导致了企业的所有权和控制权在一定程度上的分离,除了所有者以外,经理、其他管理人员和工人都成为企业的雇员。这样,企业不仅是一个经济机构,还成了一个私人所有的经济机构,其存在和发展的目的是维护和提高自己的经济利益,企业如果有社会责任的话,这个责任也就是提高自己的经济业绩和取得可观的利润。因此,主张业绩至上、利润至上,追求最大的经济功利就成了现代企业和传统的管理的目标。

麦格雷戈(Douglas M. Mcgregor)提出了"X"理论和"Y"理论,它们基

---

① [荷]丰斯·特龙彭纳斯、[英]查理斯·汉普登-特纳:《在文化的波涛中冲浪》,关世杰等译,华夏出版社 2003 年版,第 19 页。

于不同的人性假设,采取不同的管理观念和措施,引起人们的关注,但人们都注意了他提出的这两种理论的不同之处,而忽略了其相同之处,即它们的前提目标是一致的,即"为了经济目标,管理部门对企业的生产要素——金钱、物资、设备和人员——负责组织"①。弗里德曼(Milton Friedman)则明确指出,"在自由企业中,在私有产权制度下,公司总经理是该企业所有者的雇员。他对他的雇主负有直接的责任。这一责任就是按照雇主的意愿来领导企业,而雇主的意愿通常说来都是在遵守基本的社会准则——既指包含在法律中的社会准则,又指包含在伦理习惯中的社会准则——的同时,尽可能多地赚取货币。"②并主张让公司管理层负有社会责任而不是尽力为股东赚钱的观念和做法,会摧毁自由社会的基础。

为创造业绩,追求尽可能多的短期利润,企业必然遵循最小投入—最大产出的效率原则,不断压缩设备、原材料、技术等方面的投入,不但对雇员的社会、文化需求和自身发展不予考虑,就是他们的收入也想不断压低,除此之外,还想方设法提高产品或服务的价格,加重顾客的经济负担。虽然企业在短期内获得了可观的利润,但从长期来看制约了自身的发展。据调查,在一家典型的美国公司里,每年的顾客流失率为10%—30%,雇员流失率为15%—25%,而抽资掉头的投资者平均每年在50%以上。③特别是在企业之间激烈竞争要求企业上下一心提高企业竞争力的情况下,由于得不到雇员、顾客和相关部门、人员的合作和支持,企业的发展必然面临严重的危机。还要指出的是,企业对效率的计算是针对企业内部进行的,并不考虑自己造成的社会副效应和成本(雇员心理疾病、失业以

---

① Douglas M. McGregor, *The Human Side of Enterprise*, In Cary L. Cooper (ed.), Classics in Management Thought, vol. 1, A Elgar Reference Collection, Cheltenham, 2000, pp. 187 – 199.

② [美]密尔顿·弗里德曼:《弗里德曼文萃》,高榕、范恒山译,北京经济学院出版社1991年版,第43页。

③ [美]弗雷德里克·莱希赫尔德:《忠诚的价值》,常玉田译,华夏出版社2001年版,第4页。

第五章 现代管理及其价值观的转型

管理之魂

及与之相关的城市暴力、犯罪增加、社会与政治的不稳定、环境污染等），从而造成当前的生态和社会风险，要求企业改变趋利行为、考虑社会责任的社会呼声日益高涨。伴随着人们对生活质量、环境质量的高度关注和对自我实现的愿望的增强，传统的管理越来越不得人心，利润至上的企业正在走下坡路，越来越多的此类企业丧失了发展的动力和基础。在这样的条件下，具有旺盛的生命力，能在激烈的竞争中幸存下来的企业并不多见，这样的企业因而吸引了社会的广泛关注。人们考察这些企业特别是被称作高瞻远瞩的公司发现，在大多数这些公司的历史中，"'尽量增加股东的财富'或'追求最大利润'一向不是主要的动力或首要目标。高瞻远瞩的公司追求一组目标，赚钱只是目标之一，而且不见得是最重要的目标。不错，它们都追求利润，但是它们同样为一种核心理念指引，这种理念包括核心价值和超越只知赚钱的使命感。"①

广西玉柴的绿色管理

玉柴集团创建于1951年，坐落在广西玉林市，从一间小农具作坊发展成为拥有上百亿总资产的大型现代企业集团，是全球最大的独立柴油发动机生产基地、中国最大的中小型工程机械生产出口基地、中国最大的柴油动力制造企业。在"十一五"开局之年提出了"绿色发展，和谐共赢"的经营战略，走上绿色管理的道路。

"绿色发展"指出玉柴发展的方向与特色。玉柴人认识到，21世纪人类经济社会的发展主题是绿色发展，尤其是对发展中的中国而言，其经济模式正在从传统经济转向绿色发展，从生态

① [美]吉姆·柯林斯、杰里·I.波勒斯：《基业长青》，真如译，中信出版社2005年版，第9—10页。

开发转向生态建设,从生态赤字转向生态盈余。绿色经济或者说是绿色发展已经是一种趋势,作为一个企业,应当顺应这种趋势。玉柴人提出要为改善人类生存环境不懈努力,通过技术进步和高效劳动,实现循环经济,促进环境优化,充分体现玉柴对社会承担的责任。通过构建"绿色发展的玉柴",实现资源的再生和资源的循环利用,努力将玉柴建设成可持续发展的资源节约型园区、环境和谐型园区,率先实现全面小康社会园区。

玉柴的核心产业是机械动力制造,每年都有几十万台发动机等设备投放市场,为了预防它们成为流动的污染源,玉柴提出做中国"最大活动污染源的控制者"和"为中国可持续发展提供绿色动力"。2007年,玉柴成立行业首家企业工程研究院,拥有国家级企业技术中心、国家认可试验室、企业博士后科研工作站、广西动力人才小高地等平台,与数十家国内外著名科研机构合作,建立产品研发工作站,形成以自主研发技术为核心、以欧美技术为支撑的先进研发平台,积极开发制造低排放、低噪音、低能耗的环保型发动机。

"和谐发展"指出玉柴所追求的一种与社会、与伙伴之间的关系。玉柴将与合作伙伴、客户以及关心关爱玉柴的人们之间建立这样一种关系:他们都是玉柴社区的一分子,在广义上就是中华民族,就是全人类,玉柴是为人类的幸福而工作!玉柴要以构建与下游厂商、合作伙伴,以及汽车用户和谐的产业链为主要方式,创造一个与客户、政府、社会和谐发展、共赢未来的良好局面。

玉柴制定各种人才政策和人才薪酬制度,强调用事业留人,用待遇留人,用企业环境留人,还对在自主创新中作出突出贡献的集体和个人给以重奖,努力建设一支由高素质的干部队伍、高智慧的研发队伍、高智能的劳动队伍组成的创造性劳动群体。玉柴将一项项细节的工作上升到观念、上升到制度化,使玉柴的每一位员工都能感受到来自企业的人性化关怀。

资料来源:莫绍嘉、邹家勇:《绿色发展:企业商道解读》,载《中国改革报》2007 年 10 月 18 日;江东洲、刘昊、李春梅:《从"王牌动力"到"绿色动力"》,载《科技日报》2008 年 12 月 10 日;晏平:《向国际化进军,走永续发展之路》,载《法制日报》2007 年 12 月 23 日。

企业再也不能受唯利是图的传统的管理所左右,必须转向具有不同目标的新管理。新管理强调企业是社会的一个组成部分,无可避免地会对社会产生影响,应该承担相应的责任。正如松下幸之助所提出的,"企业是社会的'公有物'。因此,企业必须与社会共同发展。就企业本身来说,毫无疑问,不断扩大其营业范围是很重要的。但是,这并不是说只追求一个企业的繁荣,而必须是通过企业的经营活动,带动社会走向繁荣。"①企业和管理的使命不再是利润至上,而是创造价值,利润不是价值创造的目的,只是其必然结果,必须采取有力措施最大限度地维护和促进企业的长期存在和自身潜能的发展,促进包括投资者、雇员、各部门、供应商、顾客在内的利益共同体的共同发展。首先,新管理认为利润和发展的源泉来自于为顾客创造了高质量地有效满足其需要的独特价值,倾听顾客的愿望和要求,听取他们对产品或服务的意见,为他们使用产品提供优质的服务。其次,它把员工的目标看作企业目标的有机组成部分,视组织

---

① [日]松下幸之助:《实践经营哲学》,滕颖编译,中国社会科学出版社 1998 年版,第 59 页。

为一个社会团体,鼓励员工进行社会交往,支持他们实现自身的发展,寻求雇员的合作。再次,它充分考虑有利于价值创造的各个部门、环节的利益,使它们互相配合和互相帮助。另外,新管理不仅为企业的经济业绩负责,也自觉地承担起属于自己的社会责任,对解决诸如种族歧视、两性问题、社会准则、生态环境等问题贡献自己应有的力量。为此,"企业的目标和行为是否合理,必须不再根据传统的企业文化的观念,而必须根据超越其自身限制的世界和社会的视角来作出判断。"力求创造一种经济,"一种在恢复生态系统和保护环境的同时带来革新、繁荣、有意义的工作和真正的安全感的经济。"[①]最后,它不仅遵守法律,还能对社会具有责任感,还能平衡经济与道德的关系,成为一个由经济需要和道德需要、经济合理性和道德合理性、经济表现和道德表现的最大交集(中心)驱动的具有多种目的的企业,[②]为人类普遍造福。

3. 从物质性功能到体验性功能和文化品位

现代的传统的管理注重产品或服务的物质性功能,而新管理关注产品或服务的体验性功能和文化品位。

当社会生产力的发展水平还不高,人们的需要特别是生理、生存需要还不能被充分满足时,或他们的需要远远大于社会的供给时,他们中的绝大多数主要持有生存性、物质性的价值观,主要关注自身的经济安全和物质安全,需求物质性的产品或服务,对生活质量要求不高,对产品或服务的审美情趣、文化品位没有要求或要求有限,关注对自然的索取和物质生产力,忽视人与自然的和谐问题和环境质量等。与此相适应,现代传统的管理着重提高企业生产物质性产品的能力和效率,产品的花色品种也比

---

① [美]保罗·霍肯:《商业生态学》,夏善晨、余继英、方堃译,上海译文出版社 2001 年版,第 2、11 页。

② [美]林恩·夏普·佩因:《公司道德》,杨涤等译,机械工业出版社 2004 年版,第 243 页。

较单一,扩大生产规模不是要生产尽可能多样的产品,而是提高标准化产品的数量,而所谓的大力改善产品也主要集中于其质量。福特(Fort)虽然以每天给予雇员5美元的举措和生产普通家庭能买得起的T型汽车的承诺受到当时人们的欢迎,但他并不关注对汽车的不断改进,拒绝所有改进T型车的建议,对汽车的颜色,他曾对员工们讲,你们想把汽车喷成什么颜色都可以,只要它是黑的。美国电话与电报公司长期以来一直坚持着自己的一个基本目标,就是把标准的黑色电话机装进每个美国人家庭,不断扩大电话的产量就成了其最紧迫的任务,因而也为自己带来较优厚的利润,只是到了20世纪50年代后才逐步调整、扩大自己的产品种类。正因为各企业的生产制约着顾客的需求,他们对顾客的理解也只是购买他们生产的产品的消费者。顾客没有权利建议厂家怎样改善生产,更不能参与其产品的设计和策划。哈佛商学院的特德·列维特(Ted Levitt)在1960年7─8月期的《哈佛商业评论》上发表了《营销近视》的文章,备受人们的关注,在此文中他指出,管理部门必须把企业视作为消费者创造满意产品的人,而不应该只是生产产品者。

现代的传统管理的任务是,生产,生产,还是生产。但这样的情况由于人们维持基本生活所需要的物质产品日益丰富甚至过剩和物质性生活水平的显著提高而发生改变。仅以美国为例,1959年美国人把其开支的40%用于服务方面,到2000年涨到58%。在1959年,消费者把25%的收入用于食品,而到2000年降到14%,如今,食品开支看上去更少了,1959年,在家吃饭的开支占19%,2000年已降到8%,人们在消费方面由有形物质转向无形物质,崇尚体验性价值。① 英格尔哈特(Ronald Inglehart)认为,人们的价值观悄然发生改变,正在从生存价值观向自我表现价值观、从物质主义价值观向后物质主义价值观、从现代价值观向后现代

---

① 《美国人忙着"体验"新经济》,载《参考消息》2004年9月27日。

价值观进行转变。① 2009 年,日本早稻田大学的一位教授在日本 5 月号(提前出版)的《福布斯》杂志上撰文就指出,金融危机引发的经济衰退,从一定意义上宣告了"物"的时代的结束,而"身心的时代"也许将会到来。"人们关心的事情将慢慢转移到健康、安全、自然、环境以及知识和文化等方面。如果这样,今后有成长性的产业将会是医疗护理、农业、绿色能源、园艺、音乐和旅行等第一产业和服务业领域。"②

人们不再强调物质和经济安全,而是日益关注自我表现、主观康乐和生活质量,他们强调产品或服务的体验性价值和文化品位,有兴趣参与产品的设计、生产的过程,重视自身健康,关心周围环境甚至自然环境的保护等等。因此,新管理认为制造、生产产品是真正的工作,提供"体验"、"尝试",帮助"参与"也是真正的工作,并且后者越来越关乎企业的生存与发展,因而十分重视生产、提供多功能、体验性、参与性的产品或服务,努力提高产品或服务的审美情趣和文化品位,甚至直接提供文化产品或服务,加大小批量的个性化产品的研发、设计和制造的力度和水平。

4. 从物的因素到人的因素

现代的传统的管理重视资本、资源、劳动力等物的因素,新管理则强调信息、知识的重要作用,重视人的因素。

现代意义的企业诞生于第一次工业革命之中,它们在市场立足和发展依靠的是有利的资源条件(煤、铁矿、水利等),能够筹集到生产和发展所需要的资金,能廉价雇用到大量的自由劳动力,其命运和前途也主要系于"物"的意义上的因素。企业之间的差异、地区经济、国家经济之间的

---

① 载[美]塞缪尔·亨廷顿、劳伦斯·哈里森主编:《文化的重要作用》,程克雄译,新华出版社 2002 年版,第 125—146 页;另见[德]迈诺尔夫·迪尔克斯、阿里安娜·贝图尔·安托夫、[英]约翰·蔡尔德等主编:《组织学习与知识创新》,上海社会科学院知识与信息课题组译,上海人民出版社 2001 年版,第 149—153 页。

② 《全球衰退为"物"时代画句号》,载《参考消息》2009 年 4 月 14 日。

差别就在于有效率地利用这些物的意义上的因素的差异。因此,现代的传统的管理把企业在生产要素上的比较优势当作自己的竞争优势,把在原材料、生产设备、生产线等方面取得比较优势作为工作中的重中之重,并且在员工的教育水平受历史条件限制普遍不高从而对企业生产的贡献比较有限的条件下,企业更关注的是或降低原材料的投入成本,或引进新的更先进的生产线,或加大雇员的工作强度、延长工作时间来提高生产的效率,在很大程度上是把员工当作同物一样可替换的"零件",当作一个肢体或器官。一句话,传统的管理坚持的是以物为本的管理原则,以开发、运用物的功能、潜力和提高物的效率为中心。泰罗曾说过,对适合将搬运生铁作为职业的工人来说,"一个首要的前提是他必须是愚蠢和迟钝的,以至从他的智力构成看来,甚至更像是头牛,而不像任何其他动物。"①福特也指出,生产 T 型车的工序分成 7882 种的工作,其中有 949 种要求是身强力壮、体格经过全面锻炼的男工,有 3338 种只需身体结实的男工,其余的大部分由女人或童工来干,另外,有 670 种可以由缺腿的男人干,有 2637 种可由一条腿的人干,有 2 种可由没有胳膊的男人干,有 715 种可由一条胳膊的男工和 10 名男瞎子来干。② 传统的管理者对人的认识和思维是用对待物的方式来进行的,即使能看到人所具有的不同于物的特点,也是从物与物之间的相区别的方法来进行的,而不是从人的角度、观点和方法去认识和对待人,这样的人不管具有怎样的特征,冠以什么样的称呼,必然还是片面的、抽象的、虚幻的,只能是远离活生生的人的真正现实。当然,认识、重视人不同于物的特点毕竟是管理的一个进步,但大多数的时候,管理者更多的是从物的角度、以物的观点和方法认识和对待雇员,因而并不能利用他们本来具有的特点和特征,发挥他们对企业

---

① [美]F. W. 泰罗:《科学管理原理》,胡隆昶、冼子恩、曹丽顺译,中国社会科学出版社 1984 年版,第 183 页。
② [美]阿尔温·托夫勒:《第三次浪潮》,朱志焱、潘琪、张焱译,三联书店 1983 年版,第 96 页。

生产和发展应有的作用和功能，挖掘他们独有的潜力，所以，必然遭到他们的敌对态度和反抗。以沃德罢工事件为标志，历史上雇员举行罢工和进行抗议的事件不断，直到1972年，通用汽车公司工人还因流水线的速度过快、工作重复、单调无聊而举行罢工。

当发达的交通、先进的通信技术、信息技术使得全球各地的企业能同生产要素迅速、有效地结合时，当企业能廉价使用的煤炭、金属矿藏等不可再生资源日益减少，甚至有的日益枯竭需要借助高科技开发和利用新的能源、材料时，当人们因生活水平日益提高需要非物质的产品或服务时，信息、知识的作用就日益凸显，知识的创新乃至各方面的创新就更为紧迫。而信息、知识是负载在人身上的，是由人使用、创造并通过人来积累和发展的，信息、知识的作用实际是发现、积累、传播、利用和发展知识的人的作用。因此，"生产的至关重要的因素就变为以人为本了。"①"一个公司只有取得令人满意的业绩，才能继续生存。然而在今天，人的因素乃是优秀业绩的主要源泉。促进个人的成就感和一种创造性的氛围，这对公司来说已成为至关重要的迫切需要。"②

激励的实践哲学

管理的对象是人，管理就是要最大限度地激发人的主观能动性和创造性，因此管理的重要内容就是激励。人在其要求和欲望不断得到满足，新的目标不断树立和提升的条件下才能得到最大限度的激励。要激励人，就需要给做事的人充分的权力，要给做事的人提供成就感满足的机会，要给有功者提供必要的

---

① ［美］阿里·德赫斯：《长寿公司》，王晓霞译，经济日报出版社1998年版，第7页。
② ［法］罗贝尔·萨蒙：《管理的未来》，王铁生译，上海译文出版社1998年版，第315页。

管理之魂

物质满足。最终就是一个道理,让每一个人当家作主。管理者一定要注意,当激励被引进金钱的死胡同以后,把人的物欲刺激到无法自持,人人都待价而沽,谁给钱多就给谁干,这不管对于组织还是个人都是十分危险的。合理应用金钱而防止金钱的腐蚀性,是一个企业、一个组织建立激励机制所必须格外注意的。总结激励的各种政策和做法,分析出现的各种问题,在激励上遇到的风险主要有以下几种:

第一种是仅仅只有精神激励的风险;

第二种是仅仅激励短期行为的风险;

第三种是仅仅只有物质激励的风险;

第四种是仅仅激励一条跑道的风险;

第四种是仅仅激励少数人,即所谓"能人政策"的风险;

第五种是以上几种的混合而带来的并发风险。

资料来源:陈惠湘:《联想为什么》,北京大学出版社 1997 年版,第 195—241 页。

取代现代的传统的管理的新管理从以物为本转向以人为本,把人作为工作的中心。这不单单是管理思想、管理方式、管理实践的一个转型,更是一场管理的革命,因为管理的方方面面都要发生显著的改变。首先,新管理认为各种企业和组织并不是物,而是人,人的集合体。物资、资金、信息和科技等管理资源的作用都很重要,但只有在拥有了人、发挥了人的作用的前提下才能发挥出来。作为人的集合体,组织和企业首要的前提是有人,才能保证自身的存在、发展,在此基础上才能发挥经济功能和各方面资源的作用。其次,必须把人的目标作为企业目标的重要部分。作为劳动力、作为资源、作为"物",雇员只是被利用来为企业提高效率、获取财富、促进繁荣的手段,企业不是最大限度地满足其多方面的需要和目的,而是给予他们作为手段能保存继续被利用的基本物质保障。如今,作为真正的人,员工的目标、愿望和一系列现实问题要得到企业的尊重、肯定、考虑和解决。并且在雇佣关系中,把企业的效率、对待员工的公平、保障员工的发言权有机结合起来,注重三者之间的平衡。也就是说,把提高经济效率作为雇佣关系的重要标准,而不是唯一标准,还必须把员工得到平等的待遇也作为一项基本标准,同时支持和保障员工对关系到他们权益的决策具有发言权和参与权。[①] 再次,管理的重要职责是提高知识工作者和知识的生产率。企业生存发展的关键在于整合各种知识和技术形成核心竞争力,经常迅速推出意想不到、难以模仿的新产品和新创意,而这都决定于广大员工特别是知识工作者的工作效率。这就需要使用不同于提高物的效率的途径和方法,包括依靠员工的高度参与和自我管理,使他们主动承担起发现问题、分析问题和解决问题的责任,加强人与人之间的频繁接触、相互作用,实现各种类型知识的相互转换和提升,使系统思考成为员工的习惯,不断实现他们的心灵的转变,改善、优化员工的心智模式,帮助他们用新的眼光和态度看世界,对待自己的专业、工作和人际关系等等。另外,管理创新不是简单地寻求技术诀窍,而是寻找能迅速有效寻求技术诀窍并迅速在本单位传播的人,是寻求合作者。索尼、佳能和丰田这些世界知名的创新的企业并不是像人们想象的那样通过内部加强发明而获得竞争力,而是通过寻找合作者,建立外部网络、内部网络与实现网络间、部门间和人员间的协同,迅速学习和开发产品,赢得创新优势和竞争优势的。[②]

5. 从崇尚理性到理性和非理性的平衡

现代的传统的管理崇尚理性因素,理性主义是它根深蒂固的传统,新

---

① [美]约翰·W.巴德:《人性化的雇佣关系》,解格先、马振英译,北京大学出版社2007年版,第1、11、18—19页。

② [瑞典]西格法德·哈里森:《日本的技术和创新管理》,华宏慈、李鼎新、华宏勋译,北京大学出版社2004年版,第36页。

管理重视非理性因素,以认同、价值观、责任感等为基础,主张理性因素和非理性因素的平衡。

现代企业及其管理是在西方理性主义的文化传统的浸染和影响下产生、发展起来的。这种传统主张找到普遍永恒不变的宇宙理念,追求获得认识真理和安排社会生活的普遍有效的方法。① 它强调工具理性,侧重于科学分析的方法意义和对外界的认识,不够关注人与自然、人与社会、人与人之间的和谐和目的性的价值(价值理性),因而突出表现为一种工具主义。现代管理在利润至上的功利价值取向下又进一步加强了这种传统,极力推崇概念、判断、分析、推理、数据等理性因素,努力排除人的潜意识、直觉、灵感、欲望、情感、意志、信念等各种非理性因素。泰罗坚决认为,对科学管理的存在绝对必要的思想是,"无论工人还是工长,双方都必须承认,对工厂内的一切事情,要用准确的科学研究和知识来代替旧式的个人判断或个人意见。这包括每项工作所采用的方法和完成每项工作所需要的时间。"②韦伯主张官僚制(科层制)只有排除爱、憎和一切纯粹个人的、从根据上说一切非理性的、不可预计的感觉因素,使组织设计和管理实践朝符合逻辑而不是非逻辑、理性而不是非理性的方向运行和发展,才能具有效率,才能无一例外地适用于各种情况。理性主义不仅是现代管理产生初期的指导原则和灵魂,也成为现代管理发展演变中的指导原则和灵魂,现代管理发展的大部分历史过程,就是一个排除非理性因素的干扰,运用科学特别是自然科学不断强化理性因素为管理开辟道路的过程。威廉·大内指出,"西方管理似乎在极大程度上具有一种社会的精神气质,其概要大略如下:理智比非理智好,客观比主观更接近于理智,定量比非定量更为客观。因而,定量分析比基于智慧、经验和敏锐性所作

---

① 韩震:《重建理性主义信念》,北京出版社 1998 年版,第 21—49 页。
② [美]F. W. 泰罗:《科学管理原理》,胡隆昶、冼子恩、曹丽顺译,中国社会科学出版社 1984 年版,第 240 页。

出的判断更受到重视。"①

理性的限度

　　诺贝尔经济学奖得主、著名的经济学家哈耶克指出,理性是有限度的,要警惕理性的自负。

　　毋庸置疑,理性乃是人类所拥有的最为珍贵的禀赋。我们的论辩只是旨在表明理性并非万能,而且那种认为理性能够成为其自身的主宰并能控制其自身的发展的信念,却有可能摧毁理性。我们所努力为之的乃是对理性的捍卫,以防理性被那些并不知道理性得以有效发挥作用且得以持续发展的条件的人滥用。这就要求我们真正地做到明智地运用理性,而且为了做到这一点,我们必须维护那个不受控制的、理性不及的领域;这是一个不可或缺的领域,因为正是这个领域,才是理性据以发展和据以有效发挥作用的唯一环境。

　　事实上,这些并不为人们所意识的特征,不仅通常会被忽视不顾,而且还常常被视为一种障碍,而非一种帮助或一种基础条件。它们是"理性"不及者,因为我们尚无从明确根据推理去解释它们;正是基于这一点,人们也常常把它们视为那种与理智行动相悖意义上的非理性的因素。然而,虽然影响我们行动的大多数理性不及的因素,可能具有上述意义上的非理性,但是我们在行动中预设并运用的许多"纯粹习惯"和所谓"无意义的制度",却是我们实现目的的基本条件;当然,它们也是社会做出成功调适的一部分,它们一方面经常为人们所改进,而另一方面

---

①　[美]威廉·大内:《Z理论》,孙耀君、王祖融译,中国社会科学出版社1984年版,第61页。

第五章　现代管理及其价值观的转型

它们又是人们能够实现多少成就所赖以为据的基本条件。发现它们的缺陷固然重要,但是我们的发展却一刻也不能不以它们为基础。

智识进程,实际上只是一种对已经形成的观念做详尽阐释、选择和否弃的进程。我们需要强调指出的是,新观念在很大程度上是从行动(常常是理性不及的行动)与重要实践交互影响的领域中源源不断产生的。因此,如果自由被局限于智识领域,那么产生新观念的源泉就会干涸。

一个文明社会之所以停滞不前,并不是因为进一步发展的各种可能性已被完全试尽,而是因为人们根据现有的知识成功地控制了其所有的行动及其当下的境势,以致完全扼杀了促使新知识出现的机会。

资料来源:[英]弗里德利希·冯·哈耶克:《自由秩序原理》,三联书店1997年版,第80—81、35、36、39页。

现代的传统的管理的这种理性主义特征可以概括为以下几个方面:一是主张只有正式的、系统化的、普遍化的数据、程序以及原理才是唯一可靠的知识,认为没有以科学和数据作为基础的,不经过充分论证的主张、建议、愿望都是不可靠的无用的东西。二是主张各项工作和任务在科学分析的基础上进行分割,由擅长此事的不同的部门和人员来分担,认为只有专门从事经过分析、分割的、可计量的工作和任务,人们才能具有效率。三是主张管理者负责思考,工人负责执行,工人不管自己对工作有什么想法、建议和愿望都要保留,唯一的职责就是遵守规定的程序、办法,不折不扣地执行管理者下达的指标、任务。四是主张所有人员在企业中的一切行动、做法都要以规则、程序、制度为准则,不管有什么样的理由和借口,只要违反这些规则、程序、制度都必须给予严厉的惩罚。以上的这些特征和措施需要一个既定的前提条件,这就是企业对知识的依赖比较有限,生产能力主要来自生产技术和相关的生产设备。管理人员和技术人员掌握着这些技术,决定与技术、生产有关的重大事项,工人以体力劳动来配合生产设备,监工和基层管理人员保证工人按要求工作,各部门的关系以比较简单的协调、配合为主。这些特征和措施为企业提高生产效率和进行市场竞争提供了可靠保证,也为各国取得巨大的工业成就,为实现现代化奠定了基础。

非理性因素是人的一种精神属性和精神过程,是人把握世界和自身的一种方式,是人的一种主观状态和主观需要,是人的特性和主观能动性的重要表现。"人不仅通过思维,而且以全部感觉在对象中肯定自己"。①因此理性主义的做法存在一个严重的缺陷,即它对雇员的需要不是对他作为有特性的人所具有的全部思维、全部感觉的需要,而是对他的部分思维、部分感觉甚至只是简单动作的需要,人在工作中自身是被分离的,是作为一种手段、一个环节而存在的,处在不自主、不独立的地位。一句话,忽略和轻视了雇员作为人所具有的特性特别是主观能动性,侵犯了他们作为人所具有的权利。这不能不遭到雇员们的反对,但由于自己需要工作提供经济和物质方面的基本保障,雇员们大多的时候还是选择了忍耐。当企业面对的竞争越来越激烈,遇到的不确定性不断增加,越来越依赖信息和知识,越来越依赖技术创新和各方面的创新时,就需要各部门进行高度的协同和融合,需要所有人负起应有的责任和贡献出聪明才智,特别是在雇员生活水平和教育水平日益提高,拥有工作的选择权,自我实现和文化、精神等各方面的要求得到一定满足的条件下,再坚持理性主义的做法和方式就会严重影响到企业的生存和发展,制约国民经济的发展和繁荣。人们在分析美国经济的生产率下降而被日本超过的原因时就认为,由于对管理工具过分迷恋,偏向于测量和分析,虽能测量出成本但并不能真正

---

① 《马克思恩格斯全集》第 3 卷,人民出版社 2002 年版,第 305 页。

管理之魂

测量出人们的工作态度、奉献精神和努力程度的价值,更为严重的是,使人们养成一种对优秀企业中创新的真正源泉不屑一顾的狭隘理性的思维定式。因此,"如果美国要想恢复其在世界上的竞争地位,甚至说美国要保持现有的地位,就必须改变过分强调理性的状况。"①而"日本管理方式的核心在于这样一种认识,即知识创新并不是简单地'处理'客观信息,而是发掘员工头脑中潜在的想法、直觉和灵感,并综合起来加以运用。在这个过程中,关键是员工个人的责任感,以及员工对企业及企业使命的认同感"②。

新管理必须取代现代的传统的管理承担起发展企业、繁荣经济的重任。首先,尊重员工的价值观,建立、整合和完善企业的价值观,把价值观而不是硬性的制度作为管理的基本形式。员工特别是知识型员工的主动性、积极性和创造性都比较强,不是需要事无巨细的监督和控制,而是需要清晰明确的共同目标指引方向。并且员工的生存需要已经让位于精神文化需要、工作质量的需要,也要求自己的价值观得到企业的尊重。在此条件下,企业建设价值观,提供他们在工作中所需要的意义,是吸引和保证他们在企业安心工作的重要途径。在全球化的背景下要避免企业员工因具有不同的价值观在相互之间和自己与企业之间产生价值冲突,就必须整合员工的价值观,强调共同的愿景和价值目标,把大家的努力集中起来。为此,"确立使命始终是企业高层管理人员的职责。除了最终需要对此负责的人之外,企业使命的确立既不可能、也不应该授权给其他任何人。"③企业面临的竞争和不确定性增强,员工的行为和工作不能模式化,必须建立长期有效的理念、原则来引导大家,激励他们以变应变,提高创

---

① [美]托马斯·彼得斯、罗伯特·沃特曼:《追求卓越》,戴春平等译,中央编译出版社 2000 年版,第 54 页。

② [美]彼得·F.德鲁克等:《知识管理》,杨开峰译,中国人民大学出版社 1999 年版,第 21 页。

③ [美]杰克·韦尔奇、苏茜·韦尔奇:《赢》,余江、玉书译,中信出版社 2005 年版,第 6 页。

造能力。正如彼得斯(Peters)和沃特曼(Waterman)所指出的,“假设我们现在需要找出一条适用于各种情况的管理建议,一条从对优秀公司的研究中精选出来的真理,我们很可能会这样回答:‘设计出你的价值体系。决定你的公司应该代表什么,你的公司能给每个人带来的最值得骄傲的东西是什么;在未来10年或20年后,你最希望看到什么。’”①其次,要增强员工对企业和组织的认同和承诺,建立员工和企业有力的精神纽带。在员工选择性增强的情况下,能选择一个企业并在其中安心工作并不是一件容易的事情,这需要员工对组织有充分的认同、承诺和忠诚感。特别在管理过程中,“上级要想控制下级人员对命令的解释和应用方式,是非常困难的。在这种情况下,后者的态度是至关重要的。除了暗中作梗的做法之外,对命令的执行也有巧妙与愚笨、迅速与迟缓、热情与勉强之分。对于确定权威受尊重的范围,和确定命令发布者的意图被实际执行的程度来说,心理学命题是重要的。”②在这里员工对管理者的认同和承诺是十分重要的。承诺一般可分为三种,接续型承诺(计算型承诺,考虑和计算一旦离开组织的代价而形成的承诺)、规范型承诺(义务型承诺,雇员感到有义务留在组织中的一种感情)、情感型承诺(雇员对组织情感上的纽带、对组织的认同和参与)。③ 人们发现,虽然前两种承诺对加强雇员和组织的联系纽带和提高工作的积极性都有益,但情感型承诺的作用最大,组织必须认真培养,包括支持员工共同工作、扩大他们工作的多样性和增加他们提升的机会等。最后,要增强员工的责任感,使他们为企业做出积极的贡献。必须改变管理者、决策者和计划者思考而下级员工不思

① [美]托马斯·彼得斯、罗伯特·沃特曼:《追求卓越》,戴春平等译,中央编译出版社2000年版,第301页。

② [美]赫伯特·西蒙:《管理行为》,杨砾、韩春立、徐立译,北京经济学院出版社1988年版,第145—146页。

③ Roderick D. Iverson, Donna M. Buttigieg, *Affective, Normative and Continuance Commitment: Can the "Right Kind" of Commitment Be Managed?* Journal of Management Studies, 36(3), 1999, pp. 307 - 333.

考只执行的错误做法,授予在现场负责具体工作的员工发现问题、分析问题、解决问题的实际的权力,形成谁负责具体工作谁就要既思考又执行的制度,从而使所有人员的自觉意识、坦诚态度和责任感达到新的水平。

6. 从个人本位到个人和团队相结合

现代的传统的管理以个人为本位,主张竞争,新管理主张个人和团队相结合,强调合作。

在经济从宗教、政治领域中分离的过程中,个人在几个条件的促动下也从社会依附关系中独立出来。这些条件是:自然科学中的还原主义认为世界可以还原为基本粒子,它们之间的关系是外在的,不会影响到各自的内在性质。这就使个人成为独立于社会关系和各种关系而存在的基本单位和自足的实体得到科学的论证和支持。新教运动指出"上帝应许的唯一生存方式,不是要人们以苦修的禁欲主义超越世俗道德,而是要人完成个人在现世里所处地位赋予他的责任和义务。这是他的天职"[①]。个人追求现世幸福的权利得到宗教的认可。个人拥有私人财产,并以契约的形式作为劳动力或所有者参与市场交易和经济活动得到法律的允许、保证和保护,从而使个人追逐自身利益的动力得到激励。同时,经济学证明,个人"追求自己的利益,往往使他能比在真正出于本意的情况下更有效地促进社会的利益"[②]。这样,个人追求自己的利益就不用再为自己作道德辩护了,因为它有助于社会利益的实现。在以上条件的作用和影响下,"个体自身成为生活世界中的社会性的再生产单位","去学习将自身看作行动的中心和自己生涯、能力、取向和关系等等的规划者。"[③]更为重

---

① [德]马克斯·韦伯:《新教伦理与资本主义精神》,于晓、陈维纲等译,三联书店1987年版,第59页。

② [英]亚当·斯密:《国民财富的性质和原因的研究》下册,郭大力、王亚南译,商务印书馆1974年版,第27页。

③ [德]乌尔里希·贝克:《风险社会》,何博闻译,译林出版社2004年版,第109、166页。

要的是,个人以获得自身的最大利益为行动的目的和判断标准,因而极大地调动了他从事社会活动特别是经济活动的主动性、积极性和潜力。

企业大多也是属于个人的,于是现代的传统管理的管理方式和组织设计体现了个人主义式的特点,即工作和任务围绕着个人角色、个人岗位描述、个人责任、基于个人的业绩评价而展开,把个人的效率作为提高整个企业的效率的基础和着力点,各种工作、功能因而也就当作一件一件零部件而加以管理,管理就是想方设法促使每一个"部件"的优化。激励个人效率提升的方式就是把个人的报酬同其工作业绩、与其同事的工作业绩联系起来,业绩高则报酬高,业绩低则报酬低。如果工作业绩低,或经过努力提升不上去就只有面临被辞退。在分析科学管理的方式时人们就指出,它的一个主要目的是,"这种向工人的劳动本身而不是根据职位来支付报酬的做法,主要是为了体现工人的个别化差异。"①个人成了科学管理挑选人员、安排工作、进行奖励等的原则。在现代管理的整个发展过程中,工作和业绩的个人化一直是管理的基本原则和基本方式。这种个人化的管理方式是有积极作用的,一是明确的个人岗位、要求和工作目标,既有利于挑选适合于岗位所需要的合适的人,有利于实现工作的专业化从而提高效率,又有利于每个人明确自己的工作努力的方向、标准,也就为实现个人自我管理奠定了基础。二是明确和简化了管理者的工作内容,他们主要负责制订计划、下达任务、挑选人员、组织实施,特别是负责监督员工按程序和要求进行工作,对他们的工作进行协调,保证既定目标的实现。三是通过把个人的报酬同工作业绩的现实表现联系起来,引发了部门与部门之间、个人与个人之间的竞争,从而极大地调动了每个部门(管理者的个人工作报酬是与本部门的业绩挂钩的)、每位员工的积极性和潜力,把他们的努力引向企业的目标,不断提高企业的效率和竞争优

---

① [美]丹尼尔·A.雷恩:《管理思想史》第5版,孙建敏、黄小勇、李原译,中国人民大学出版社2009年版,第147页。

第五章 现代管理及其价值观的转型

势。但我们要看到,这种积极作用是在生产和工作相对简单,工作能划分成个人化的工作,不需要人们之间经常性的互动、配合和协同等前提条件下实现的,只要前提条件发生改变,其积极作用就会受到很大影响,甚至演变为消极作用。

在条件不发生改变的情况下,个人化的管理方式也存在着明显的缺陷。一是易引发管理者、所有者和广大员工的冲突。因为企业所有者、管理者也是作为一个个个人存在的,他们也追求最大化的利益,员工希望获得尽可能多的报酬,也就是实现企业的剩余利润的最大化,而"从所有者利润的角度来看,下属的薪水是一种成本,就像原料和土地的成本一样,所以必须尽量减少"。"鼓励团队成员把他们的共同剩余最大化的激励制度,与为了达到减去对成员的激励报酬之后剩余净利润最大化所要选择的激励制度,显然不是一回事。"①带来的结果是管理者和雇员之间不信任和利益的冲突,从而产生"两难困境"。二是部门之间和个人之间的竞争,不仅仅导致了彼此之间关系的冲突,更为严重的是阻碍了企业的创新和更快发展。既然双方之间都寻求最大利益,彼此之间的利益在短期内就是有冲突的,他们会尽量选择不配合对方的策略,包括隐瞒自己失败的经历导致其他人继续走失败的老路,而对自己创造出来的对对方有利的知识、信息和技术进行隐瞒等等。而员工之间的配合对企业整体的创新和发展是极为有利的。以上的消极作用限制了企业更好更快的发展。

在科学技术发展日新月异,在企业之间的竞争日益激烈,其竞争优势越来越依赖于企业员工的知识生产率的条件下,企业再依靠工作的个人化和简单独立的工作已经不能适应社会发展的步伐和竞争的需要了,因为工作特别是以知识为基础的工作要求通过群体化、团队化来实现工作的协同增效。正如野中郁次郎等人所指出的,"知识是通过具有不同类

---

① [美]盖瑞·J. 米勒:《管理困境》,王勇等译,上海人民出版社 2002 年版,第 187页。

型和内容的知识的个人间的相互作用而创造出来的。通过这种社会的转换过程,模糊知识与明晰知识的质与量都得到发展",①形成知识创新上升的螺旋。在这里,团队对工作的意义至关重要。维持团队的存在,成了个人发挥应有作用、追求个人利益的必然选择。也就是说,维护团队的利益、适应团队的需要愈益成为保障个人的利益的基础,团队的存在和发展成了个人的优先选择。而团队的存在和发展的关键在于个人的整体(全局)意识和相互之间的合作。

 理想团队的九种角色

梅雷迪斯·贝尔宾(Dr. Raymond Meredith Belbin)经过调查和研究,在团队及其组建方面取得大量研究成果。他提出,"没有完美的个人,只有完美的团队。"著有《团队管理:他们为什么成功或失败》、《工作中的角色》等著作,被誉为"团队角色理论之父"。他经过研究发现,一个理想的团队应具备九种角色。他们是:

1. 培养者(Plant):有创造力,富有想象力,不受传统约束,善于打破常规,能解决困难问题。可容忍的弱点:不善于与普通人相处。

2. 协调者(Coordinator):成熟,自信,值得信赖,是优秀的主席人选,能阐明目标,推动决策制定。不一定是最聪明的人。

3. 影响者(Shaper):精力充沛,好交往,可以承受压力,爱好挑战,能对别人构成压力,能找到克服障碍、困难的途径。可

---

① [德]迈诺尔夫·迪尔克斯、阿里安娜·贝图尔·安托夫、[英]约翰·蔡尔德等主编:《组织学习与知识创新》,上海社会科学院知识与信息课题组译,上海人民出版社2001年版,第385页。

接受的弱点:容易发脾气。

4. 团队成员(Teamworker):好与人交往,性格温和,反应灵敏,乐于助人,善于倾听,能建设性地工作,善于避免摩擦。可接受的弱点:在棘手环境下优柔寡断。

5. 完成者(Completer):吃苦耐劳,尽职尽责,比较性急,能找出错误,按时完成任务。有时过度忧虑,不愿授权。

6. 执行者 (Implementer):守纪律,可信赖,为人谨慎,工作有效率,擅长把想法变为行动。可接受的弱点:有点不太灵活。

7. 资源调查者(Resource investigator):个性外向,为人热情,好与人交往,善于寻求机会,但不能持久保持工作热情。

8. 专家 (Specialist):一心一意,有主动精神和献身精神,能带来特殊的知识和技能,但只能在狭窄的专业领域内作贡献。

9. 监督评价者(Monitor and Evaluator):严肃,有战略眼光,有洞察力,通盘考虑后做出判断。但缺乏激励和鼓舞他人的动力和能力。

资料来源:[英]斯图尔特·克雷纳:《管理百年》,海南出版社 2003 年版,第 155—156 页。

新管理的一个职责就是引导个人必须以团队的目标、组织的目标作为自己的目标,在实现团队的目标、组织的目标过程中保证个人自己的目标和利益,同时保证和维持组织与员工之间、员工个人之间的合作。具体而言,要在以下几个方面努力:一是重视和支持团队组织的健康发展,努力实现工作的团队化。既然工作是通过人们之间的相互作用来保证实现的,那么建立维持人们在一起工作和相互作用的组织就至关重要,这包括野中郁次郎等人所称作的"巴"、①艾铁尼·温格（Etienne C. Wenger）等人称作的"实践社区"②等，我们都称作"团队"。既按个人来安排员工的工作又保证他们能参加一个或多个团队，在团队中工作。对于不是管理者亲自负责组建的正式团队，而是由员工自发建立的非正式团队，其主要的目的是为了改善工作的组织，管理者要给予积极支持，至少不要干预。非正式团队和组织虽作为社会技术系统以兴趣、爱好、情感和个人自由为基础，坚持着与理性逻辑不同的非理性逻辑，但使成员的归属需要、自尊等非理性因素得到一定的满足，个人人格的完整性得到一定保护，进而保持了正式组织的凝聚力，维护了组织的稳定和管理职能的发挥。更为重要的是，他们增进了改进工作的知识和做好工作的新的办法，对于提高整个组织的生产效率是极为有益的。二是管理者带头示范。员工与企业管理者、所有者的不合作在很大程度上是由管理者的自私行为所造成的。因此，要实现人们对组织的合作承诺，管理者的带头示范作用非常关键。"管理者需要通过亲自作出关心和信任的表率来激发雇员们的合作意愿和相互信任。"③也就是说，管理者要真正保证员工的报酬同他们的工作业绩特别是在团队中的工作业绩结合起来，随着他们对团队和组织的贡献的增加而给予他们应有的报偿，这些报偿既包括金钱方面的，也包括成长、职业发展方面的。管理者主动支持员工以团队方式进行工作，甚至自己也愿意加入到一定形式的团队中。三是激励合作的行为，建设合作的文化。在新的管理实践中，管理者的主要任务在于引导和激励员工的合作。要建立起合作性的组织目标，把个人的发展同组织、团队的发展有机结合起来；建立和完善以团队的整体业绩、成就和组织的整体业绩来评价

---

① ［德］迈诺尔夫·迪尔克斯、阿里安娜·贝图尔·安托夫、［英］约翰·蔡尔德等主编：《组织学习与知识创新》，上海社会科学院知识与信息课题组译，上海人民出版社 2001年版，第 388—390 页。

② 《组织的学习》，刘巍译，中国人民大学出版社 2003 年版，第 1—18 页。

③ ［美］盖瑞·J. 米勒：《管理困境》，王勇等译，上海人民出版社 2002 年版，第 270页。

个人工作业绩的制度,对把组织的目标作为自己的目标的个人、对与同事、与其他部门合作的个人或部门的管理者要给予奖励,对不予合作的个人或部门给予惩罚,甚至把主要责任人辞退。另外,在选聘新人时要把他们的合作意识和能力作为一项重要的考察指标。通过以上的措施,建设人人承诺合作、人人真诚合作和人人从合作中受益的组织文化。

7. 从等级组织到超文本组织

现代的传统的管理推崇从上至下的单一的、正式的、机械性等级组织,新管理则重视上下互动、人人平等交往的、正式与非正式相结合、弹性的、有机的超文本组织。

现代经济特别是工业的发展是以大工厂的不断涌现为标志的,托夫勒(Toffler)把其称作"大烟囱经济"。小艾尔弗雷德·D.钱德勒经过考察就指出,为了取得强大的竞争优势和较大的市场份额及利润,企业家对大工厂投资,"使这种工厂大得可以足以利用其在生产方面,在产品特定的设施和在批发经销(以及在技术先进工业里的研究)中的技能方面,以及在为协调那些活动所必需的管理组织方面的规模经济或范围经济",①甚至企业的规模还要增长和扩大。这种类型的大型工厂存在一个突出问题,就是如何增强其作为一个整体组织各项工作流程以应对市场和其他企业竞争的需要。因此,提高自己的管理能力就成为这些工厂、企业的紧迫任务。而适应这一要求的组织形式就是传统的管理所提倡的科层制(官僚制)。

科层制(官僚制)是一种进行严格的权力与职责的划分和劳动分工、按照等级原则组织起来和以一定的专业知识为基础的组织形式,成员由通过任命的具有技术资格的专业人员充任,他们每一个人的权力和责任

---

① [美]小艾尔弗雷德·D.钱德勒:《企业规模经济与范围经济》,张逸人等译,中国社会科学出版社1999年版,第39—42页。

都具有明确的规定,接受一层一层上级的指挥和领导,领取固定薪金,同时受有关其职责的严格规则、纪律和章程的制约。这种体制和组织形式具有超过其他的形式的纯技术优势,"一种充分发达的官僚体制机制与其他形式的关系,恰恰如同一台机器与货物生产的非机械方式的关系一样。精确、迅速、明确、精通档案、持续性、保密、统一性、严格的服从、减少摩擦、节约物资费用和人力,在由训练有素的具体官员进行严格官僚体制的、特别是集权体制的行政管理时,比起所有合议的或者名誉职务的和兼任职务的形式来,能达到最佳的效果。只要是涉及复杂的任务,那么有偿的官僚体制的工作不仅更加精确,而且结果往往甚至比形式上无偿的名誉职务的工作更加便宜。"①正是具有这样的优势,科层制(官僚制)不仅受到大工厂、大企业的欢迎,而且即使规模稍小的工厂和企业也纷纷采用。在现代企业和组织中,科层制(官僚制)得到广泛的运用,成为一种普遍性的组织形式。在官僚制中,命令和信息从上至下一个层级一个层级的传达,下级根据命令和信息安排自己的本职工作,工作情况、遇到的问题要由下至上一个层级一个层级地向上报告,其他的发送信息的渠道是不允许的,人们之间的关系就是职责、章程规定的工作关系,在此之外不允许影响工作的其他关系的存在。传统的管理正是靠这样一些方法增强了工作的可预计性,增强了大工厂、大企业作为整体的组织能力和行动能力,使它们获取竞争优势和市场份额,从而促进了现代经济的发展。钱德勒指出,现代工业企业成为发展现代工业资本主义的根本原动力,"这一原动力的核心是企业整体的组织能力"。② 要指出的是,命令和信息之所以从上至下一个层级一个层级地发送,工作情况、遇到的问题要由下至上一个层级一个层级地向上报告,其原因在于位置处在越高的等级的管

---

① [德]马克斯·韦伯:《经济与社会》下卷,林荣远译,商务印书馆1997年版,第296页。

② [美]小艾尔弗雷德·D.钱德勒:《企业规模经济与范围经济》,张逸人等译,中国社会科学出版社1999年版,第749页。

第五章 现代管理及其价值观的转型

理者掌握越多、越可靠的专业知识,可以由他们决定企业的主要事项,而下级和基层因为具有的专业知识和技术知识十分有限只能按要求从事执行的工作;并且人们相互之间的关系也主要限于程序性的配合和协调这样的单一性关系,在工作中形成的非正式组织也主要是为了满足社会交往和社会归属的需要,以及保障自己的权利不受到侵害。这种组织形式在相对稳定的市场环境中才能生存和发展。如果市场环境的不确定性增加,如果消费者对企业提出越来越多的产品质量和个性化的服务要求,这种体制的弊端就暴露无遗了。不断增加层级,信息还依然一层层进行传递,不能及时对各种变化作出决策和应对,造成行动迟缓,贻误商机。由于维护权力和地位的需要,也为了维护自己的既得利益,上层管理者对于来自下级的变革和创新的建议往往不予理会。这不仅会挫伤下层管理者、员工的工作主动性、积极性,还会窒息企业的活力。布劳(Peter M. Blau)和梅耶(Marshall W. Meyer)在分析科层制的反功能时就指出,"科层制的反功能之一来自规则和规范运用中的过分刚性,过分刚性导致科层制无力回应外界发生的变化和组织的成长,因而无力满足完成任务的基本需求。另一个反功能就是保守主义和革新的抵制。"①正是看到科层制所具有的弊端和缺陷,米歇尔·克罗齐埃(Michel Crozier)提出,科层组织体系,"是一个人不能纠正自己错误的体系,而且是一个过于僵硬以致没有危机便无法适应变化的体系。"②

小资料

组织的新形态:三叶草组织

英国著名管理学家查尔斯·汉迪(Charles Handy)指出,正

---

① [美]彼得·布劳、马歇尔·梅耶:《现代社会中的科层制》,马戎、时宪民、邱泽奇译,学林出版社2001年版,第139页。

② [法]米歇尔·克罗齐埃:《科层现象》,刘汉全译,上海人民出版社2002年版,第242页。

是不断变化的技术和经济,尤其是信息技术、生物技术与经济的结合导致了当代社会的不连续变化。人们必须运用不连续的思维、新的思维看待周围的世界。他运用新思维研究了组织的变化、发展,提出了这种新的组织形态。

三叶草是爱尔兰的国花,是一种每一根颈上有三片叶子,像苜蓿似的小型植物。用三叶草是为了形象地说明一种新的组织形态。这种组织是由三个有较大差异的群体组成的,他们有不同的前途,受到不同的管理,被支付不同的工资,以不同的方式组织起来。第一片叶子代表核心工作人员,由资深专家、技术人员和管理人员组成。他们具有的学识使本组织区别于其他同类组织,对组织至关重要,难以被取代。因此,他们不是可被随意支使的一群人,他们希望被看作是同事而不是下属,他们需要组织给予高薪、额外的福利和特别的待遇。这部分人的数量较少。第二片叶子指外包人员。组织的不太重要的工作,承包给能做出特色的或以较低成本做的人。第三片叶子代表灵活的劳动力,即那些兼职工和临时工,他们是对工作和工作群体尽责而不是对事业或组织尽责的一群人,他们不被寄予什么期望,组织能给予他们的也很少。但组织必须认真对待他们,因为如果需要的话,他们具备可利用的技能,能够尽义务,具有潜力和精力。

资料来源:[英]查尔斯·汉迪:《非理性的时代》,华夏出版社 2000 年版,第 80—106 页。

企业之间日趋激烈的竞争需要企业构建自己核心竞争力或提高生产率,需要调动所有员工的主动性和创造力来进行知识创新和技术创新以适应顾客的需要,同时,企业普通员工的受教育水平不断提高甚至成为本行业的专家,处在最高层级的管理者充其量也只是一名专家因而再也不能单纯依靠发号施令来进行管理了。总之,当今的企业和组织必须增强自己行动的灵活性、适应性以增强市场竞争力,这就要求改进等级制组织,采用新的组织形式和管理策略。一是新管理需要把决策分散化,增强各个层级、各个部门、各个人员的自主性和责任感,建立扁平型组织。要敢于减少组织的层级,加快信息在组织中的传递的速度;在决策中,把集中与分散有机结合起来,特别要给予处在一线、直接面向市场和外部环境的人员应有的权力,让他们切实负起责任;打通下级、一线员工与高层管理者交流沟通的渠道,并使之成为机制;高层管理者要主动走出办公室、会议室,走进下级部门、一线人员、顾客之中,了解真实情况,掌握第一手信息和资料,实行走动管理。通过以上方式建立起来的组织才是具有弹性和适应力的理想性组织。难怪圣吉认为,更加理想的组织是"在这种组织中,领导权不仅仅属于企业上层,而是处于不同位置的很多人都可以共同参与领导,这样的组织才可以不断地适应环境并进行自我重组,而这正是组织机构的本质"①。二是确保各种形式的信息交流便捷通畅。建立新的正式组织或支持非正式组织加强人与人之间的接触、联系、相互作用和相互沟通,支持员工、各方面人员不仅可以进行上下的纵向沟通和信息交流,还可以进行左右、前后的横向交流和沟通,还可以进行斜向的交流和沟通,促进知识的传播、分配、运用和创造,从而使组织成为人人对等的知识联网的组织,并采取相应的管理措施。针对这种组织的作用和历史性地位,萨维尼(Charles M. Savage)提出,知识联网的组织及其管理是继所有制、等级制、矩阵组织、计算机联网组织及其管理之后的"第五代管理"②。三是新管理为解决关键问题还需要集中优势力量开展项目攻关。为解决特定的问题,仅仅依靠某个方面的专家是不够的,必须把与问题相关的专家和各方面的人士从组织的各个地方召集起来,最大限度地

---

① [美]彼得·圣吉等:《变革之舞》,王秋海等译,东方出版社 2001 年版,第 10 页。

② [美]查尔斯·M. 萨维尼:《第五代管理》(修订版),谢强华等译,珠海出版社 1998 年版,第 156—161 页。

利用本企业的各方面人才及其知识和技能,这种组织又成为或包含项目团队。四是新管理及其组织形式还具有"学校"和"档案馆"的特征。新管理对企业的各个部门、各个项目的工作必须进行归纳总结,一方面找出成功的经验和可资借鉴的地方,另一方面能为员工了解这些情况提供档案和参照,从而在整个企业和组织中吸收知识和迅速传播知识。另外,企业中还有许多常规性工作,新管理还需要在一定程度上利用科层制的优势和作用,采取一定的传统的等级组织形式。总起来看,这样的组织形式不是单一的,不是完全正式的,也不是机械性的,而是集多样化形式、正式和非正式形式和灵活性于一身并相互链接的、因时而动、与时而进、不断演化的具有弹性的、有机的超文本组织。① 当然这是针对规模较大的组织而言的,规模较小的组织可能只具有一两种组织形式甚至只有一种典型的组织形式。

需要强调的是,在竞争加剧、变化不定的新的历史阶段,企业等组织的组织结构并不是唯一的,并"不存在一种正确的组织结构。不同的环境、行业和任务会要求不同的组织结构"②。正是在这种意义上,我们认为未来的理想的组织形式并不是非此即彼的,而是极具多样性的组织。当然,在这些组织中有一点是共同的,即它们都富有灵活性和适应力,即组织柔性。也就是都能"培育或促进应对引发出乎意料的干扰情况的能力"③。

8. 从控制到服务

现代的传统的管理认为管理者是英雄、权威,决定一切,强调管理即

---

① 野中郁次郎等提出,把等级制和项目任务制两者进行某种结合、以利于知识创新的组织结构,可称作超文本组织。具体而言,这种组织机构包括知识基地层面(用于知识的积累与共享)、业务系统层面(用于知识利用)和项目任务层面(用于知识创造)。

② [英]尼尔·M.格拉斯:《管理是什么》,徐玮、魏立原译,中国劳动社会保障出版社2004年版,第236—237页。

③ [荷]亨克·傅博达:《创建柔性企业》,项国鹏译,人民邮电出版社2005年版,第92页。

控制,新管理则认为管理者是设计师、教师和服务员,主张管理即领导、服务。

在现代企业诞生时,企业的管理者开始是企业的所有者,后来大多企业由聘任的职业的经理人来担任各级的管理者,不管是早期的所有者还是后来的经理人都是专业知识和能力的象征,因而也成为权力的象征,被看作英雄和权威,他们特别是上层管理者是决定现代企业生产和发展的思考者和决策者,其他的管理人员和雇员是具体事项的执行者。管理者的职责就是对企业的生产、发展进行计划,对相关的生产、工作进行组织、协调,对各部门和工人们的任务、工作进行协调和控制,总之要决定一切。为了使整个企业正常运转和提高效率,在确保计划、决策、组织等到位的前提下,管理的职能日益突出为控制,保证员工的行为符合命令和要求,各部门的工作符合程序和规范,人、财、物、设备等得到匹配。传统的管理对管理的理解比较狭窄,纽曼(William H. Newman)认为它是"当一群个体向某个共同目标作出努力时,对他们进行的指导、领导和控制",穆尼(James D. Mooney)和赖利(Alan C. Reiley)则指出,"管理是启动、指挥和控制组织的计划和程序的至关重要的火花。随着管理而来的是人的因素,缺少了人的因素,任何人都不会是一个朝着既定目标前进的活生生的人。管理与组织的关系类似于复杂的精神力量与身体的关系。我们的身体仅仅是精神力量努力实现其目标和愿望的手段和工具。"① 因而,在管理工作中,管理者同被管理者的关系是主体—客体关系,内含于其中的隐喻主要是指导和控制,其他还包括战略、支配、培养、秩序、命令、服从、接受权威等。② 实际上,这种以控制为主要特征的管理,"确保了权力关系

---

① [美]丹尼尔·A. 雷恩:《管理思想史》第 5 版,孙健敏、黄小勇、李原译,中国人民大学出版社 2009 年版,第 455、394 页。

② Ole Fogh Kirkeby, *Management Philosophy: a Radical-Normative Perspective*, Springs, Berlin, 2000, pp. 38 – 43.

细致入微的散布。"①不难看出,这种管理关系也是一种成人对儿童的关系,管理者是"成人",而工人则是"儿童",后者被看作没有经验和主见,不会作判断,只能由前者告诉后者采取某一决策或安排某一任务、工作的重要性,怎样完成等等,甚至干脆就是要求他们按管理者规定的去做,工人作为"儿童"不必发表任何意见,提出任何建议。其次,这种管理特别强调反馈。在这里的反馈是作为管理的手段而存在的,通过它来促进下级和工人在实施既定目标、任务的过程中对工作进行改进,而不是对目标和任务进行调整和改善,从而确保管理者下达的决定和提出的要求能得到保质保量的执行和完成。另外,这种以控制为突出特征的管理在解决难题时不是依靠发挥大家的智慧而是寻求能使企业"起死回生"的英雄人物。一旦企业的生产率下降和效益下滑,甚至出现面临倒闭的危机,这种管理不是想方设法集中企业所有人的智慧和力量,依靠大家一起渡过难关,而是把问题的产生归结为管理者特别是最高层管理者缺乏能力或能力不足,把问题的解决寄希望于找到英雄级的人物——新的管理者,它具有使企业"起死回生"之术。于是,新的管理者到来后,会采取各种所谓有效的措施来解决问题,可能使企业暂时渡过危机,但对于那些根深蒂固的问题并没有解决,并且依然还是没有把每一个员工的责任感调动起来,因而企业再次遇到危机是早晚的事。在竞争并不十分激烈、相对稳定的市场环境中,在员工受教育的水平不高和对企业的知识贡献率较低并且自我管理、自我发展的愿望还不十分紧要的条件下,这种管理是比较有效的。

到了 20 世纪中叶以后,随着全球化步伐的加快,导致企业之间竞争的加剧和不确定性的增加,以及广大员工教育水平的大幅提高和企业对他们的责任感和知识贡献率的依赖,传统的管理已不能适应企业和组织

---

① [法]米歇尔·福柯:《规训与惩罚》,刘北成、杨远婴译,三联书店 1999 年版,第 242 页。

第五章 现代管理及其价值观的转型

生存与发展的要求了,管理再也不是管理者的特权,支持成员特别是知识型员工参与企业的决策和进行自我管理,成为管理的潮流,并且在不少企业中起上传下达和监督作用的中间层次也因信息技术带来企业上下可以即时分享信息的便利而趋于消亡。正是看到这样的发展趋势,有人认为,"有可靠的证据说明,管理有可能在21世纪早期的某个时候消失",有的提出,我们现在已经进入"后管理"时代。但正如有的学者所指出的,人们确实对管理权进行了一定的分享,但这"并不意味着合作和控制人的活动的结束,相反,它使这种合作和控制有了更为宽广的活动基础。……管理的权力——如果不是管理者的权力的话——与其说减少了还不如说扩展了"①。其实,作为以控制为特征的管理在逐步消亡,但管理并不会消失,因为只要我们的社会存在企业和组织,而它们需要对相关的人、财、物等进行整合以实现自己的目标,管理就是必需的。

适应新的社会阶段的管理不再是以控制为特征的管理,而是以服务、协调、激励为特征的新管理。首先,新管理不再把被管理者、广大的企业员工当作被动执行的客体,而是当作管理的重要参与者,当作管理的主体。管理工作不再是要求员工赞同和执行,而是挖掘他们的内在动力,寻求他们的支持、参与,鼓励和帮助他们进行自我管理,对他们提供必要的服务。正是在这个意义上,新管理与其说是管理,还不如说是领导。"领导可以在概念上通过一个主体面对主体的理想类型来表明。这种关系是对称的。……在这个对称的关系中,雇员可被称为'联合领导者',或不十分贴切地称为'联合被指导者'。这个前缀'联合'强调共同体是主体—主体关系,甚至是团结的缘由。"领导的基本隐喻是对话、教授、请求、适应、承诺、同感、神入、使自己认同、理解、互惠和团结一致等。② 其

① Christopher Grey,"*We Are All Managers Now*";"*We Always Were*":*On Development and Demise of Management*,Journal of Management Studies,36(5),1999,pp. 561–585.
② Ole Fogh Kirkeby,*Management Philosophy:a Radical-Normative Perspective*,Springs,Berlin,2000,p. 44、38.

次，新管理把理念和远景作为工作的手段。因为企业中的大多数员工都具有自我管理、自我发展的能力，管理的一个重要内容就是关注大家努力的方向，设计和规划企业的理念、愿景和未来的蓝图，这里的愿景不是一个人的，而是大家的，是你的愿景中有我的愿景，我的愿景中有你的愿景，并且理念和蓝图都把大家的发展包含其中。管理者的重要的职责是始终忠诚于企业的理念和愿景，指导员工理解、认识和认同理念和愿景，并用它们来激励广大员工。正因为如此，彼得·圣吉指出，"我们将把领导艺术看做是一个人类社团塑造未来的能力，特别是持续不断地进行必要的重要变革过程的能力。""领导艺术实际上来自于拥有创造性张力的能力，也就是人们陈述一种远见而且以他们最大的能力将现实的真理说出来的能量。"[①]另外，新管理把对话作为工作的方式。管理不再是对既定目标的实现和既定任务的完成，而是对企业的决策、目标、规定、任务等进行协商。管理者不能要求员工遵从自己的决定、观点、喜好和倾向性意见，而是和他们一同对工作方案甚至各方面的重要事项进行对话，互相形成对这些问题的新的认识，在此基础上形成共识。因此，对话不是要求互相遵从，而是相互理解、共同发现和共同创造。这样，经过经常性的工作性对话，企业的目标成为大家共同的目标，工作不再是执行，而是完成共同的决定，工作也不再是煎熬，而是享受。最后，新管理特别强调服务。在企业特别是以知识为基础的企业中，员工都是知识工作者，他们对管理者的需要不是要他们具体做什么，因为他们对自己的专业和工作比管理者还清楚和精通，他们需要的是在他们工作的过程中管理者能提供各种必需的条件，比如部门与部门之间的协调、物质设备的保障、对话团体的组建、网络技术的引进等等。正是在这种意义上，管理愈益成为一种服务。

---

① ［美］彼得·圣吉等：《变革之舞》，王秋海等译，东方出版社2001年版，第15页。

管理之魂

三、现代管理及其价值观转型的实质

与现代的传统的管理相比,新管理在管理的外部环境、目标、管理资源、管理方式、组织等一系列问题上都具有自己不同的认识方式和处理办法,形成了一套适应新的经济形势和新的社会阶段需要的管理观念、管理理论和管理方式。一句话,新管理是一种新的管理范式和管理形态;与传统管理所具有的现代性不同,它孕育和体现了一种后现代性。

1. 由传统的管理到新管理:管理范式的转换

"范式"这一术语是由美国著名学者库恩(Thomas S. Kuhn)在研究科学史和科技哲学问题的过程中提出的。他发现社会科学家对于正当的科学问题与方法的本质,在看法上具有明显的差异,而天文学、物理学、化学等的实践者对其中的基本问题通常没有展开争论,究其来源,他认识到正是"范式"在科学研究中发挥作用的缘故。

那么,何谓"范式"?

它是那些公认的科学成就,"它们的成就空前地吸引一批坚定的拥护者,使他们脱离科学活动的其他竞争模式。同时,这些成就又足以无限制地为重新组成的一批实践者留下有待解决的种种问题。"[1]"一个范式就是一个公认的模型或模式",[2]库恩指出,"范式"是一个与"常规科学"密切相关的术语,他选择这个术语,是想提出某些实际科学实践的公认范例,为特定的科学研究的传统提供模型,它们包括定律、理论、应用和仪器

---

① [美]托马斯·库恩:《科学革命的结构》,金吾伦、胡新河译,北京大学出版社 2003 年版,第 9 页。
② [美]托马斯·库恩:《科学革命的结构》,金吾伦、胡新河译,北京大学出版社 2003 年版,第 21 页。

等。他认为人们以共同范式为基础进行研究,都会承诺使用同样的规则和标准。并强调,"取得了一个范式,取得了范式所容许的那类更深奥的研究,是任何一个科学领域在发展中达到成熟的标志。"①托勒密天文学、哥白尼天文学、亚里士多德动力学、牛顿动力学、微粒光学、波动光学、燃素说等都是一些科学界曾存在过的范式。范式的存在提供了研究的规则、标准,隐含着特定的研究仪器、方法,预示了富有启发性的事实,决定了许多有待解决的问题,承诺该范式的科学家经过广泛研究澄清范式已经提供的现象和理论,从而使范式更加清晰,形成围绕范式的大批科学成果和理论。而那些不与该范式相协调的人,只好孤立地进行工作或者依附于某个别的研究团体。

一个特定的范式只能解释、解决与其有关的科学问题,当它对本领域的反常现象不能给予解释和解答时,范式的危机就出现了。而这种现象不断增多,科学家开始用不同于此范式规定或预示的规则和方法进行解决时,就会有新的范式全部或部分地代替原有的范式。这种范式的转换由于在科学界特别对认同或受到原有范式指导的科学家影响极大,因而又被称为科学革命。从托勒密天文学到哥白尼天文学,从燃素说到燃烧的氧化理论,从微粒光学到波动光学,从牛顿力学到爱因斯坦的相对论等等,都属于科学范式的转换,成为科学革命。以前的旧范式认为不重要或不关注的问题可能在新的范式里成为能带来重大成就的重要科学问题。"科学革命中出现的新的常规科学传统,与以前的传统不仅在逻辑上不相容,而且实际上是不可通约的。"②人们总是通过自己的研究来观察世界的,利用新范式观察世界会看到一个不同于用旧范式看到的世界,好像世界都变成新的了。

---

① [美]托马斯·库恩:《科学革命的结构》,金吾伦、胡新河译,北京大学出版社2003年版,第10页。
② [美]托马斯·库恩:《科学革命的结构》,金吾伦、胡新河译,北京大学出版社2003年版,第95页。

从范式的角度看,现代的传统的管理到新管理的转变,就是管理范式的转换。现代的传统的管理是围绕提高组织的效率即正确地做事从而不断增进组织的利润而形成和发展起来的管理范式,它规定和预示了一系列有待认识、解释和处理的理论和实践问题。

一是怎样看待组织的目标。现代的传统的管理提出利润至上、效率至上的经济功利主义目标,并且构建了"经济人"的人性假设。虽然以后在管理理论和实践的发展过程中人们对人性的假设进行了改进和完善,但"经济人"对管理理论和管理实践影响巨大,是贯穿其中的一个灵魂,其他的假设不过是对"经济人"假设的补充、扩展和完善。从这种意义上说,人性假设只有一个,这就是"充实的经济人"。

二是怎样看待实现目标和进行管理的主体。现代的传统的管理认为管理者就是主体,是提高组织效率和实现组织目标的关键,其他雇员在管理者的指挥、控制下从事具体交办的工作;它承认个人利益对于个人的决定性意义,对人们的组织是围绕个体角色、个人职责、个人绩效评估进行的。传统管理的管理主体是个人主体,对被管理者(管理客体)的理解也是个人性的。

三是怎样看待实现组织的目标的外部环境。现代的传统的管理对外部环境的理解就是以确定性为特征的稳定的市场环境,正因为企业面对的竞争不是很激烈,消费者的需求主要体现为物质性的需求,并且他们既没有主动权也缺乏足够的热情参与企业的生产,大多数的企业、大多数的管理者自觉或不自觉地不再关注外部环境,而是以自己对环境的理解、对产品的认识来指导自己的管理实践。

四是怎样实现组织的目标,亦即管理的方式、方法等手段。现代的传统的管理是以理性主义为自己管理的特征的,通过把理性特别是工具理性放在统率非理性、排除非理性的高度,用理性来衡量一切,靠理性来保证一切。这突出体现在把管理者看作企业和组织存在、发展的决定性力量,由他们决策、计划、安排、决定企业所有的大事,而被管理者只是执行者,充当实现管理者既定任务的功能,从而成为执行命令、按章行动的"零件"或"器官"。也就是说现代的传统的管理把思考者和行动者、计划者和执行者割裂开。传统的管理迷信管理的工具,一切以科学说话,一切以统计数字说话,忽略了广大被管理者的责任感和积极的工作态度;这种管理方式的组织载体就是等级制,主张单一的组织形式,信息由上至下、由下至上逐层传递等。

总起来看,现代的传统的管理范式是一种对人控制的范式。

在不确定性成为时代的特征和组织成员的受教育水平普遍较高并寻求工作中的意义的条件下,如何提高组织的效益即做正确的事从而创造价值的问题成为管理优先考虑的重大课题,而传统的管理范式已经不能对此问题提供合理解释和有效的解决。管理创新、管理变革甚至管理革命的浪潮就不可避免了,新管理范式也就逐步产生了。新管理就是要认识、回答和处理新的经济和社会条件下的一系列问题。

第一,关于组织的目标。新管理提出了承担社会责任和创造价值的超经济功利主义的目标。鉴于人们对企业造成的当前环境的危机和社会的风险的责难,以及雇员、顾客、投资者、供应商等利益共同体的权力诉求,"不再像以往单纯地关注利润或单纯重视增加产品数量,经理们现在必须权衡许多因素和许多权益的关系。""在新的规范中十分明确的是,企业现在必须考虑雇佣工人,消费者,社会公众以及股东——所有四方的观点和要求——来制定政策。所有人的利益都必须被考虑到,对这种道德要求做出积极反应的关键是建立一种承担道德责任的机制。因此为了做到这一点,企业必须找到相应结构。"①同时新管理对人性的假设也发生改变。这个新的假设就是"意义人"假设。这个假设并不否认人有经济的需要,要受经济利益的驱使,从而追求工作中的经济意义、经济价值,

---

① [美]理查德·T.德·乔治:《经济伦理学》第 5 版,李布译,北京大学出版社 2002 年版,第 667、669 页。

而是认为人有多种需要,并不限于经济需要一个方面,他更希望在工作中获得体验、精神等多方面的意义,并且来自各种文化、不同阶层的人的需要也是不一样的,不应该以一种需要模式、一种人性模式和用同样的方式来对待不同的人。正因为如此,"意义人"假设包含着对同一个人、对不同的人的单一看法的固定模式、单一模式的超越,需要一种文化性的管理方式,需要一种跨文化的管理能力。

第二,关于管理的主体。在承认管理者承担管理职责的同时,新管理主张普通员工、下层管理人员也必须承担一定的管理职责,负起一定的责任,最大限度满足人们的自我管理的诉求,保证组织更好地应对外部环境的变化。发言权(参与权)成为员工必须享有的权利。在新管理中,管理主体不再仅仅是个人主体,更倾向于团体主体、共同主体、联合主体。团队成为管理者进行组织、开展攻关、推行评价的基本组织单位和方式。项目团队、团队学习等成为新管理的标志性的组织形式和管理成就。

第三,关于实现组织目标的外部环境。新管理认为不确定性成为外部环境和时代的突出特征,必须把对变化的管理纳入企业的日常行为之中。正如德鲁克所指出的,"在 21 世纪,管理最大的挑战,是使组织成为变革的领导者。变革的领导者视变革为机会,主动寻求变革,懂得如何找到适合组织、在组织内外都会发挥效能的变革。"[①]

第四,关于管理的方式、方法等手段。新管理主张超越理性主义,在发挥理性的积极作用的同时给予非理性因素一定的地位,求得理性和非理性的平衡。从这个意义上讲,新管理要采用的是包含理性的人性管理方式。新管理认为理性是作为工具为人的目的服务的,自己并不是目的,发挥人的作用仅把其当作客体是不够的,必须把其当作主体和目的,发挥他们的主动性和创造性,满足他们的多方面的人性需求,做到理解人、尊

---

① [美]彼得·德鲁克:《21 世纪的管理挑战》,刘毓玲译,三联书店 2003 年版,第 94 页。

重人、依赖人、适应人和发展人。新管理所依靠的组织载体不再是固定不变的单一组织，而是包含多种组织形式于一身的有机的弹性组织。

这种新的管理范式也可以被看作领导范式、服务范式，管理者的作用由原来的控制者、英雄式人物变成服务员、条件提供者。这种新范式的内容正在被逐步充实和完善。

2. 管理的现代性与后现代性

从两种不同的管理来看，我们认为，他们不仅属于不同的管理理论范式，也是不同的管理实践类型，属于不同的管理形态，具有不同的价值观和制度依托，即传统的管理具有现代性，而新管理则体现着后现代性。这里就涉及管理的现代性和后现代性的问题。

在分析这个问题前，需要先认识和界定"现代性"和"后现代性"。人们一般是与"现代性"相区分的角度来使用"后现代性"的，因而理解"现代性"成为理解"后现代性"问题的关键。

韦伯主要是在"理性化"的角度来理解现代过程和现代性的。他指出，理智化和理性化的增进含有这样一层含义，"只要人们想知道，他任何时候都能够知道；从原则上说，再也没有什么神秘莫测、无法计算的力量在起作用，人们可以通过计算掌握一切。而这就意味着为世界除魅。"[1]罗荣渠也指出，"现代性是西方现代化理论对现代工业社会的特征的一种理想型假设，其实质是西方理性主义。"[2]哈贝马斯认为，"'现代性'首先是一种挑战。从实证的观点看，这一时代深深地打上个人自由的烙印，这表现在三个方面：作为科学的自由，作为自我决定的自由——任何观点如果不能被看作是他自己的话，其标准断难获得认同接受——

---

① [美]马克斯·韦伯：《学术与政治》，冯克利译，三联书店1998年版，第29页。
② 罗荣渠：《现代化新论》，商务印书馆2004年增订版，第237页。

还有作为自我实现的自由。"①他指出,现代性的基础主要是自我决定和自我实现。格里芬也指出,"无论如何解释,现代性总是意味着对自我的理解由群体主义向个人主义的一个重大转变。现代性不是把社会或共同体看成首要的东西,'个人'只是社会的产品,仅仅拥有有限的自主性;而是把社会理解为为达到某种目的而自愿地结合到一起的独立的个人的聚合体。"②查尔斯·泰勒(Charles Taylor)把现代性看作是文化和社会的特点,看作社会的主题,包括个人主义、工具理性主义(在计算最经济地将手段应用于目的时所凭靠的合理性)等,并认为现代性带来严重的隐忧(意义的丧失、生活的狭隘化、平庸化、目的的晦暗、自由的丧失等)。③ 吉登斯把现代性理解为一种体现社会生活或组织的模式的社会制度结构,这些制度维度包括资本主义(商品生产的体系)、工业主义(通过科学和技术的联盟在商品生产过程中对物质世界的非生命资源的利用)、监督(对信息和社会督导的控制)以及对暴力工具的控制(军事力量)。④ 刘小枫在其所著的《现代性社会理论绪论》中也主要从结构的角度来界定现代性,称为"现代结构",他指出,"现代结构的品质描述是:政治上的民族主权国家,经济上的资本主义经营,法权上的世俗——人本自然法,知识学上的意识历史化原则,精神上(艺术、哲学、道德、宗教)的非理性个体化。"⑤万俊人则侧重从结构和价值相结合的角度理解现代性,"现代性至少包含四种基本元素或基本方法,即市场经济、民主政治、科学理性和

---

① [德]于尔根·哈贝马斯等:《现代性的地平线》,李安东、段怀清译,上海人民出版社1997年版,第122页。

② [美]大卫·雷·格里芬编:《后现代性精神》,王成兵译,中央编译出版社1998年版,第5页。

③ [加]查尔斯·泰勒:《现代性之隐忧》,程炼译,中央编译出版社2000年版,第1—12页。

④ [英]安东尼·吉登斯:《现代性的后果》,田禾译,译林出版社2000年版,第49—56页。

⑤ 刘小枫:《现代性社会理论绪论》,上海三联书店1998年版,第89页。

以现代进步主义为基本价值取向的历史目的论和文化价值观。"①可以看出,以上有代表性的观点主要是在现代与前现代的对比的角度来看待现代性的,或侧重把现代性理解为一种价值观、文化精神,或侧重理解为一种社会结构,或理解为两者的结合。这样,后现代性对人们来说也就成为以上三种形式的一种,当然具体的内容是与现代性相异或对立的。比如,相当一些人认为非理性主义是后现代的一种文化精神,就是从与理性主义的现代精神相对立的角度来理解的。

综合人们关于现代性的理解和观点,我们认为,从狭义的角度来理解,现代性或后现代性是一种坚持和体现特定价值观的社会制度集合、制度生态和文化生态。人的需要即人的本性,人的本质。人只有借助一定的社会关系通过满足多样的需要才能保证自己的生存和发展。人们的价值态度、价值认识乃至价值观都是用来标识什么样的客体对人的需要的关系是一种价值关系,是可以追求的,可以获得最大需要满足(最大利益)的。但社会关系并不会对所有人的所有价值态度、价值认识和价值观都给予肯定,进而允许他们寻找或创造价值,满足自己的需要,而是选择出特定人们的能体现特定领域(政治、经济、文化)的共同价值取向或价值共识,并能相互联系、相互支持构成有机整体而维持社会关系稳定和秩序的特定价值观,并用制度的形式来表征和认可,而其他的价值观则是社会所不允许的,也不能通过制度获得承认。在这里,"制度是一系列被制定出来的规则、守法程序和行为的道德伦理规范,它旨在约束追求主体福利或效用最大化利益的个人行为。"②也可以说,"制度是人为制定的限制,用以约束人类的互动行为。"③需要指出的是,特定的价值观指的是

① 万俊人:《现代性的伦理话语》,黑龙江人民出版社 2002 年版,第 147 页。

② 〔美〕道格拉斯·C.诺思:《经济史中的结构和变迁》,陈郁、罗华平等译,上海三联书店、上海人民出版社 1994 年版,第 225—226 页。

③ 〔美〕道格拉斯·C.诺思:《制度、制度变迁与经济成就》,刘瑞华译,时报文化出版企业有限公司 1994 年版,第 7 页。

第五章　现代管理及其价值观的转型

特定领域的共同价值观或共同认可的价值观,亦即共享价值观,而多个领域必然就有多个共享价值观,但他们是具有同一方向(目标)或互相支持的;制度也是一样,各个领域的制度共同构成制度集合,因为它们互相联系和互相支持,因而结合成为一种制度生态、制度整体,也可以说是一种文化生态。同时,我们还要看到,价值观在这里并不是完全具体化了,而更像是为个体和人们提供了一个需要坚持的价值观框架,允许什么样的价值认识、价值取向存在于其中,成长于其中。这样,社会的发展从价值观的角度看就是不断充实价值观的内涵,完善价值观的体系的演进过程。一旦原有的价值观不能适合人们需要了,也是先从一点点异样的价值认识、价值取向开始,逐步积累着,到了一定程度就会发生特定领域的价值转型,进而带动其他领域的价值转型,这种转型也是和制度转型相互推动的,进而表现为特定社会的转型。舍勒就认为,现代性不能仅从政治和经济结构的变化来理解,还必须从人的价值秩序的位移(转型)来理解,"它不仅是一种事物、环境、制度的转化或一种基本观念和艺术形态的转化,而几乎是所有规范准则的转化——这是一种人自身的转化,一种发生在其身体、内驱、灵魂和精神中的内在结构的本质性转化;它不仅是一种在其实际的存在中的转化,而且是一种在其判断标准中发生的转化。"①

从文化和制度的意义上,我们认为现代性是一种坚持和体现个人自主与个体价值、经济功利主义和理性主义等特定价值观的社会制度集合、制度生态和文化生态;而后现代性则是体现超个人自主和个人价值、超经济功利主义和超理性主义等特定价值观的社会制度集合、制度生态和文化生态。格里芬提出,社会与个人的二分化、政治同宗教、经济同政治的分离化、生活和劳动的机械化、实利主义或经济主义等从不同角度反映了我们所说的现代性这一极端复杂和独特的社会现象;而后现代性则是在继承和

① [美]马克斯·舍勒:《资本主义的未来》,罗悌伦等译,三联书店1997年版,第207页。

发扬前者基础上对它的超越,坚持个人和他人、社会的关系的内在性、有机主义和拒斥实利主义、经济主义等。① 另外,与现代性的一个很大不同是,后现代性所体现的特定价值观出现了多元化、多重化的趋势,不是说人们没有共享价值观了,而是人们的共享价值观分散化、多元化了。

根据以上的理解,我们发现,现代性在现代的传统的管理中表现得非常鲜明。尊重个人自主和个人价值、经济功利主义、理性主义这些管理价值观及其制度或者说这些作为表征着这些管理价值观的制度恰恰就体现为管理的现代性。现代制度特别是价值观源于资本家或现代企业家的目标设定和价值评价,体现为工厂企业这些具有代表性的机构所信奉和遵守的信念、价值观和承诺。管理的后现代性在新管理中有所体现,它强调个人和团队、组织相结合的价值主体意识、超越利润和社会责任的价值目标意识以及理性和非理性相平衡的超理性主义的价值手段意识。这些价值观都是管理的后现代性的突出表征。

3. 走向新型的管理文明

新管理是我们对社会转型出现的新的管理类型的概括,是对传统的现代管理(传统的管理)的突破和超越,已经体现出后现代性的一些方面,可以看作是后现代管理的形式。我们说,后现代管理的理念和形式已经在西方发达国家的企业有所体现,但并不是完全能在一个企业的管理中体现,而是有的企业体现的是后现代管理的一些方面,而另一些企业可能侧重体现后现代管理的其他的方面,共同表征出后现代管理的轮廓和特点。这种管理什么时候能普遍建立起来我们还要等待一定时期。

托夫勒曾预言,"未来的'发展战略',将不会来自华盛顿,莫斯科,巴黎和日内瓦,而是来自非洲、亚洲和拉丁美洲。这些发展战略产生于本

---

① [美]大卫·雷·格里芬编:《后现代精神》,王成兵译,中央编译出版社 1998 年版,第 1—32 页。

国,适应着本地的实际需要。它们将不会过分强调经济而忽略生态、文化、宗教,或者漠视家庭结构和心理的存在空间。它们不会去仿效任何外界的模式——第一次浪潮、第二次浪潮以至第三次浪潮模式。"①那么,包括新管理在内的新发展模式将在包括我国在内的发展中国家产生的预言能不能灵验? 我们还不能给予充分的回答。但有一个问题能确定,即完全按照西方现代的传统的管理方式来发展我们的管理和经济以应对全球化和新的发展阶段的任务是走不通的,必须走出一条吸取西方现代管理的精华、具有中华民族文化特点的和适应时代发展需要的中国特色的管理之路、发展之路。

曾任美国《时代》周刊编辑的乔舒亚·雷默(有的译为约书亚·拉默)于 2004 年在英国著名思想库伦敦外交政策中心发表了《北京共识》一文,认为中国正在走出一条新的发展道路,其经验可称为"北京共识"。它包含了这样三条原理:一是把创新的价值进行重新定位,创新是中国经济发展的发动机和持续进步的手段;二是把眼光超越诸如人均国内生产总值的衡量尺度,集中于提高人民的生活质量;三是使用影响力把想要踩踏自己脚趾的霸权国家挪开。并认为,建立在"北京共识"基础上的中国经验具有为不同地域、不同民族所借鉴的普世价值。著名未来学家奈斯比特著书指出,"对于第三世界的许多国家来说,中国已经开始展示一种与西方不同的、诱人的发展模式。"②并探讨了中国新的社会体制、模式的八大支柱(解放思想、"自上而下"与"自下而上"的结合、摸着石头过河等)。这是不是意味着一种独特的发展模式——中国模式——已经形成? 是不是全球为中国的管理和发展已走上了一条特色之路、复兴之路,为其所取得的成就而给予的喝彩的先声? 我们翘首企盼。

① [美]阿尔温·托夫勒:《第三次浪潮》,朱志焱、潘琪、张焱译,三联书店 1983 年版,第 412 页。
② [美]约翰·奈斯比特、[德]多丽丝·奈斯比特:《中国大趋势:新社会的八大支柱》,中华工商联合出版社 2009 年版,第 5 页。

第六章　建设中国特色的 新型管理价值观

　　中国文化本来是先进的,不料以后停滞了,落后了。在此时代, 中国应由西方文化给予的刺激,而大大地发挥固有的创造力,创造出 新的文化,使之在将来的世界文化中有重要的地位,作出新的贡献。

　　　　　　　　　　　　——张岱年:《张岱年学术文化随笔》

　　资源是会枯竭的,唯有文化才会生生不息。一切工业产品都是 人类智慧创造的。华为没有可以依存的自然资源,唯有在人的头脑 中挖掘出大油田、大森林、大煤矿……精神是可以转化成物质的,物 质文明有利于巩固精神文明。我们坚持以精神文明促进物质文明的 方针。

　　　　　　　　　　　　　　　　　　　　——《华为基本法》

　　从社会发展和管理发展的历史方位来看,我国还处于并将长期处于 要实现包括管理现代化在内的各方面现代化的历史阶段,同时又面临走 向信息化的历史任务。通过对现代管理价值观的考察分析,结合我国的 管理实际,我们认为我国在建设、发展现代的管理价值观的过程中要坚持 三项原则:继承文化传统、体现时代精神、突出创造性。继承文化传统,就 是把中华民族的传统文化不是看作我们建设现代化、实现发展的障碍,而 是看作优越的条件和优势,善于发掘、转化和运用优秀的管理传统,把管 理和发展看作是中国人通过特殊的途径实现的、具有自身文化特点的管理和发展,而不是模仿式、移植式的管理与发展。体现时代精神,就是把实现现代化、管理现代化作为目标,与市场经济的要求相适应、与现代化的方向相一致,大胆吸收借鉴一切反映现代精神的先进的管理理论、管理观念、管理技术,注重国际标准,发挥后发优势,注意消化吸收管理中的后现代精神的合理内核。突出创造性,就是坚持人无我有、人有我优、人优我新、人新我异的精神,进行艰苦的探索和努力,把一代人甚至几代人的主动性、积极性和创造性调动起来,总结知名企业、党政机关的管理实践和创新经验,集中人民群众的智慧,使我们的管理和发展打下当代中国人奋斗、探索和智慧的烙印。也就是以社会主义的价值原则、特别是社会主义核心价值体系为指导,在符合社会主义现代化的现实需要和价值理念的基础上,批判继承我国优秀的传统管理价值观,大胆吸收借鉴西方先进的管理价值观,最终形成中国特色的新型管理价值观。

小资料

2009年《财富》全球500强中国公司上榜数量创历史新高

据法新社消息,根据《财富》杂志最新排出的全球500强公司名单,美国公司的上榜数量降到了有史以来的最低点,而中国公司的上榜数量则创了历史新高。

在美国公司受金融危机严重影响的情况下,英荷壳牌石油集团这家非美国公司十年来首次登上了500强榜首,总收入为4580亿美元。壳牌石油公司的销售收入比第二名埃克森美孚公司多了150亿美元。

作为亚洲经济的发动机,中国公司的排名则全面上升——中石化还首次进入了前十名。中国总共有37家公司进入了榜单,其中有9家是新上榜,其他的公司排名则都有上升。

去年位列榜首的美国沃尔玛公司降到了第三名,其收入为4050亿美元。美国公司的上榜数量降到了140家,是《财富》500强榜单1995年诞生以来最少的一年。上榜公司数量排在第二的是日本,共有68家,法国和德国则以40家和39家公司分列第三、四位。排在第四位的是英国石油公司(3670亿美元),接下来则是美国雪佛龙石油公司(2630亿美元)、法国道达尔石油公司(2346亿美元)、美国康菲石油公司(2307亿美元)、荷兰国际集团(2265亿美元)、中石化(2078亿美元)和日本丰田汽车公司(2040亿美元)。排在前十位的公司中有七家石油公司,只有一家汽车公司。

被挤出榜单的美国公司都是受到金融危机重创的,像美国国际集团、房地美公司和雷曼兄弟公司。而排名上升的美国公司有谷歌、亚马逊和耐克。

《财富》杂志还根据美国国家情报委员会的一份报告说,如果照目前的趋势,"到2025年,中国将成为世界第二经济大国"。

资料来源:《〈财富〉全球500强最新排名出炉》,载《参考消息》2009年7月10日。

当前,加强我国管理价值观建设需要从这样几个方面努力:一是在管理的价值主体意识上要树立和坚持责任观念、能力观念、民主观念、集体观念;二是在管理的价值目标观念上要重视和强化效率观念、效益观念、公正观念、和谐观念;三是在管理的价值手段观念上要形成和发展科学观念、制度观念、道德观念、文化观念。

第六章 建设中国特色的新型管理价值观

一、管理的价值主体意识建设

1. 责任观念

责任观念在西方现代管理中是十分重要的观念。企业和组织中的每个部门、每位员工都有明确的工作岗位和工作职责,对其岗位的事情全面负责。后来许多组织和企业实行了目标管理的制度,各个部门、管理者和员工的责任感和自主性得到加强。这样既保证了各项工作落到实处,又使对每个部门、每位管理者、员工进行绩效考核和对他们实施奖罚有了客观和明确的依据。

小资料　　　　　责权利的等边三角形

管理,在一定意义上说,就是分配权力、责任和利益。这种分配不是一般的分配,而是平均的分配,即把权力、责任和利益等分,使其相互联系、相互依赖、相互促进,就像三个等边,构成一个等边三角形。以此理论为指导,我们可以看到,管理的失误或出错基本上都没有把这三个维度分成等边三角形。很多管理者喜欢把权力、利益留下,把责任分出去;有一些管理者把权力留下,把利益和责任一起分出去;也有管理者认为责任、权力和利益都应该留在自己的手上,根本不做分配。一些企业或单位停滞不前甚至倒闭或人心涣散的原因就在于,承担着巨大责任的人,没有被授予相应的权力,或被授予了权力又承担责任的人没有分享到相应的利益,或者利益被不承担责任但拥有权力的人独享了。

资料来源:陈春花:《中国管理十大解析》,中国人民大学出版社2006年版,第19—21页。

我们的许多企业和组织在相当长的时间内没能建立起岗位责任制，因此，邓小平就曾经指出，"现在，各地的企业事业单位中，党和国家的各级机关中，一个很大的问题就是无人负责。名曰集体负责，实际上等于无人负责。一项工作布置之后，落实了没有，无人过问，结果好坏，谁也不管。所以急需建立严格的责任制。""任何一项任务、一个建设项目，都要实行定任务、定人员、定数量、定质量、定时间等几定制度。"①经过多年的管理改革，这方面的情况有所改善，但在一些组织和企业还有两个问题比较突出：一是单位或部门主要管理者错误地理解对本单位或部门负总责、负责全面工作的含义，在实际的工作中他们是事无巨细、大包大揽，甚至越级指挥，使得下级甚至副手都只能消极被动地执行他们的命令，结果使许多本该每个部门、每个岗位的人思考、负责的事情没有人愿意负责了，最终影响到组织或企业的健康发展。二是每个岗位的人虽然可以对自己的本职工作负责，但是工作的好坏与他们的工资奖金和职务变化没有必然的联系。经常存在着没有工作业绩、能力不强的人得到管理者的重用，而工作能力和工作成绩都很优秀的人反而得不到使用和培养的现象，致使人们大大降低了主人翁意识和工作的责任心，造成了工作互相推诿、互相扯皮、互相妨碍的局面。这种情况在不少国有企、事业单位比较突出。

　　在发挥员工的责任感方面，海尔等企业取得了一些成就和经验。为了加快公司的发展，海尔努力让每个员工成为一个 SBU。"SBU"是"Stratigical Business Unit"的缩写，就是战略事业单位。海尔为了适应信息化条件下复杂、变化迅速的市场环境，适应大批量生产变成大批量定制的新的市场动向，保证集团战略的实现，要求不仅每个事业部要成为一个 SBU，每一个员工也要成为一个 SBU。简单地说，就是在海尔，每个人都成为一个老板，每个人都成为一个公司，每个人都成为一个经营者，每个

---

　　① 《邓小平文选》第 2 卷，人民出版社 1994 年版，第 150—151 页。

人都成为一个创新主体。海尔通过推行 SBU 模式,让更多的员工自主管理、自主经营,推动了各方面的创新,显著地提高了效率和产品的质量,增强了企业的竞争力,推进了事业的持续发展,走进了当今世界企业管理的前沿领域。

我们在建设现代管理价值观过程中一定要自觉树立责任观念。要形成人人有岗位、人人负责任的观念,形成谁任命管理者谁负责他们工作后果的观念,形成严格依据人们的贡献和业绩对他们进行客观评价和调整职务的观念,使每个组织和企业的每个部门、每位管理者、每位员工都真正负责起来。特别是在条件许可的情况下,要建立和完善企业或组织的产权制度,切实保证每个组织或企业、每位管理者、每位员工能对自己劳动的成果和行为的后果承担起责任。

2. 能力观念

现代管理从产生的那一天起就把经营管理和生产奠基于人的能力及其发挥上,当然这个能力主要不是指的一般人们所理解的体力,而是人所拥有的智力和科技力。诺贝尔经济学奖得主美国的加里·贝克尔(Gary S. Berker)曾指出,现代世界的进步依赖于技术进步和知识的力量,但不是依赖于人的数量,而是依赖于人的知识水平,依赖于高度专业化的人才。因此,人力资本对现代经济增长至关重要。人力资本的确就是掌握知识。在当代世界,不努力开发人力资本,不掌握大量的知识,没有一个国家会成功,中国和其他国家是一样的。[①] 邓小平也提到,"我们常说,人是生产力中最活跃的因素。这里讲的人,是指有一定的科学知识、生产经验和劳动技能来使用生产工具、实现物质资料生产的人。……劳动者只有具备较高的科学文化水平,丰富的生产经验,先进的劳动技能,才能在

---

① 经济学消息报社编:《诺贝尔经济学奖得主专访录》,中国计划出版社 1995 年版,第 124—125 页。

现代化的生产中发挥更大的作用。"①

在现代管理发展的相当长的过程中,广大员工特别是普通工人被当作附属于现代生产线的物、手段,不能能动地发挥自己的作用;这是我们在认识和评价现代管理时必须要注意的。同时,我们也要看到现代企业通过所有权和管理权相分离的机制,把经营管理权交给比所有者更有能力的专业管理者来行使,并努力发挥具有各方面能力的专业人员的作用,而且,随着人们教育水平的显著提高,西方管理不断扩大利用人们的能力的范围。这后一点是我们需要向西方现代管理吸收借鉴的一条宝贵经验。建国后的一段时期,在我国的一些单位和部门中,长期存在着愚昧指挥文明、落后指挥先进、外行指挥内行的现象,直到今天在有些地方或部门还没有得到彻底改变,②这是必须引起我们高度重视和关注的。

我国越来越多的企业和组织认识到人才的价值,提出尊重人才、尊重能力的观念。海信集团就提出"人才是本"的理念。他们认为,人是生产力的第一要素,也是企业第一重要资源,企业在竞争中取胜其实是人才竞争的取胜。还认为,人才是稀缺资源,稀缺资源就要遵循稀缺性规律。海信提出敬人,求人。海信的企业精神是"敬人、敬业、创新、高效",而人力资源工作定位于"求人、育人、用人、晋人、留人"。"求人"就是告诉人们人才是求得的,一个企业只有自上而下端正这种认识,才可能在人力资源上创造一个好的环境、好的机制。比如用人才市场供求状况来确定员工的报酬基准,用为企业创造价值的大小来最终确定报酬。如果不认为优秀人才是稀缺的,就不可能认可他的高报酬。③

我们在实际的管理工作中要努力树立能力的观念。具体来说要树立人才和人的能力是最宝贵的资源的观念,树立人才和人的能力的浪费是

①　《邓小平文选》第 2 卷,人民出版社 1994 年版,第 88 页。

②　王德胜:《普通管理学》,北京师范大学出版社 2001 年版,第 29 页。

③　周厚健:《打造企业的核心竞争力》,载《总裁的智慧》,中央编译出版社 2002 年版。

第六章　建设中国特色的新型管理价值观

管理之魂

最大的浪费的观念,树立人的能力关乎企业和组织成败的观念,树立没有管理能力和不能取得管理业绩的人不能从事管理工作的观念,树立把所有有能力的人都放到能发挥他们作用的岗位上的观念,在各个企业和组织中形成尊重人才、尊重知识、尊重能力的价值观念和舆论氛围。

3. 民主观念

"没有民主就没有社会主义,就没有社会主义的现代化。"因此,必须"从制度上保证党和国家政治生活的民主化、经济管理的民主化、整个社会生活的民主化,促进现代化建设事业的顺利发展"[①]。在我们实现现代化的过程中,不仅要实现管理的现代化,还要实现管理的民主化。就是说,不仅要实行西方先进的管理体制、管理方式和管理方法,还要实行其受条件和历史局限不能实现的民主管理、自主管理。这既是我们同西方管理相一致的地方,又是优越于它们的地方。

西方的经验表明,企业、组织和个人不能确立市场主体、经营管理的主体地位,其自主性、积极性和创造性是发挥不出来的,也就很难促进企业和组织的发展壮大和国民经济的繁荣兴旺。当然,在企业管理层面西方管理只是发挥了企业作为主体和管理者作为管理主体的积极作用,而对于普通员工参与管理的愿望由于阶级利益的对立而难以真正实现。因此,我们不仅要通过一系列制度和措施保证基层组织和企业享有经营管理的自主权,还必须保护和保证这些组织中的员工享有参与管理的自主性和权利。邓小平明确指出,"把权力下放给基层和人民,在农村就是下放给农民,这就是最大的民主。我们讲社会主义民主,这就是一个重要内容。""领导层有活力,克服了官僚主义,提高了效率,调动了基层和人民的积极性,四个现代化才真正有希望"。[②]

---

① 《邓小平文选》第 2 卷,人民出版社 1994 年版,第 168、336 页。
② 《邓小平文选》第 3 卷,人民出版社 1993 年版,第 252、180 页。

在推进现代化的进程中,企业和各个组织在管理工作中越是重视发扬民主,越是能促进自身的改革、发展。下面一个例子很好地说明了这一点。原九江港口集团公司,在面临资金不足、包袱沉重、后继乏力的困局时,不得不实行整体改制。在改制一开始公司管理层就让职工参与有关改制政策和方案的制订。改制领导机构不仅有工会主席、职工代表参加,还把专业、复杂的改制方案用通俗易懂的语言印制成宣传资料。他们还分片区先后召开了三次职工代表座谈会,广泛听取、收集职工意见和建议。对涉及职工切身利益的《职工安置分流方案》,采取无记名投票方式进行现场投票、现场计票表决,同意票数占职工代表总数的半数以上,改制获得通过。这种做法较好地维护了职工的知情权、参与权、表达权,体现了民主管理的精神,最大限度地维护了职工的合法权益。改制后,不仅没有一名职工下岗,随着新公司新港区的建立,解决了部分待岗职工重新上岗,职工人均收入增长了10%;且恢复了职工住房公积金,建立了职工工资增长长效机制。[①] 当然,民主管理不能仅仅体现在企业改革中,还应该在企业建设、发展的各个环节都得到体现。

我们必须在管理中努力坚持民主的观念。政府需要不断深化行政审批制度的改革,真正把政府经济管理职能转变到主要为市场主体提供服务和创造良好发展环境上来;上级组织要通过改革管理体制和管理方式,保证下级组织、单位和部门享有在政策和制度的范围内管理和经营的自主权;同时基层组织和企业也要努力进行管理方式的改革,在发挥各级领导和管理者作用的同时,扩大广大员工对企业重大事务和关系其权益的事务上的知情权、表达权,下达力气把更多的权力下放给广大员工,创造条件让他们参与管理,真正调动他们促进组织和个人共同发展的主动性、积极性和创造性;建立政务、厂务公开、职工代表大会、咨询会、听证会等

---

① 潘跃:《职工的合法权益如何保障》,载《人民日报》2009 年 8 月 24 日;刘平:《依法依规 阳光操作:九江港改制纪实》,载《中国水运报》2009 年 9 月 17 日。

制度,切实保障职工参加管理的民主权利。

4. 集体观念

我们在管理价值观上必须坚持集体观念,这是我国社会主义现代化的性质所决定的。但是在长期的管理实践中,人们对集体的理解是不全面的,致使在实际工作中强调集体和集体利益的优先地位和作用时有忽视个人地位、个人价值和个人利益的一面。我们要坚持这样一种理念:集体不是同其成员相对立的,而是人们作为个人的一种联合。在其中,每个人的个人自由能够得到尊重,个人权益能够得到保障,个人的才能能够得到充分发挥。这样一种联合是一种共同体。"只有在共同体中,个人才能获得全面发展其才能的手段,也就是说,只有在共同体中才可能有个人自由。"而各种冒充、虚假的共同体,是相对于各个人而独立的,对于个人而言不仅是完全虚幻的共同体,而且是新的桎梏。"在真正的共同体的条件下,各个人在自己的联合中并通过这种联合获得自己的自由。"①

这种共同体在当前就是一种以制度为纽带的利益共同体。这是大家通过维护相互之间的独立、自由和利益的制度而联系在一起的,是一个由制度、规则和纪律来调节的关系整体和利益整体。华为、中兴、汇源等企业就非常重视培育集体精神,建设利益共同体。华为主张要在顾客、员工与合作者之间结成利益共同体,发展命运共同体。任正非指出,"将矛盾的对立关系,转化为合作协调关系。使各种矛盾关系结成利益共同体,变矛盾为动力。"②"不要说我们一无所有,我们有几千名可爱的员工,用文化粘接起来的血肉之情,它的源泉是无穷的。我们今天是利益共同体,明天是命运共同体"。③ 他们特别强调,决不让奉献者吃亏,"奉献者定当得

---

① 《马克思恩格斯选集》第 1 卷,人民出版社 1995 年版,第 119 页。

② 任正非:《华为的红旗到底能打多久》(增订版),载黄卫伟、吴春波主编《走出混沌》,人民邮电出版社 1999 年版。

③ 程东升、陈海燕:《任正非管理日志》,中信出版社 2008 年版,第 45 页。

到合理的回报。"在长期的经营实践中,中兴形成了"四项基本原则",其中一项是"互相尊重,忠于中兴事业"。这项原则是指公司利益高于个人利益,绝不能损害公司利益和国家利益;同时,注重诚信、尊重、沟通、协作和成长(包括员工成长和公司成长)。要求个体与企业的利益保持一致。强调形成共同的企业目标,形成合力干事业的局面。① 汇源集团董事长朱新礼也指出,要"特别讲究企业的整体利益,每一名员工都是整体中的一员,汇源所有的利益都是大家的,是每一位汇源员工创造出来的"。他还提出,"一项正确的决策,不仅仅需要知识和信息资源做支撑,还需要人们对企业资产以及企业的整个发展发自内心的关心。"

在当前,越是依靠制度和规则的组织和单位,越有可能成为真正的集体;越是依靠个别人的精神和态度的组织和单位,越有可能走向真正集体的反面。在这样的条件下,只有严格遵守集体的制度和规则,有能力维护和增进大家的利益的人才能成为集体的领导和管理者。其职责不是利用大家的努力来为自己或一部分人的利益服务,而是为所有集体成员的利益服务;他们必须根据集体的制度和规则来维护和保障大家的独立、自由和利益,保证成员在维护和增进自己的自由、利益的过程中不能损害其他人和共同体的自由和利益。而每位成员在共同体中只有维护和实现而不是损害和威胁共同体的利益才能维护和实现自己的利益。树立和坚持集体观念对于在我国建设现代企业和现代组织是十分必要的。

二、管理的价值目标观念建设

1. 效率观念

泰罗(Taylor)在美国国会接受对他倡导的科学管理的质询时充满自

① 米周、尹生:《中兴通讯:全面分散企业风险的中庸之道》,当代中国出版社 2005 年版,第 180—182 页。

信地指出,科学管理是一种节约劳动的手段,是能使工人取得比现在高得多的效率的一种适当的、正确的手段。既然它是一种提高工人效率的手段,那么不管人们如何反对,科学管理还是要取得胜利。无论在什么地方、有什么人、有哪一个阶层的人、采取什么方法来反对,具有效率优势的科学管理一定会取得胜利的。人们能够从工业界的历史中找到许多这样的证据。① 不单单是科学管理(通过改善工人的工作状况和条件)能取得胜利,而是所有有利于提高效率的措施、方法和手段,所有具有效率比较优势的组织、企业甚至国家都能取得成功和胜利。现代组织和企业产生和发展的过程,从一个角度看就是一个不断提高效率的进程。这一进程告诉我们,在现代组织和企业发展的过程中总是效率高的手段和方式替代效率低的手段和方式,总是在效率上具有比较优势的组织和企业不断淘汰和替换不具有这种优势的组织和企业。一个组织和企业,不管它还有什么优点和长处,只要不具有在效率上的比较优势,那么,它注定不是被在效率上有比较优势的组织和企业兼并就是被淘汰。我们还要看到,一个国家和民族只要具有较高的生产和经济效率就能使自己领先于其他国家和民族,而只要不再具有较高的生产和经济效率就一定会被迫使自己取得的优势地位丧失掉。英国在产业革命中从众多国家中崛起,后来又被美国超越就很好地说明了这个情况。美国之所以在 20 世纪 80 年代因日本的经济效率高于自己而担心,就是害怕自己丧失掉在经济上的领先地位。提高生产和管理的效率对于我们国家和广大企业来说都是十分紧迫的。

有一份资料显示,在我国化石能源探明储量中,90% 以上是煤炭,但人均储量仅为世界平均水平的 1/2,人均石油储量为世界平均水平的 11%,天然气是 4.5%,另外人均耕地面积是世界人均耕地面积的 1/3,水

---

① [美]F. W. 泰罗:《科学管理原理》,胡隆昶、冼子恩、曹丽顺译,中国社会科学出版社 1984 年版,第 232 页。

资源是世界人均占有量的 1/4。就建筑行业为例,目前我国单位建筑面积能耗是发达国家的 2—3 倍,物耗水平与发达国家相比,钢材消耗高出10%—25%,每搅拌 1 立方米混凝土要多消耗水泥 80 公斤,卫生洁具的耗水量高出 30% 以上,而污水回用率仅为发达国家的 25%。这种情况要求我们在进行生产经营时必须减少这方面的投入,提高生产效率。同时,我们国家作为发展中国家,大多数企业和组织的效率很难与发达国家的企业和组织的效率相比较,但又要与其竞争因而难免处于不利地位,要改变这种地位必须靠大力提高自己的效率来取得比较优势。另外,虽然在暂时的条件下,有些企业可以依靠廉价的劳动力在纺织品、玩具等领域取得一定的比较优势,赢得国际竞争,但从长期来看,必须有更多的企业能在高附加值的产品或服务领域通过建立自己的核心竞争力来争取在效率上的比较优势,赢得竞争,取得丰厚的经济收入。

 一块海绵引来的"奇耻大辱"

　　1995 年,时任格力总经理的朱江洪到意大利考察,遇到一个客户抱怨格力空调噪音大,要退机。当把这个有问题的空调打开检查时发现,原来是空调外壳里的一块海绵没有贴好,缠绞在排气扇上。由于工人操作不严谨而引发的质量事件,让朱江洪感觉到遭受"奇耻大辱"。尽管当时空调可以说是供不应求,他还是下令开始整顿质量。也正是这一块小海绵带来的"奇耻大辱",使格力人萌发了"狠抓质量,打造精品"的念头。自此,格力人开始像修炼生命一样修炼质量。

　　现在,格力生产车间的工作台上都贴着醒目的《总裁十四条禁令》,内容包括严禁违反充氮焊接工艺,伪造质量记录,擅自减少工序和改变工艺,擅自改变技术参数和工艺参数,将未经

第六章　建设中国特色的新型管理价值观

检验或检验不合格的零部件转入下道工序，摔打产品和零部件，强拉电机、电器导线，违反制冷系统防尘防水操作规范，违反真空氦检工艺，擅自改变调整专用工具、检测仪器，违反海绵粘贴工艺，在工作场地追逐打闹，毛细管补焊，因质量问题威胁监督（检验）人员等。《总裁十四条禁令》对最常见、最容易发生的工艺程序做了看似不近人情的规定，对违反操作的员工采取最严厉的处罚方式，行为触犯任何一条禁令的员工，一律予以辞退或开除。

为了控制零部件的产品质量，格力建立了行业独一无二的零部件筛选分厂，这个分厂对进厂的每一个零件都要进行事无巨细的检验。就拿电机检验室来说，这种检验十分繁琐，包括检验电机是否飞线，如果有飞线就可能导致电机安全隐患；硅钢片有没有裂缝、松层，定子是否有缺陷，铁芯的厚度够不够等；另外还要全部检查电机的外观、功率、匝电耐压、噪音等性能特点。方法繁琐，好像有点"笨拙"，但在格力人看来，这是保证产品质量和合格率所必需的。

为了保证产品质量，格力还投入巨奖推行"零缺陷"工程，还引进"六西格玛管理法"。

格力凭着坚实的产品质量保证，要造世界"最好的空调"。

资料来源：原国锋：《格力：要做世界最好的空调》，载《人民日报》2007年1月29日；刘凌林：《自主创新是格力的永恒动力》，载《中国企业报》2008年5月13日；蔡恺：《最"笨"的方法造最好的空调》，载《厦门晚报》2008年1月10日。

企业和各种组织必须增强效率观念，要杜绝在人、财、物等各个方面的浪费，坚决反对和避免重复建设、重复浪费；要坚持人与工作岗位相适应的原则，努力提高员工的主动性、积极性、创造性，努力挖掘他们的工作潜力,不断促进员工的成长,最大限度提高工作效率;引进先进的技术,改进管理水平,不断减少在人、财、物等方面上的不必要的投入;要树立高标准,努力提高工作、产品或服务的质量,多出、快出、出好合格品、精品。

2. 效益观念

效率观念侧重于从企业或组织作为主体的角度来认识、评价效率,而效益观念则要从更大的主体——市场、城市、社会乃至国家的角度,或者说企业或组织从以上的角度考虑自己的生产经营情况,对效率进行认识和评价。对于一个企业和组织来说可能投入很少产出很多,但产出的都是次品、废品,或者是使用寿命短的产品,或者对社会造成不利的深远影响,从大于企业的主体的角度看,都是没有效益或效益很低的。而当前我们的一些企业和组织不仅存在效率不高的情况,也存在效率虽高但效益太低的情况,都是我们要克服的。据有关资料显示,我们不少企业的产品合格率长期停留在70%左右,不少企业具有一流的设备、优良的原材料,只能生产二流、三流的产品。另外,虽然我们取得了很高的生产增长率,但造成的资源浪费和污染也是相当严重的,有材料分析认为1986年我国环境污染损失占当年国民生产总值的6.75%,1990年占当年的2.1%,1993年占3.16%,初步估算,将所有污染对经济造成的损失集中起来,能占到当年国民生产总值的7%左右,这一数字几乎接近于近些年经济的增长速度。不少专家认为,我国在20世纪90年代以来的工业化发展,是以高投入、高消耗、高污染和低效益为显著特征的。这就要求我们必须增强包括企业在内的全社会的效益观念。

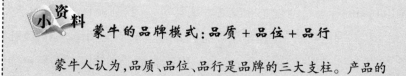

小资料

蒙牛的品牌模式:品质＋品位＋品行

蒙牛人认为,品质、品位、品行是品牌的三大支柱。产品的品质决定品牌。品质是"第一性"的,品牌是"第二性"的。产品没有质量,一切都是负数。在蒙牛到处能看到和听到这样一句话:产品质量的好坏就是人格品行的好坏。产品的品位决定着品牌在消费者心智资源中的占位。品牌源自品行,人的素质就像一座冰山,智力只是露出水面的部分,决定产品最终成败的是水下的部分,那就是生产产品的人的品行。

品牌的传播是需要载体的,载体易碎,品牌就易碎;载体结实,品牌就结实。蒙牛所选的品牌载体都是"钻石"级的,如航天员专用牛奶、运动员专用牛奶等。

蒙牛正在用智力、责任和汗水努力建设好内蒙古奶业的大品牌,逐步将自己塑造成为中国乳制品行业的"世界牛"。

资料来源:牛根生:《"蒙牛模式"的16个"支点"》,载《商务时报》2007年9月8日;牛根生:《"蒙牛"魅力文化》,载《中国文化报》2006年10月17日。

我们在今后计算企业的产出和组织的产出的时候,不能仅看它们投入了多少资源,还要看到是不是造成了不利的社会影响,是不是也投入了没有给予核算的属于社会的很多资源,同时不仅看它们有多大数量的产出,还要看是怎样质量的产出,从而保证广大的企业和组织不仅能提高生产经营的效率,还能提高生产经营的效益,从而共同增进社会的效益。在国内空调领域逐步做大、做强的格力电器股份有限公司就十分重视效益的观念。总裁董明珠认为,改革开放至今,有些企业是什么赚钱做什么,完全用利润的标尺来衡量企业发展。这其实是用"商业精神"来指导发展。这把"利润的尺子"往往把企业推向了追逐利润的沼泽,价格战、同质化、产能过剩等都是"商业精神"带给中国制造业无法逃避的后遗症。要借鉴领导行业发展的领袖企业的做法,坚持一股"傻劲"和"吃亏精神"

的"工业精神"。"工业精神"是指少说空话、多办实事,全心全意关注消费者需求,主动承担社会责任的精神。有了这种精神就可以把人的力量和智慧无限量聚合起来,实现最大程度的自主创新,创立民族品牌,推动中国制造业和经济向前发展。①

在管理工作中还要强化效益观念。具体而言,要在保证工作、产品或服务的质量的前提下,进一步提高它们的品质,充分发挥其在社会中的功能和作用;要在从本单位、本部门、本组织衡量或提高工作、产品或服务的效率的同时能从更宽广的角度来认识、对待效率,在工作或生产过程中尽最大力量减少对周围环境、社区、城市的不利影响;节约使用公共资源,特别是不可再生资源,提高资源的使用效率,发展循环生产,建设绿色企业、绿色机关;要承担社会责任,履行好企业公民、组织公民应该承担的社会义务,做人民信赖的、有社会责任感的组织。

3. 公正观念

这一观念是我国社会主义现代化的性质所必然要求的。虽然西方企业及其管理取得了较高的效率和效益从而促进了经济的繁荣和进步,但也带来了不公平、不公正的社会情况,一方面表现在一个企业的管理者即使没有保证当时承诺的工作业绩和使企业达到的市场份额,在被解除雇佣关系时也能得到几十万、几百万甚至上千万美元的解雇金,而一个普通工人被解雇只能得到可怜的一点保障金;一方面体现在公司管理者和普通员工有着巨大的收入差距,这只能带来企业内部的财富分配和社会共同财富分配的极度的不均衡。人们曾分析,如果把美国的国民财产分成三等分,可以看到最底层的90%的人占有三分之一,另外9%的人占有三

---

① 董明珠:《做企业要有一股"傻劲"》,载《人民日报》2007年1月24日;董明珠:《从亨利·福特想到"吃亏"精神》,载《第一财经日报》2006年11月14日。

管理之魂

分之一，最富有的1%的人占有三分之一。①

我国作为社会主义国家应该在公平和公正方面优越于西方资本主义，"我们为社会主义奋斗，不但是因为社会主义有条件比资本主义更快地发展生产力，而且因为只有社会主义才能消除资本主义和其他剥削制度所必然产生的种种贪婪、腐败和不公正现象。"② 但当前存在的一些不公正的情况需要引起我们重视：一是有些国有企业因经营不善倒闭，许多职工因而下岗，而企业的有些管理者不是不承担经营不善的责任而能继续到其他单位任类似的职务，就是在企业转让产权的过程中造成国有资产的大量流失，而增进个人的私利；二是一些企业和组织利用不正当的手段和关系获得了进入市场的比较优势，取得巨额的经济利润，但损害了其他企业和组织平等进入市场的资格和权利，侵害了消费者的利益；三是一些企业和组织的领导者利用手中的权力谋一己之私，大搞不正之风和腐败，大量侵吞社会的财富；四是一些计划经济时代留下来的户籍制度、就业制度、人事制度和社会保障制度等制度性障碍还影响着处在社会下层的人们向上流动获得更高社会地位的努力，社会阶层的分布还是"洋葱头形"（即社会阶层的分布底层过大而中间阶层没有发育起来）而不是"橄榄形"（指社会阶层分布两头小中间大），处在社会底层的人口比例还太大；五是在发展经济、提高效率的提法下，一些非经济组织利用自己所占据的行业垄断地位或行业优势，向服务对象收取高额的回报，为自己的小集团增加经济收入，带来恶劣的社会影响等等。

在我们进行管理价值观建设特别是管理的价值目标观念建设时要努力树立起公正观念。要建立起公平的竞争机制，从而使每个组织、企业或个人通过平等地参与市场竞争和所付出的努力来取得自己的利润和经济

① ［美］戴维·施韦卡特：《反对资本主义》，李智、陈志刚等译，中国人民大学出版社2002年版，第198—202页。
② 《邓小平文选》第3卷，人民出版社1993年版，第143页。

收入；要使所有地方、组织、企业或个人都能在公平的政策和制度条件下争取自己的利益；对于利用职权谋私的组织或个人要建立起防范和制约机制；还要消除制度性障碍，通过必要的政策和制度建设，鼓励社会成员通过后天的努力向更高的阶层进行社会流动等。

4. 和谐观念

我国在管理上自古以来都十分重视和谐，把其作为重要的价值目标。这种和谐观念首先重视家庭关系和人伦关系的优先性，强调人际关系的和谐，还强调国家的稳定和谐，以及人与自然的和谐，为社会的发展提供了良好的文化支撑。而这都恰恰是当今社会所迫切需要的。人们认为，西方在现代化的过程中，对其负面效应未能给予足够的重视，结果不得不在后现代化阶段去解决现代化过程中留下的问题。而和谐观念对西方协调社会矛盾，维护经济、社会和环境的协调平衡是有一定启发和借鉴意义的。梅奥就指出，在20世纪后半期民主国家普遍面临的重大问题是怎样实现有效的社会合作。科技进步必须伴随有社会的进步。一个民主国家只有实现全社会的积极参与、支持和合作，才有光明的前途。它提醒人们，美国虽然学会了在一瞬间毁灭成千上万人生命的本领，但对于如何有效地进行社会协调和团结社会的各种力量共同建设现代文明，却表现得无能为力。原子弹是不能传播文明的，但文明社会如果不能实现人们的同舟共济，实现社会的广泛协作，确实可能自己毁灭自己。①

和谐是人类的永恒追求，也是我们进行社会主义现代化的价值目标。在人类推进现代化的过程中共出现了三次大浪潮，第一次现代化大浪潮开始于18世纪后期结束于19世纪中叶，是由第一次工业革命推动、从英国开始并向西欧扩散的工业化过程；第二次现代化浪潮开始于19世纪末

---

① 孙耀君主编：《西方管理学名著提要》，江西人民出版社1995年版，第98页。

结束于20世纪初,是在欧洲核心地区取得巨大成就并向周围地区扩散、由欧洲向异质文化区域传播的过程;第三次现代化浪潮开始于20世纪下半叶,是一次真正的全球性变革的大浪潮,是工业化、现代化向全球扩散的过程,我国同其他一大批第三世界国家几乎一起迈向现代化。① 在第一、第二次现代化浪潮中崛起的国家大都有这样的历史,它们通过战争、开拓殖民地、不平等的经济和政治秩序为自己的现代化和发展获得巨额资金、廉价的工业原料、能源、劳动力和其他广泛的利益,能把自己在进行工业化、现代化过程中产生的国内资源危机、社会矛盾等问题通过多种途径转移到其他国家和民族。我们作为后发展中国家就没有了这种可能,作为社会主义国家更不会进行这样的不人道选择。面对巨大的人口压力、有限的能源和资源、生态环境的严重破坏、各地发展的不平衡状态等严峻局面,我们要实现工业化、现代化就不能完全重复西方走过的老路,必须发扬自己民族文化的特色,设法避免或减轻现代化带来的阵痛。

我们在管理中必须树立起和谐的管理观念,从这个意义上讲,"管理的过程实际上是避免冲突的过程,其中包括避免人与人之间的冲突、人与物之间的冲突、物与物之间的冲突"。② 我们要统筹城乡发展、统筹区域发展、统筹经济社会发展、统筹人与自然和谐发展、统筹国内发展和对外开放,推进经济、政治、文化、社会、生态建设各个环节、各个方面相协调,争取经济和环境的和谐,社会各种关系的和谐,推进组织和企业内人员的和谐,能让全体成员共享发展与进步带来的利益和好处,促进人的全面发展。具体而言,要推动天人和谐,即人与自然的和谐,从有利于环境优美、生态和谐、持续发展的角度来推动工作,进行建设,促进发展;要保证上下和谐,即"上级"和"下级"纵向关系的和谐,下级对本部门、本单位、本人发展的意愿、愿望能够被上级认识、尊重和满足,对发展的意见、建议能够被理解和

① 罗荣渠:《现代化新论》,商务印书馆2004年增订版,第140—160、225—239、512—526页。
② 唐任伍:《儒家文化与现代经济管理》,经济管理出版社2003年版,第303页。

采纳,从而使上级有关发展的决策、决定更具合理性和群众基础,同时上下级单位的人员或管理者与群众共享本部门、本单位发展带来的成果;要注重左右和谐,即各部门、各单位、同事、同行之间横向关系的和谐,在人们的劳动成果、经济利益同其劳动付出之间确立和形成最大限度的正相关关系,在人们的权利与义务、贡献与回报之间建立和完善对称关系,从而使人们能公平地分享劳动成果和社会发展带来的各种利益;要坚持内外和谐,即一个地方、一个单位、一个部门同其外部之间关系的和谐,把一个地方、一个单位、一个部门的发展同其他地方、单位、部门的发展结合起来、协调起来,实现共同发展;要重视代际和谐,即一代人与下一代、下几代人之间关系的和谐,给后代、后人提供发展空间,创造发展条件,把本代人的发展同后代人的发展协调起来,把管理者在任时的发展同离任后的发展协调起来;要促进自我和谐,即人们自身的心智和谐、身心和谐、素质和谐,要最大限度地营造一个鼓励和促进人健康发展、全面发展、和谐发展的氛围和环境,不断推动、实现人与自身、人与人、人与社会、人与自然关系的和谐。

三、管理的价值手段观念建设

1. 科学观念

科学观念在西方现代管理中的发展是十分成熟的,已经渗透到管理的各个环节和社会的方方面面,成为人们的一种思维模式和工作方式,保证了企业和社会组织的管理工作及各项工作的计划性、预测性和确定性,为其实现价值目标和赢得利润做出突出贡献。这是我们必须吸收借鉴的。当然,由于西方管理过于看重科学、理性的作用,迷恋科学方法、科学方式,导致对科学的崇拜和依赖,在管理领域和其他领域特别是思想界产生了唯科学主义观念,使科学忽视对人的关心和重视,成为一种压抑人的力量。这又是我们要引以为戒的。

我们要看到,我国之所以在现代落后了,原因当然有西方列强野蛮侵略的一面,但更重要的在于本身存在着一些阻碍社会发展和进步的制度和观念缺陷。其中之一就是在管理和日常生活中具有重视经验忽略科学的观念。我国传统社会的管理、生产、技术发明和生活所依靠的主要是经验,它确实有助于在我们这样一个人口众多的国家中汇聚、积累起大量的知识财富,能产生积极的作用,但与科学技术方法相比,其作用还是十分有限的。有分析就指出,中国在进入现代的时期开始落后于西方世界,原因在于我们的技术发明和生产仍然依靠经验,而欧洲在科学革命的时候就已经开始把技术发明和工业生产转移到主要依靠科学和实验上来了。[①] 新中国成立后,受革命热情和理想主义的鼓舞,许多组织、企业不是把自己的管理和经营转移到依靠知识和科学上来,而还是依靠人们的经验,依靠人们的热情和干劲,甚至在一段时间内还出现了"人有多大胆,地有多大产"的盲目认识,受"文革"的冲击,各项管理工作并未走向正规化和科学化的轨道。十一届三中全会后,我们对包括管理在内的社会主义建设的认识不断深化,也开始逐步引进西方先进的生产技术和生产设备,但从事实际管理工作中的人在管理是不是科学、是不是技术以及具有怎样的重要性等问题上还存在模糊甚至错误认识,至今还有不少企业领导人忽视和放松管理,把管理看作软任务,看作本单位出现了大问题才需要抓一抓的事情,看不到管理是对企业和组织的人、财、物以及各项工作进行整合和优化的专门化、科学化工作,致使我国许多行业、组织和企业的管理还很落后。人们对多家国有企业和各类型企业调查研究后指出,我国大多数企业仍处于从经验管理向科学管理过渡的阶段,现代化水平还很低。本来需要通过管理提高效率和效益的企业的管理的科学化水平尚且如此,其他非经济组织、单位的管理的科学化水平、现代化水平就可想而知了。

[①] 林毅夫:《制度、技术与中国农业发展》,上海三联书店、上海人民出版社 1994 年版,第 271—272 页。

向新加坡学习交通管理

　　新加坡的城市道路交通和商业设计、城市建设管理是一流的，反映了城市管理者水平。其政府在交通管理和节能方面采取的一些措施可供学习借鉴。

　　在新加坡，购买汽车首先要买下汽车的许可。从1990年开始，新加坡政府每年都设定一个年度配额，利用"资格证"来限制各种类型的车辆数量。"资格证"每两周在网上拍卖一次。政府拍卖"资格证"的收入用于维护一个高效和高度发达的公共交通系统。这个系统效率很高，每天处理400万次搭乘，而私家车日出行次数为300万次。

　　为了应对交通堵塞，1998年以来，新加坡已实现公路收费体系电子化。按规定，在一日之中的某些时段，途经中心商业区的车辆应通过电子系统为使用某些道路缴纳附加款。这样，要想在交通高峰期节省时间，司机可使用需要交附加款的道路；想省钱则可避开繁忙时段和路段，选择免费路线。

　　新加坡的城市交通和商业区规划令人叫绝，城市交通非常畅通。几乎所有大型的商业中心都与交通枢纽连在一起。交通枢纽都是公共汽车总站与某个地铁口连接。巴士总站的设计也是非常智慧，通常都是十几路甚至几十路车的会合点，而这个总站又是与地铁相连，这样人们转车非常方便。巴士总站一般成一个圆形、弧形或多边形，这个圆或多边形区域与地铁相连。圆的内侧一面是巴士停车场，车子进站时把顾客运到停车场的对面，顾客下车的这一面有商店、超市和饮食城等各种服务业。人们下车后在圆的中心内购物、吃饭，然后到下车的地方乘车离开,这些车驶向不同的方向。人们大都不用在街上走和穿行马路。这就是新加坡的商业和交通一体化的设计,出地铁口就进了商场,巴士终点站必有商业中心。

资料来源:《交通管理宜学新加坡经验》,载《参考消息》2006 年 8 月 17 日;蔡定剑:《向新加坡学什么?》,载《中国青年报》2005 年 11 月 9 日、16 日。

针对这种情况,有的学者指出,我们的管理落后,水平总是提不高、上不去的一个根本原因就是"对管理在认识上存在片面性,即只承认其职能作用,而不认识、不承认管理是一门科学,因而没有重视,或重视与提倡不够。与对自然科学和技术科学的重视程度相差悬殊。没有充分理解作为第一生产力的科学技术其中也包括管理和管理科学"①。2008 年 7 月 9 日,美国《财富》杂志公布了 2008 年全球企业 500 强排行榜,联想集团以 167.8 亿美元的年销售额排名第 499 位,首次进入全球 500 强企业的榜单。在 7 月 12—13 日于贵阳举行的"中国企业家论坛"第五届夏季高峰会上,联想控股有限公司总裁柳传志向与会者介绍说,成立 24 年来联想取得现在的成绩,主要作了四方面的工作和经验,其中一项工作和经验就是"将公司内部一切能够科学化的工作科学化,让投资队伍中有专业的管理专家来做管理工作"②。

在当前我们加强管理、进行管理价值观建设的一个十分重要的内容就是重视和强化科学观念。要把管理看作一项专门化、科学化的工作,逐

---

① 潘承烈:《以科学态度对待管理科学》,载《南开管理评论》2000 年第 2 期。

② 周之江、施雨岑:《柳传志:联想进入世界 500 强有四点经验》,载《经理日报》2008 年 7 月 15 日。其他三个方面的工作和经验分别是,创造了高科技产业先河,将研究所里的科研成果,从"象牙塔"中搬到市场上接受检验,创造价值;在外国企业大量涌入中国时,和它们展开竞争,抢占市场份额,这也为 2004 年并购 IBM 的 PC 业务奠定了基础;解决员工的股份问题,让待遇得到保证,让年轻员工有更多机会展示才能。

步扭转不管什么人只要够一定行政级别就能从事管理的错误观念,努力把精通管理的行家里手充实到各行各业的各个管理岗位上来;不断学习借鉴西方的科学化管理,引进先进的管理技术来改善管理;不管什么位置的领导和管理者都应该在制定政策或进行决策时广泛听取广大群众的意见,虚心征求各方面专家的建议,不断提高决策的科学化水平;要加强管理工作的培训和研究工作,不断改进和提高管理的水平,从而使我们的管理科学化、现代化水平不断得到提高。

2. 制度观念

在西方管理的发展中制度的观念逐步深入人心,成为企业和广大组织最重要的管理手段和管理方式。有一种观点就认为,正是西方较早地进行了包括专利、产权在内的制度安排的创新,才导致了西方产业革命的发生以及科学技术的迅猛发展。即使管理也是因为借助一定的制度安排才成为现代企业和组织发展的强大推动力的,其中之一就是所有权和管理权的分离。伊查克·麦迪思就认为这一制度作为一项重大的现代创造,是对世界的最大贡献。① 由于对各自利益的关注和追求更大更多的利益,西方的组织或个人十分关注用制度来约束政府、组织或个人对自己利益的损害,用制度来增进自己的利益。社会组织和公共部门更依靠制度来维护生产和经营的秩序,依靠制度来激励它们希望的行为的产生。广为人们赞誉的美国 3M 公司就是一个依靠一定的制度安排使自己成为一个以产品创新为突出特征的企业。比如它有一个 15% 的规定,即鼓励科技人员最多能把自己时间的 15% 用在自己选择和主动提出的科研计划上;一个 30% 的规定,要求每个部门前 4 年推出的产品和服务产生的营业收入应占年度营业收入的 30% 以上;设立了一个"进步奖",把它颁

---

① [美]伊查克·麦迪思:《企业生命周期》,赵睿、陈甦、何燕生译,中国社会科学出版社 1997 年版,第 51 页。

发给负责在 3M 公司内部取得创新事业成功的人；建立"创世纪奖金"——内部创业投资资金，把它分配给开发原型和做市场试销的研究人员，一笔最多付给 5 万美元等，从而使产品的创新成为可能。现代管理取得成功的一个重要方面，就是实现了管理的制度化；但随着管理的发展和人们自觉性的提高，管理的制度化从主要依赖硬性化的正式制度不断向正式制度和非正式制度相结合的方向发展，因而制度约束也就越来越具有柔性化的特点，当然现在柔性化的程度还不算高。

　　我国的传统管理的社会组织基础主要是家族和宗族（可称之为血缘共同体），因而在管理中运用的主要是道德手段，依靠人们的自觉和内省，应该说是很有效的，并且也产生和运用过郡县制、科举制度和监察制度等很好的制度，这些制度为我们国家在古代长期保持经济和技术的领先地位奠定了基础。不管是在血缘共同体，还是在后来以赢取民族独立为己任的革命团体（革命共同体）中，主要靠人们的思想和道德觉悟是能很有效地推行管理和完成其使命的，因为人们利益一致的程度较强，交往的范围还很有限，并且对违反道德或组织规范的人的监督也很容易，但随着社会生活的丰富和范围的扩大以及人们对自身利益的关注，再用这种方式就远远不够了。邓小平在总结"文革"的教训时就指出，"我们过去发生的各种错误，固然与某些领导人的思想、作风有关，但是组织制度、工作制度方面的问题更重要。这些方面的制度好可以使坏人无法任意横行，制度不好可以使好人无法充分做好事，甚至会走向反面。……不是说个人没有责任，而是说领导制度、组织制度问题更带有根本性、全局性、稳定性和长期性。"①当前虽然人们提了很多很好的思想和价值观念，但由于没有有力的制度依托，不能得到很好落实，只能成为空洞口号或不痛不痒的说教。腐败问题久抓不绝的严峻情况说明，要从根本上解决问题，必须从源头上、从制度上做起。

---

　　① 《邓小平文选》第 2 卷，人民出版社 1994 年版，第 333 页。

在重视制度和基础管理方面,华为、海尔等知名企业积累了可贵的经验。华为公司十分重视制度在管理中的作用,是我国较早制定内部系统规范的企业。从1996年开始起草,到1998年制定出的《华为基本法》,总结了华为成功的经验,提出了很多反映时代精神的主张,反映了华为的阶段性发展的特征,对华为规范员工行为、引领大家开拓国内外市场、促进企业持续发展发挥了很好的作用。这一基本法的出台,引起多方关注,甚至被管理学者看作"中国民营企业发展的里程碑",标志着中国的一大批企业迈进平稳发展的阶段。《华为基本法》还将进一步得到完善,在企业中发挥更大的功能。"日清"工作法又叫"OEC"模式,"O"即"Overall","E"代表"Everyone, Everything, Every day"的"3E","C"指"Control and Clear"。其含义是全方位地对每个人每一天所做的每件事进行控制和清理,保证每天的工作每天完成,每天的工作质量都有一点儿(1%)的提高,即做到"日事日毕,日清日高"。这一管理法基于企业、员工乃至不少人的一个特点和习惯。对于明确的规章制度,人们往往不执行,不少人具有做事不守规矩的习惯。例如,在城市的十字路口,明明红灯在亮着,人们本不该闯,但还是很多人照样往前闯,熟视无睹。在不少企业,往往领导做出一项决策,在向下传送的过程中就会出现衰减或偏差。如果不能一直盯着,很多事情以为已经到位,员工往往还没有开始干。因此,必须一件事从头到尾抓,坚持抓出成效。这一管理法也来自一个理论,即斜坡球体理论。张瑞敏从"吾日三省吾身"的中国传统自律方法中,悟出企业在市场中的位置,就如同斜坡上的一个球体,它来自市场竞争和内部员工惰性而形成的压力,如果没有止动力,就会下滑。为使企业在斜坡(市场)上的位置保持好,就需要止动力,即基础管理。这一理论被海尔人称为"海尔发展定律"。通过"日清"工作法的推行,海尔人使一个濒临倒闭、开不出工资的集体小厂不仅迅速扭转了亏损,而且提高了整体的管理素质,解决了当时在管理上普遍存在的无效、无序的问题。这也使海尔于1988年在行业中以劣势小厂的地位战胜了许多优势大厂,摘取了中国冰箱史上的第一枚金牌——国家优质产品奖,为海尔的持续发展作出贡献。①

我们必须在管理工作中树立起依靠制度、遵守制度的观念。在社会组织的层次上,越高的组织越应负责公平制度的制定和维护,对人们的行为进行宏观的调控,而不是对具体工作、活动、项目的干预,到了政府的层次其职责应把重心放在制度架构的设计和维护上,用制度架构来保障和维护广大人民群众的应享权利;我们要提高管理的水平,提高民主的程度,提高自主创新的能力,实现社会的和谐局面,就必须通过一定的制度安排来实现;在企业层面,要优先建立起有效的法人治理结构,使广大企业及其管理建立在合理有效的制度的基础上;任何管理者都只有在法律和制度下行动的自由,而没有逾越于法律和制度上的权力,检验领导者、管理者的能力水平与合格程度的一条标准就是看他们对制度的自觉遵守的程度和通过制度实施管理的能力和自觉性。总之,要把希望人们采取的行动和行为用制度的形式体现出来,激励人们去做,而不希望发生的情况也通过制度体现出来,坚决予以避免,最终形成适合社会主义市场经济和有效应对国际竞争的管理制度体系和结构。

3. 道德观念

我国向来是一个重视道德、推崇依靠道德进行管理的国家。人类本应该依次解决人对物的问题(对应的态度是向外用力的态度,称作从身体出发)、人对人的问题(对应的人生态度是向内用力的态度,称作从心出发),而我国在人生第一问题尚未解决的情况下,就凸现了第二问题和第二态度,由此而把思想重心用到人事上,成为一个"伦理本位的社会",而对物则有所忽略。"即遇到物,亦失其所以对物者;科学之不得成就出

---

① 颜建军、胡泳:《海尔中国造》,海南出版社 2001 年版,第 77—115 页;胡泳:《张瑞敏如是说》,浙江人民出版社 2006 年版,第 51—66 页。

来在此。既不是中国人笨拙,亦不是文化进步迟缓,而是文化发展另走一路了。"因此,"中国文化是人类文化的早熟。"①

从伦理道德上看问题成为几千年来中国的传统,在管理上主张进行道德管理,就是管理者通过自身良好的修养影响别人也加强自身的修养,从而实现社会和谐和天下太平的价值目标。在选任管理者时十分看重他们的道德素质,在看待和处理管理问题时优先从道德上进行考虑和处理。因此,人们把道德管理看作中国管理的特色,当作中国式管理,认为其实质就是修己安人的历程。修己代表个人修治,做好自律的工作。修己是修造自己,而不是改变他人。改变别人是一种错误的方向,会得到抵制,不符合人性化管理。"管理者先求修己,感应被管理者也自动修己。双方都修己,互动起来,自然更加合理。人人自求合理,才是最有效的管理。"②正如我们所指出的,这种管理方式在人数有限和利益一致的群体内是很有效的,如果这一群体性质发生改变,范围无限扩展,道德调控的效果会受到限制。

在现代的条件下要发挥道德的作用必须和其他方式特别是法律和正式制度相互配合。法律和正式制度并不取代和排斥道德的作用,而且会使道德和自律更有效。因为法律和其他正式制度再多也是有限的,并且它们主要依靠硬性的力量来约束人们,主要在于预防人们的某些行为,还有许多领域和地方需要依靠人们的道德修养,依靠人们自觉性、自律性和超越自我的品性来进行调节,这对于节约管理的成本和增强管理的有效性是很有帮助的。这就要求组织和企业能通过提倡和反对、奖励与惩罚等方式,把权利和义务、他律和自律相结合,促使正式制度和非正式制度内化为员工的自觉观念和行为方式,从而增强组织和企业的竞争力。福山就认为,参与竞争的最有效的组织都是建立在拥有共同的道德价值观

---

① 梁漱溟:《中国文化要义》,上海人民出版社 2003 年版,第 299、315、307 页。
② 曾仕强:《中国式管理》,中国社会科学出版社 2003 年版,第 9 页。

的群体之上,这些群体不需要具体的契约和规范,因为道德上的默契为群体成员的相互信任打下坚实的基础。并提出一个企业乃至国家参与竞争的能力取决于本身所拥有的社会资本(人们为了共同目的在一起合作共事的能力)和人际之间的信任程度。① 人们普遍认为,现在我们的任务不但是集中精力建设市场经济,还要注意加强道德建设,增强人们对集体的忠诚感,提高全社会的道德水平,这是十分正确的认识。正如有学者所指出的,"开发中国文化资源,掌握德来整合现代经济,将是中国文明走向21世纪的重要力量。假使不走这条路,中国就会迷失在现代性之中,陷入现代性困境中。"②

我们在管理中不仅要重视和强化依靠制度的观念,同时还要加强道德观念的建设。要在组织和企业中努力培育诚信和关心人的道德氛围,组织或企业的管理者能率先示范,对于自己的承诺能做到严格遵守和及时履行,避免那种台上说一套、台下做另一套的虚伪做法,人们之间能互相尊重、互相理解和互相关心,时时处处体现自己对本单位、本部门责任感和忠诚感,对于成员的高尚的道德行为能够及时给予多方面的奖励。组织与组织、企业与企业之间相互进行交往时都能本着合作和双赢的原则,重视信誉,注重合作,实现双方、多方的共生共荣;组织或企业要有对服务对象或消费者高度负责的精神,把他们的需要和满意放在第一位,通过各种途径和方式争取他们的支持,努力为他们提供质优价廉的产品或服务,满足有利于他们成长和发展的各种需求;组织或企业要主动承担社会责任,在搞好自己的经营管理的同时,努力为社会创造更多的财富,不随意把剩余人员推向社会而增添社会的负担,能采取积极措施为他们寻找工作和发展的出路,通过技术升级和改造不断减少对环境的污染和破坏,为所在地和全社会的环境改善、为构建和谐社会作出积极的贡献。

---

① [美]弗朗西斯·福山:《信任》,彭志华译,海南出版社2001年版,第8、12、31页。
② 成中英:《C理论:中国管理哲学》,中国人民大学出版社2006年版,第374页。

4. 文化观念

一般认为,从 20 世纪 80 年代开始西方管理进入企业文化阶段,越来越多的企业和组织对本民族、自身的文化增强了自觉性,重视文化引导和文化建设,用富有特色的价值观和文化吸引员工、凝聚员工。虽然在一定程度上有过于重视员工的共性忽视他们的个性的问题,但由于适应了社会的发展和员工要求在企业文化下进行自我管理的愿望,还是极大地促进了企业的发展和提高了它们的竞争实力。并且随着全球化趋势的加速发展和国际交往的增多,各个参与交往的组织、企业或个人越来越需要保持对本国、本民族文化的自觉认识,增强对其他国家、其他民族、其他地域的文化的敏感性,提高跨文化交往和跨文化管理的能力。另外,随着后现代阶段的来临,人们对精神和文化的需求不断增长,正在将生活意义的生产作为主要追求的目标,不但需要企业能提供给他们产品或服务,还要求这些产品或服务中能有更多的精神或文化内涵,对于特色的文化产品或服务更是充满期待。这要引起我们的高度关注。有一个例子很好地说明了这一点,对英国国际收支的贡献来说,1996 年的摇滚乐比钢铁产业更高,1998 年"辣妹"是英国最大的出口项目。[1] 美国的视听产品也已超过其飞机的出口,成为它的第一大出口商品。因此,可以想见,在明天,在未来,哪个企业、地区或国家拥有文化优势,那个企业、地区或国家就拥有竞争优势、效益优势和发展优势。一句话,一个企业或一个国家在国际竞争的优势越来越依赖于其文化特色、文化魅力和文化力量。

 中国在"三级两跳"中要有文化自信

著名社会学家、人类学家、民族学家费孝通曾撰文指出中国

---

① 《"文化力"推动新经济》,载《参考消息》2004 年 10 月 7、8、9 日。

在经历社会阶段的巨大变化，并对中华民族的伟大复兴寄予希望。

20世纪是我国社会发生深刻变化的时期。在这段历史里，中国先后出现了三种社会形态，即农业社会、工业社会和信息社会。这里边包含着两个大的跳跃，就是从农业社会跳跃到工业社会，再从工业社会跳跃到信息社会。我概括为三个阶段和两大变化，并把它比作"三级两跳"。第一个变化是，我国从传统的乡土社会开始变为一个引进机器生产的工业化社会。一般人所说的现代化就是指这个时期。从这一时期开始，一直到现在，又出现一个时代的新变化，即信息时代的到来。这是我所说的第二个变化，即我国从工业化走向信息化的时期。

作为一个历史见证人，我很清楚地看到，当引进机器的工业化道路还没有完全完成时，已经又进入了一个新的阶段，即信息时代。以电子产品作为媒介来传递和沟通信息，这是全世界都在开始的一个大变化。虽然我们一时还看不清楚这些变化的进程，但我们可以从周围事物的发展事实中确认，由于技术、信息等变化太快，我国显然已碰到了许多现实问题。我们的第一跳还在进行当中，有的地方还没有完成，现在又在开始下一个更大的跳跃了。

依照进化的观点和规律，21世纪的人类应该比20世纪的人类生活得更加聪明。事实上，已经有人在讨论新的发展观，提出了不同于传统发展观的几个特点，如合理开发资源、讲究生态效益，又如注重社会平等、倡导精神追求、促进人的全面发展，等等。我们可以发现，这些现代人类提出的准则，是中国传统文化精神一向坚持的。这样的史实，有利于帮助我们树立起应有的文化自信。

全球化潮流发端于西方世界，非西方世界应当通过发扬自身的文化个性来对全球化潮流予以回应。我近年来在很多场合提到的"文化自觉"，就含有希望看到这种回应的意思。"文化自觉"是当今时代的要求，它指的是生活在一定文化中的人对其文化有自知之明，并对其发展历程和未来有充分的认识。也许可以说，文化自觉就是在全球范围内提倡"和而不同"的文化观的一种具体体现。希望中国文化在对全球化潮流的回应中能够继往开来，大有作为。最近，许多文章中提到"中华民族的伟大复兴"，应该包括一个很重要的方面，就是中国文化的复兴。为了这个前景，我们有必要加强人文主义，提倡新人文思想。在原有传统文化的基础上，吸收国外优秀的科学精神，建设新的人文精神。面对经济全球化的世界潮流，我们在开始第二跳的时候，要记住把"天人合一"、"中和位育"、"和而不同"的古训带上，把对新人文思想、新人文精神的追求带上。这样去做，我们就能获得比较高的起跳位置，也才能跳得高，跳得远，在真正的意义上实现中华民族的伟大复兴。

资料来源：费孝通：《经济全球化和中国"三级两跳"中的文化思考》，载《光明日报》2000 年 11 月 7 日。

在新的形势下，我们在管理中要自觉树立文化观念，能对自己本身的文化有自知之明，并对其形成过程和未来发展有充分的理解，在此基础上，自觉运用各种文化手段。一要向先进的管理文化学习。在发达国家早已实现从农业社会向工业社会的现代跨越，又在从工业社会向信息社会进行后现代跨越的时候，我们还主要处于从农业社会向工业社会的现代转型的发展阶段，我们的管理和各方面的工作与国际先进水平还有很大的差距，必须努力学习借鉴那些先进的管理技术、管理理念、管理成就，以此作为我们管理的起点和基础。二要体现我国的传统文化的精华和民族的特色。西方各个发达国家的管理既有很多的共性，也有很多的个性，每个国家的管理文化都有自己的特色，这是它们立足本民族文化的结果，也是它们能不断发展的一个源泉和动力。我国在管理上、文化上都有很多很好的传统、特色，只有结合这些特色，我们吸收借鉴的东西才能具有适应性，也才能体现我们的创造性，增加文化的魅力和吸引力。完全照抄照搬西方的管理体制、管理方法由于不具备适合它们的文化、制度环境，因而是很难成功的。即使个别能成功，为此付出的成本和代价也太高昂。现在摆在我们面前的问题，不是使自己的管理体制、方法、观念等越来越像哪个国家的，而是在特定的国情下提高工作的效率和效益，实现公正与和谐。然而解决这些问题，不积极开动脑筋、不付出艰苦的努力是不可能的。我们看到，西方的管理也存在着很多问题并正在经历转型，用何种管理体制、管理方式也是有问题的。一位学者说得好，人们在制定政策时，不是要想象某种理想的状态，或以理想改变现存的社会，而是"洞察现在需要做什么以较充分地实现我们现存社会的种种暗示。"①改变我们管理中存在的缺陷，克服种种不足，同时又能发扬优点，发扬特色，就是对管理中的暗示问题的一种有力回应和正确的解答。三要大胆创造，努力体现各个企业、组织的文化特色。每个企业、每个组织都要发挥文化的优势、文化的作用。但这个文化不是别的，而是每个企业、每个组织的管理者和成员立足时代、继承传统、群策群力和因地制宜而努力创造出的管理理念、管理方式和管理体制，它尊重人、理解人、关心人、依靠人、发展人，更有利于人们的成长发展、更有利于企业或组织提高效益、更有利于社会的协调发展。只要这些具有时代精神和民族特色又富有个性的文化在各个企业和组织中被创造出来，并得到运用，我们的企业或组织在国际中的竞

---

① ［英］迈克尔·欧克肖特：《政治中的理性主义》，张汝伦译，上海译文出版社 2003年版，第 117 页。

争力一定能得到大大增强,中华民族一定能再次得到振兴。到那时,我国的管理文化一定能再次为世界管理文化的发展和文明的进步做出新的更大的贡献。

在管理的价值主体意识、价值目标观念和价值手段观念三个方面、领域,要重视、坚持、强化的价值观念都是我国当前的管理实践迫切需要的。这些价值观念分别都是逐级提升、层层深化的,前面的观念是后面的观念的基础、条件,后面的观念是前面观念的提升、发展,这些观念的每一次提升、发展都是一次深化,都是对解决管理问题的一次深入。比如不解决责任观念的问题,就无法进一步提倡和发扬能力的观念,强调人人承担责任是工作的第一步,第二步才是树立能力观念的问题,让有能力的人真正承担工作,发挥作用,再比如,效率观念主要是从本部门、本单位出发的,而效益观念是从更大的主体角度、更宽的视野来看待的,公正观念、和谐观念的主体视野比效益观念更加宽阔,依次从人民主体、社会主体、国家主体甚至人类主体的角度来看待。同时,这三个方面、领域的价值观念又是密切关联的,它们之间相互依赖、相互促进、相互影响,仅仅坚持和强化一个方面、领域的某个价值观念,而不加强其他方面、领域的相关的价值观念,自身是得不到加强的,相应的管理问题也很难得到根本解决。比如,要增强效率观念,提高效率,不重视科学观念,不运用和发展科学,不树立责任观念,发挥每个人工作的主动性、积极性,效率的提高就是一句空话。可以看出,中国特色的管理价值观是一个有机的体系,建设这一体系是一个长期性、科学性、系统性的社会工程。

综上所述,以上的价值观念概括起来,就是人是管理的主体,人是管理的目标,人是管理的依靠的观念。作为管理主体的人,不是少数的几个人、一部分人,而是大多数、绝大多数的人;把人作为管理的目标,就是要使管理为人的共同发展、人的科学发展、人的全面发展服务,把促进人的共同发展、科学发展、全面发展作为管理的出发点和落脚点;依靠人,不是

第六章　建设中国特色的新型管理价值观

依靠人的某一方面的特点,而是依靠人的有利于工作的全面的特点、全面的人性,不是依靠人所创造的某一手段、某一成果,而是所有的文明手段、文明成果。正是在这个意义上我们说,这一管理价值观就是以人为主体、以人为基础、以人为中心的管理价值观,其实质和核心就是以人为本。同时它又是扎根中国传统文化、改革开放文化土壤中的具有中国风格、中国气派的管理价值观,是中国特色的管理价值观。对比历史上的管理价值观,中国特色的管理价值观以主体的广泛性、目标的超越性、依靠力量的全面性以及现实的针对性、指向的时代性、结构的创造性体现出自己的科学性、先进性,因而是一种新型的价值观。它必将促进中国的经济、政治、文化、社会、生态等建设的科学发展,促进中国社会主义现代化的早日实现,促进中国的全面崛起和中华民族的伟大复兴!

参考文献

一、马克思主义经典著作

《马克思恩格斯选集》第1—4卷，人民出版社1995年版。

《马克思恩格斯全集》第3卷，人民出版社2002年版。

《马克思恩格斯全集》第30卷，人民出版社1995年版。

《马克思恩格斯全集》第31卷，人民出版社1998年版。

《马克思恩格斯全集》第44卷，人民出版社2001年版。

《马克思恩格斯全集》第45—46卷，人民出版社2003年版。

《毛泽东选集》第1—4卷，人民出版社1991年版。

《毛泽东文集》第6—8卷，人民出版社1999年版。

《邓小平文选》第1—2卷，人民出版社1994年版。

《邓小平文选》第3卷，人民出版社1993年版。

二、中文著作

陈春花：《中国管理10大解析》，中国人民大学出版社2006年版。

陈惠湘：《联想为什么》，北京大学出版社1997年版。

陈嘉明：《现代性与后现代性》，人民出版社2001年版。

陈新汉：《评价论导论》，上海社会科学院出版社1995年版。

成中英：《C理论：中国管理哲学》，中国人民大学出版社2006年版。

程东升、陈海燕：《任正非管理日志》，中信出版社2008年版。

崔绪治、徐厚德：《现代管理哲学》，安徽人民出版社1991年版。

管理之
参考文献

戴木才:《管理的伦理法则》,江西人民出版社 2001 年版。

樊浩:《伦理精神的价值生态》,中国社会科学出版社 2001 年版。

韩庆祥:《能力本位》,中国发展出版社 1999 年版。

韩震:《重建理性主义信念》,北京出版社 1998 年版。

胡泳:《张瑞敏如是说》,浙江人民出版社 2006 年版。

黄群慧等:《国有企业管理现状分析》,经济管理出版社 2002 年版。

黄卫伟、吴春波主编:《走出混沌》,人民邮电出版社 1999 年版。

蒋一苇:《论社会主义的企业模式》,广东经济出版社 1998 年版。

兰久富:《社会转型时期的价值观念》,北京师范大学出版社 1999 年版。

黎红雷:《人类管理之道》,商务印书馆 2000 年版。

黎红雷:《儒家管理哲学》,广东高等教育出版社 1997 年版。

李德顺:《邓小平人民主体价值观思想研究》,北京出版社 2004 年版。

李德顺:《价值论》,中国人民大学出版社 2007 年版。

李德顺:《价值新论》,中国青年出版社 1993 年版。

李德顺:《立言录》,黑龙江教育出版社 1998 年版。

李德顺:《新价值论》,云南人民出版社 2004 年版。

李景林:《教化的哲学》,黑龙江人民出版社 2006 年版。

李连科:《价值哲学引论》,商务印书馆 1999 年版。

李泽厚:《己卯五说》,中国电影出版社 1999 年版。

李泽厚:《中国古代思想史论》,安徽文艺出版社 1994 年版。

厉以宁:《经济学的伦理问题》,三联书店 1995 年版。

梁漱溟:《中国文化要义》,上海人民出版社 2003 年版。

林岗、张宇:《马克思主义与制度分析》,经济科学出版社 2001 年版。

林毅夫、蔡昉、李周:《中国的奇迹:发展战略与经济改革》,上海人民出版社 1999 年第 2 版。

林毅夫：《再论制度、技术与中国农业发展》，北京大学出版社 2000 年版。

林毅夫：《制度、技术与中国农业发展》，上海三联书店、上海人民出版社 1994 年版。

凌志军：《联想风云》，中信出版社 2005 年版。

刘小枫：《现代性社会理论绪论》，上海三联书店 1998 年版。

刘兴阳主编：《聆听智慧：世界名企人力资源管理三人评》，中国人民大学出版社 2006 年版。

刘永好等：《总裁的智慧》，中央编译出版社 2002 年版。

罗珉：《管理理论的新发展》，西南财经大学出版社 2003 年版。

罗荣渠：《现代化新论》增订版，商务印书馆 2004 年版。

毛卫平、韩庆祥主编：《管理哲学》，中共中央党校出版社 2003 年版。

米周、尹生：《中兴通讯：全面分散企业风险的中庸之道》，当代中国出版社 2005 年版。

潘承烈、虞祖尧主编：《振兴中国管理科学：中国管理学引论》，清华大学出版社 1997 年版。

潘承烈主编：《传统文化与现代管理》，企业管理出版社 1994 年版。

潘维、玛雅主编：《聚焦当代中国价值观》，三联书店 2008 年版。

彭新武等：《管理哲学导论》，中国人民大学出版社 2006 年版。

齐振海主编：《管理哲学》，中国社会科学出版社 1988 年版。

芮明杰：《管理学：现代的观点》，上海人民出版社 2005 年版。

盛洪：《为万世开太平》，北京大学出版社 1999 年版。

苏东水：《东方管理学》，复旦大学出版社 2005 年版。

孙耀君：《西方管理学名著提要》，江西人民出版社 1995 年版。

唐任伍：《儒家文化与现代经济管理》，经济管理出版社 2003 年版。

唐伟：《管理方法论》，中国广播电视出版社 1991 年版。

唐伟等：《现代管理与人》，北京师范大学出版社 1998 年版。

管理之魂

唐伟主编:《管理学》,中国青年出版社1992年版。

万俊人:《现代性的伦理话语》,黑龙江人民出版社2002年版。

王德胜:《普通管理学》,北京师范大学出版社2001年第2版。

王南湜:《社会哲学》,云南人民出版社2001年版。

王玉樑、[日]岩崎允胤主编:《价值与发展》,陕西人民教育出版社1999年版。

王玉樑:《价值哲学新探》,陕西人民教育出版社1993年版。

王玉樑主编:《价值和价值观》,陕西师范大学出版社1988年版。

席酉民:《管理之道:林投集》,机械工业出版社2002年版。

肖前、李淮春、杨耕主编:《实践唯物主义研究》,中国人民大学出版社1996年版。

肖前主编:《马克思主义哲学原理》,中国人民大学出版社1998年第2版。

许康、劳汉生主编:《中国管理科学化的历程》,湖南科学技术出版社2001年版。

薛暮桥:《中国社会主义经济问题研究》,人民出版社1979年版。

颜建军、胡泳:《海尔中国造》,海南出版社2001年版。

杨春学:《经济人与社会秩序的分析》,上海三联书店、上海人民出版社1998年版。

杨耕:《为马克思辩护》,北京师范大学出版社2004年版。

杨国荣:《善的历程》,上海人民出版社1994年版。

杨伍栓:《管理哲学新论》,北京大学出版社2003年版。

尹毅夫:《中国管理学》,人民出版社1999年版。

余长根:《管理的灵魂》,复旦大学出版社1993年版。

袁闯:《管理哲学》,复旦大学出版社2004年版。

袁贵仁:《当代中国的唯物辩证法》,中国青年出版社1996年第2版。

袁贵仁:《价值观的理论与实践》,北京师范大学出版社 2006 年版。

袁贵仁:《价值学引论》,北京师范大学出版社 1991 年版。

袁贵仁:《马克思的人学思想》,北京师范大学出版社 1996 年版。

曾仕强:《管理大道》,北京大学出版社 2004 年版。

曾仕强:《中国式管理》,中国社会科学出版社 2003 年版。

张岱年、程宜山:《中国文化论争》,中国人民大学出版社 2006 年版。

张岱年:《张岱年学术文化随笔》,中国青年出版社 1996 年版。

张岱年:《张岱年哲学文选》,中国广播电视出版社 1999 年版。

张德、吴剑平:《企业文化与 CI 策划》,清华大学出版社 2008 年版。

张立文:《和合学:21 世纪文化战略的构想》,中国人民大学出版社 2006 年版。

张维迎:《产权、政府与信誉》,三联书店 2001 年版。

张维迎:《企业的企业家—契约理论》,上海人民出版社 1995 年版。

张维迎:《企业理论与中国企业改革》,北京大学出版社 1999 年版。

周三多、陈传明、鲁明泓:《管理学:原理与方法》,复旦大学出版社 2005 年第 4 版。

朱红文:《人文精神与人文科学》,中共中央党校出版社 1994 年版。

三、中文译著

［德]恩斯特·卡西尔:《人论》,甘阳译,上海译文出版社 1985 年版。

［德]P. 科斯洛夫斯基:《资本主义的伦理学》,王彤译,中国社会科学出版社 1996 年版。

［德]彼得·科斯洛夫斯基:《后现代文化》,毛怡红译,中央编译出版社 1999 年版。

［德]帕特里希亚·派尔-舍勒:《跨文化管理》,姚燕译,中国社会科学出版社 1998 年版。

［德]霍尔斯特·施泰因曼、阿尔伯特·勒尔:《企业伦理学基础》,李

管理之魂

参考文献

兆雄译,上海社会科学院出版社 2001 年版。

[德]柯武刚、史漫飞:《制度经济学》,韩朝华译,商务印书馆 2000 年版。

[德]马克斯·韦伯:《新教伦理与资本主义精神》,于晓、陈维纲等译,三联书店 1987 年版。

[德]马克斯·舍勒:《资本主义的未来》,罗悌伦等译,三联书店 1997 年版。

[德]马克斯·韦伯:《经济与社会》,林荣远译,商务印书馆 1997 年版。

[德]马克斯·韦伯:《学术与政治》,冯克利译,三联书店 1998 年版。

[德]迈诺尔夫·迪尔克斯等主编:《组织学习与知识创新》,上海社会科学院知识与信息课题组译,上海人民出版社 2001 年版。

[德]乔治·恩德勒:《面向行动的经济伦理学》,高国希等译,上海社会科学院出版社 2002 年版。

[德]乌尔里希·贝克、[英]安东尼·吉登斯、斯科特·拉什:《自反性现代化》,赵文书译,商务印书馆 2001 年版。

[德]乌尔里希·贝克:《风险社会》,何博闻译,译林出版社 2004 年版。

[德]乌尔里希·贝克:《全球化时代的权力和反权力》,蒋仁祥、胡颐译,广西师范大学出版社 2004 年版。

[德]乌尔里希·贝克:《世界风险社会》,吴英姿、孙淑敏译,南京大学出版社 2004 年版。

[德]于尔根·哈贝马斯:《现代性的哲学话语》,曹卫东等译,译林出版社 2004 年版。

[德]于尔根·哈贝马斯等:《现代性的地平线》,李安东、段怀清译,上海人民出版社 1997 年版。

[法]H.法约尔:《工业管理与一般管理》,周安华等译,中国社会科

学出版社1998年版。

[法]埃米尔·涂尔干:《社会分工论》,渠东译,三联书店2005年版。

[法]菲利普·迪里巴尔纳:《荣誉的逻辑》,马国华、葛智强译,商务印书馆2005年版。

[法]罗贝尔·萨蒙:《管理的未来》,王铁生译,上海译文出版社1998年版。

[法]米歇尔·福柯:《规训与惩罚》,刘北成、杨远婴译,三联书店2003年版。

[法]米歇尔·克罗齐埃:《科层现象》,刘汉全译,上海人民出版社2002年版。

[法]米歇尔·克罗齐耶:《企业在倾听》,孙沛东译,格致出版社、上海人民出版社2009年版。

[法]让·波德里亚:《消费社会》,刘成富、全志刚译,南京大学出版社2001年版。

[法]托克维尔:《论美国的民主》,董果良译,商务印书馆1988年版。

[荷]G.霍夫斯坦德:《跨越合作的障碍》,尹毅夫、陈龙、王登译,科学出版社1996年版。

[荷]丰斯·特龙彭纳斯、[英]查理斯·汉普登-特纳:《在文化的波涛中冲浪》,关世杰等译,华夏出版社2003年版。

[荷]亨克·傅博达:《创建柔性企业》,项国鹏译,人民邮电出版社2005年版。

[加]查尔斯·泰勒:《现代性之隐忧》,程炼译,中央编译出版社2001年版。

[加]亨利·明茨伯格:《经理工作的性质》,孙耀君、王祖融译,中国社会科学出版社1986年版。

[加]亨利·明茨伯格:《明茨伯格论管理》,闾佳译,机械工业出版社2007年版。

[加]亨利·明茨伯格等:《领导》,思铭译,中国人民大学出版社1999年版。

[美]C. I. 巴纳德:《经理人员的职能》,孙耀君等译,中国社会科学出版社1997年版。

[美]E. 博登海默:《法理学:法哲学及其方法》,邓正来、姬敬武译,华夏出版社1987年版。

[美]F. W. 泰罗:《科学管理原理》,胡隆昶、冼子恩、曹丽顺译,中国社会科学出版社1984年版。

[美]R. 科斯、A. 科斯、D. 诺斯等:《财产权利与制度变迁》,刘守英等译,上海三联书店、上海人民出版社1994年版。

[美]R. L. 孔茨等:《哈佛论文集》,孟光裕译,中国社会科学出版社1985年版。

[美]W. J. 邓肯:《伟大的管理思想》,赵亚麟、谭智、张江云译,贵州人民出版社1999年版。

[美]W. H. 纽曼、小C. E. 萨默:《管理过程:概念、行为和实践》,李柱流、金雅珍、徐吉贵译,中国社会科学出版社1995年版。

[美]阿尔温·托夫勒:《第三次浪潮》,朱志焱、潘琪、张焱译,三联书店1983年版。

[美]阿尔文·托夫勒:《力量转移》,刘炳章、卢佩文等译,新华出版社1996年版。

[美]阿里·德赫斯:《长寿公司》,王晓霞译,经济日报出版社1998年版。

[美]阿玛尔·毕海德:《新企业的起源与演进》,魏如山、马志英译,中国人民大学出版社2004年版。

[美]艾尔弗雷德·斯隆:《我在通用汽车的岁月》,刘昕译,华夏出版社2005年版。

[美]艾铁尼·C. 温格等:《组织的学习》,刘巍译,中国人民大学出版

社 2003 年版。

　　[美]保罗·霍肯:《商业生态学》,夏善晨、余继英、方堃译,上海译文出版社 2001 年版。

　　[美]彼得·F.德鲁克:《管理:使命、责任、实务》(实务篇),王永贵译,机械工业出版社 2006 年版。

　　[美]彼得·F.德鲁克:《管理:使命、责任、实务》(责任篇),王永贵译,机械工业出版社 2006 年版。

　　[美]彼得·F.德鲁克:《新社会:对工业秩序的剖析》,沈国华译,上海人民出版社 2002 年版。

　　[美]彼得·F.德鲁克等:《知识管理》,杨开峰译,中国人民大学出版社 1999 年版。

　　[美]彼得·布劳、马歇尔·梅耶:《现代社会中的科层制》,马戎、时宪民、邱泽奇译,学林出版社 2001 年版。

　　[美]彼得·德鲁克:《工业人的未来》,黄志强译,上海人民出版社 2002 年版。

　　[美]彼得·德鲁克:《公司的概念》,罗汉等译,上海人民出版社 2002 年版。

　　[美]彼得·德鲁克:《管理:使命、责任、实务》(使命篇),王永贵译,机械工业出版社 2006 年版。

　　[美]彼得·德鲁克:《管理实践》,毛忠明、程韵文、孙康奇译,上海译文出版社 1999 年版。

　　[美]彼得·德鲁克:《后资本主义社会》,张星岩译,上海译文出版社 1998 年版。

　　[美]彼得·德鲁克:《下一个社会的管理》,蔡文燕译,机械工业出版社 2006 年版。

　　[美]彼得·杜拉克:《21 世纪的管理挑战》,刘毓玲译,三联书店 2003 年第 2 版。

[美]彼得·圣吉:《第五项修炼》,郭进隆译,上海三联书店1998年第2版。

[美]彼得·圣吉等:《变革之舞》,王秋海等译,东方出版社2001年版。

[美]彼得·圣吉等:《第五项修炼·实践篇》,张兴等译,东方出版社2002年版。

[美]查尔斯·M.萨维尼:《第五代管理》(修订版),谢强华等译,珠海出版社1998年版。

[美]大卫·雷·格里芬编:《后现代精神》,王成兵译,中央编译出版社1998年版。

[美]戴维·施韦卡特:《反对资本主义》,李智、陈志刚译,中国人民大学出版社2002年版。

[美]丹尼尔·A.雷恩:《管理思想史》第5卷,孙健敏、黄小勇、李原译,中国人民大学出版社2009年版。

[美]丹尼尔·贝尔:《后工业社会的来临》,高铦、王宏周、魏章玲译,新华出版社1997年版。

[美]丹尼尔·贝尔:《资本主义的文化矛盾》,赵一凡、蒲隆、任晓晋译,三联书店1989年版。

[美]丹尼尔·A.雷恩:《管理思想的演变》,赵睿等译,中国社会科学出版社2000年版。

[美]道格拉斯·诺思:《理解经济变迁过程》,钟正生、邢华等译,中国人民大学出版社2008年版。

[美]道格拉斯·C.诺思:《经济史中的结构与变迁》,陈郁、罗华平等译,上海三联书店、上海人民出版社1994年版。

[美]德鲁克等:《未来的管理》,李小刚译,四川人民出版社2000年版。

[美]杜威:《新旧个人主义》,孙有中、蓝克林、裴雯译,上海社会科学

出版社 1997 年版。

[美]弗朗西斯·福山:《信任》,彭志华译,海南出版社 2001 年版。

[美]弗雷德里克·莱希赫尔德:《忠诚的价值》,常玉田译,华夏出版社 2001 年版。

[美]弗里蒙特·E. 卡斯特、詹姆斯·E. 罗森茨韦里克:《组织与管理》,傅严、李柱流等译,中国社会科学出版社 2000 年版。

[美]盖瑞·J. 米勒:《管理困境》,王勇等译,上海人民出版社 2002 年版。

[美]哈罗德·德姆塞茨:《企业经济学》,梁小民译,中国社会科学出版社 1999 年版。

[美]哈罗德·孔茨、海因茨·韦里克:《管理学》第 10 版,张晓君等译,经济科学出版社 1998 年版。

[美]赫伯特·A. 西蒙:《管理决策新科学》,李柱流、汤俊澄等译,中国社会科学出版社 1982 年版。

[美]赫伯特·马尔库塞:《单向度的人:发达工业社会意识形态研究》,刘继译,上海译文出版社 2006 年版。

[美]赫伯特·西蒙:《管理行为》,扬砾、韩春立、徐立译,北京经济学院出版社 1988 年版。

[美]加里·海尔、华伦·贝尼斯、德博拉·C. 斯蒂芬斯:《以人为本》,王继平译,海南出版社 2003 年版。

[美]杰弗瑞·菲佛、罗伯特·萨顿:《管理的真相:事实、传言与胡扯》,闾佳、邓瑞华译,中国人民大学出版社 2008 年版。

[美]杰克·韦尔奇、苏茜·韦尔奇:《赢》,余江、玉书译,中信出版社 2005 年版。

[美]康芒斯:《制度经济学》,于树生译,商务印书馆 1962 年版。

[美]克劳德·小乔治:《管理思想史》,孙耀君译,商务印书馆 1985 年版。

参考文献

[美]克里斯·阿基里斯:《个性与组织》,郭旭力、鲜红霞译,中国人民大学出版社2007年版。

[美]李·J.阿尔斯通、[冰]思拉恩·埃格特森等编:《制度变革的经验研究》,罗仲伟译,经济科学出版社2003年版。

[美]理查德·A.斯皮内洛:《世纪道德》,刘刚译,中央编译出版社1999年版。

[美]理查德·帕斯卡尔、安东尼·阿索斯:《日本的管理艺术》,张宏译,科学技术文献出版社1987年版。

[美]林恩·夏普·佩因:《公司道德》,杨涤等译,机械工业出版社2004年版。

[美]罗兰·罗伯森:《全球化:社会理论与全球文化》,梁光严译,上海人民出版社2000年版。

[美]马斯洛:《动机与人格》,许金声等译,华夏出版社1987年版。

[美]马斯洛等:《人的潜能和价值》,林方等译,华夏出版社1987年版。

[美]玛丽·福列特:《福列特论管理》,吴晓波、郭京京、詹也译,机械工业出版社2007年版。

[美]迈克尔·波特:《国家竞争优势》,李明轩、邱如美译,华夏出版社2002年版。

[美]迈克尔·波特:《竞争优势》,陈小悦译,华夏出版社1997年版。

[美]迈克尔·波特:《竞争战略》,陈小悦译,华夏出版社1997年版。

[美]迈克尔·哈默、詹姆斯·钱皮:《企业再造:企业革命的宣言书》,王珊珊等译,上海译文出版社2007年版。

[美]密尔顿·弗里德曼:《弗里德曼文萃》,高榕、范恒山译,北京经济学院出版社1991年版。

[美]弥科姆·沃纳、帕特·乔恩特主编:《跨文化管理》,郝继涛译,机械工业出版社2004年版。

[美]乔治·瑞泽尔:《后现代社会理论》,谢立中等译,华夏出版社2003年版。

[美]琼·玛格丽塔、南·斯通:《什么是管理》,李钊平译,电子工业出版社2003年版。

[美]塞缪尔·亨廷顿、劳伦斯·哈里森主编:《文化的重要作用》,程克雄译,新华出版社2002年版。

[美]斯蒂芬·P. 罗宾斯、蒂莫西·A. 贾奇:《组织行为学》第12版,李原、孙建敏译,中国人民大学出版社2008年版。

[美]斯蒂芬·P. 罗宾斯、玛丽·库尔特:《管理学》第9版,孙健敏、黄卫伟、王凤彬等译,中国人民大学出版社2008年版。

[美]特伦斯·迪尔、艾伦·肯尼迪:《企业文化:企业生活中的礼仪与仪式》,李原、孙健敏译,中国人民大学出版社2008年版。

[美]特伦斯·E. 迪尔、艾伦·A. 肯尼迪:《新企业文化》,孙健敏、黄小勇、李原译,中国人民大学出版社2009年版。

[美]托马斯·彼得斯、罗伯特·沃特曼:《追求卓越》,戴春平等译,中央编译出版社2000年版。

[美]托马斯·K. 麦克劳:《现代资本主义:三次工业革命中的成功者》,赵文书、肖锁章译,江苏人民出版社2006年第3版。

[美]托马斯·弗里德曼:《世界是平的》,何帆、肖莹莹、郝正非译,湖南科学技术出版社2006年版。

[美]托马斯·库恩:《科学革命的结构》,金吾伦、胡新河译,北京大学出版社2003年版。

[美]威廉·大内:《Z理论》,孙耀君、王祖融译,中国社会科学出版社1984年版。

[美]小艾尔弗雷德·D. 钱德勒:《看得见的手》,重武译,商务印书馆1987年版。

[美]小艾尔弗雷德·D. 钱德勒:《企业规模经济与范围经济》,张逸

参考文献

管理之

人等译,中国社会科学出版社 1999 年版。

[美]小托马斯·沃森:《一个企业的信念》,张静译,中信出版社 2003 年版。

[美]伊查克·麦迪思:《企业生命周期》,赵睿、陈甦、何燕生译,中国 社会科学出版社 1997 年版。

[美]伊曼纽尔·沃勒斯坦:《沃勒斯坦精粹》,黄光耀、洪霞译,南京 大学出版社 2003 年版。

[美]约翰·W.巴德:《人性化的雇佣关系》,解格先、马振英译,北京 大学出版社 2007 年版。

[美]约翰·科特、詹姆斯·赫斯克特:《企业文化与经营业绩》,曾 中、李晓涛译,华夏出版社 1997 年版。

[美]约翰·奈斯比特、[德]多丽丝·奈斯比特:《中国大趋势:新社 会的八大支柱》,中华工商联合出版社 2009 年版。

[美]约翰·奈斯比特:《大趋势》,孙道章、路林沙等译,新华出版社 1984 年版。

[美]约瑟夫·E.斯蒂格利茨:《全球化及其不满》,夏业良译,机械工 业出版社 2004 年版。

[美]吉姆·柯林斯、杰里·I.波勒斯:《基业长青》,真如译,中信出 版社 2005 年第 2 版。

[美]詹姆斯·M.布坎南:《自由、市场与国家》,平新乔、莫抚民译, 上海三联书店 1989 年版。

[日]大前研一:《策略家的智慧》,黄宏义译,中国友谊出版公司 1985 年版。

[日]饭野春树:《巴纳德组织理论研究》,王利平等译,三联书店 2004 年版。

[日]堺屋太一:《知识价值革命》,金泰相译,沈阳出版社 1999 年版。

[日]三户公:《管理学与现代社会》,李爱文译,经济科学出版社

2000年版。

［日］三户公:《日本企业管理论》,李爱文译,企业管理出版社1994年版。

［日］松下幸之助:《实践经营哲学》,滕颖编译,中国社会科学出版社1998年第2版。

［日］熊泽诚:《日本式企业管理的变革与发展》,黄咏岚译,商务印书馆2003年版。

［日］作田启一:《价值社会学》,宋金文、边静译,商务印书馆2004年版。

［瑞典］西格法德·哈里森:《日本的技术和创新管理》,华宏慈、李鼎新、华宏勋译,北京大学出版社2004年版。

［英］D. S. 皮尤编:《组织理论精粹》,彭和平、杨小工译,中国人民大学出版社1990年版。

［英］F. A. 冯·哈耶克:《个人主义与经济秩序》,邓正来译,三联书店2003年版。

［英］安东尼·吉登斯:《现代性的后果》,田禾译,译林出版社2000年版。

［英］安东尼·吉登斯:《现代性与自我认同》,赵旭东、方文译,三联书店1998年版。

［英］查尔斯·汉迪:《非理性的时代》,王凯丽译,华夏出版社2000年版。

［英］查尔斯·汉迪:《饥饿的灵魂》,刘海明、张建新译,上海译文出版社1999年版。

［英］查理斯·汉普登-特纳、［荷］阿尔方斯·特龙佩纳斯:《国家竞争力》,许联恩译,海南出版社1997年版。

［英］弗里德利希·冯·哈耶克:《自由秩序原理》,邓正来译,三联书店1997年版。

管理之道

[英]罗布·戈菲等:《人员管理》,吴雯芳译,中国人民大学出版社2000年版。

[英]帕特里夏·沃海恩、R.爱德华·弗里曼主编:《布莱克韦尔商业伦理学百科辞典》,刘宝成译,对外经济贸易大学出版社2002年版。

[英]玛格丽特·A.罗斯:《后现代与后工业》,张月译,辽宁教育出版社2002年版。

[英]迈克尔·欧克肖特:《政治中的理性主义》,张汝伦译,上海译文出版社2003年版。

[英]尼格尔·多德:《社会理论与现代性》,陶传进译,社会科学文献出版社2002年版。

[英]尼尔·M.格拉斯:《管理是什么》,徐玮、魏立原译,中国劳动社会保障出版社2004年版。

[英]齐格蒙·鲍曼:《立法者与阐释者》,洪涛译,上海人民出版社2000年版。

[英]史蒂文·卢克斯:《个人主义》,阎克文译,江苏人民出版社2001年版。

[英]斯图尔特·克雷纳:《管理百年》,邱琼、钟秀斌、陈遊芳译,海南出版社2003年版。

[英]亚当·斯密:《国民财富的性质和原因的研究》(上、下卷),郭大力、王亚南译,商务印书馆1972年版。

四、英文著作

[美]杰伊·M.沙夫里茨、J.史蒂文·奥特编:《组织理论经典》(英文第5版),中国人民大学出版社2004年版。

[美]斯蒂芬·P.罗宾斯、玛丽·库尔特:《管理学》英文第7版,清华大学出版社2001年版。

[英]帕特里夏·沃海恩、R.爱德华·弗里曼主编:《布莱克韦尔商业

伦理学百科辞典》英文版,对外经济贸易大学出版社 1997 年版。

[英]马尔科姆·沃纳主编:《管理大师手册》英文版,辽宁教育出版社 1998 年版。

[英]摩根·威泽尔主编:《工商管理辞典》英文版,辽宁教育出版社 1999 年版。

Cary L. Cooper(ed.), Classics in Management Thought. Vol. 1, A Elgar Reference Cheltenham, Collection, 2000.

Christopher Grey, "*We Are All Managers Now*"; "*We Always Were*": *On Development and Demise of Management*, Journal of Management Studies, 36 (5), 1999.

Daniel A. Wren, *The Evolution of Management Thought*, 3rd ed, John Wiley&Sons, York, 1987.

Ole Fogh Kirkeby, *Management Philosophy-A Radical-Normative Perspective*, Springer, Berlin, 2000.

Roderick D. Iverson, Donna M. Buttigieg, *Affective, Normative and Continuance Commitment: Can the "Right Kind" of Commitment Be Managed?* Journal of Management Studies, 36(3), 1999.

参考文献

后　　记

　　本著作是我学习、探索管理哲学的阶段性总结，是在博士论文的基础上形成的一点研究成果。

　　当我在北京师范大学就读大学本科时，我所在的哲学系学术气氛浓厚，老师们在认识论、价值哲学、人学、管理哲学、教育哲学、历史哲学等领域颇有创见，学术活动非常活跃。在老师们的影响下，我逐渐产生了学术兴趣，向往把学术作为生活的组成部分，将来也能有学术成果。从哲学的角度探索管理的基本问题就逐步成为一个主要的兴趣。当毕业后在本系（后发展为哲学与社会学学院）先后攻读硕士、博士学位时，我都选择把管理哲学作为自己学习和研究的方向，以管理哲学方面的毕业论文获得了学位。现在依然痴心不改，坚持这一兴趣。经过学习和探索，逐渐地对管理中的价值问题特别是管理价值观问题有了一点认识和心得。

　　能进入管理哲学领域进行学习和探索，离不开导师唐伟教授的悉心指导和重要影响。正是在先生的影响下，我认识了这门学科，喜欢上了这门学科。从读硕士起，一直追随先生学习管理哲学。这本著作凝结了先生的指导、帮助。先生对我的学习、生活和工作都非常关心，为我的成长倾注了大量心血，使我终生难忘。

　　在攻读博士学位期间，王德胜教授为我的学业付出了很多辛劳。先生对如何完成一篇高质量的学术论文多次进行方法上的指导。先生的深厚学识和丰富经验给了我很多启发。

　　我十分敬仰的齐振海教授对本书提出了宝贵的指导意见。对本书给予指导和帮助的老师还有陈新夏教授、汪馥郁教授、朱红文教授、崔新建教授、刘孝廷教授等。在北师大哲学系以及哲学与社会学学院求学期间，我得到过许多老师的指导和帮助。向所有在我成长过程中给予关心、帮助和指导的老师表示衷心的感谢。

在我工作、教学、研究过程中，我所在的北京电子科技学院的领导给予很多关心、帮助，同事们、朋友们也给予不少鼓励、支持，向他们表示诚挚的谢意。

在研究、撰写本书的过程中，我认真学习了许多学者、专家的研究成果，受益颇多，谨致谢忱。本书得以顺利出版，责任编辑陈光耀同志尽了很多心力，特致谢意。

我把这本书献给我的父亲和母亲。两位老人为了我的学业、工作付出了很多辛苦和牺牲，用疼爱和宽慰赋予我前进的勇气和力量。我很感谢我的爱人，是她的理解、关心使我有充足的业余时间和精力从事自己钟爱的事业，追求自己的梦想。

限于本人的学识和水平，书中还有不足之处，恳请专家、学者和读者朋友批评指教。

把对管理哲学的学术兴趣转化为学术行为，再产生具有一定价值的学术成果，需要付出艰苦的、不懈的、创造性的努力。我只是刚刚起步，付出的努力还远远不够。我会倍加珍惜伟大的时代提供的宝贵机遇，坚守自己的学术旨趣，向老一辈学者和同行专家学习，进一步打牢基础，开阔视野，关注实践，注重创新，争取取得更多的成果。

赵剑民

2009 年 10 月

责任编辑:陈光耀

版式设计:东昌文化

图书在版编目(CIP)数据

管理之魂——管理价值观研究/赵剑民著. -北京:人民出版社,2010.4

ISBN 978 - 7 - 01 - 008860 - 0

Ⅰ.…管　Ⅱ.…赵　Ⅲ. 管理学-研究　Ⅳ. C93

中国版本图书馆 CIP 数据核字(2010)第 67343 号

管 理 之 魂

GUANLI ZHI HUN

——管理价值观研究

赵剑民　著

人 民 出 版 社 出版发行

(100706　北京朝阳门内大街 166 号)

北京龙之冉印务有限公司印刷　新华书店经销

2010 年 4 月第 1 版　2010 年 4 月北京第 1 次印刷

开本:710 毫米×1000 毫米 1/16　印张:19.5

字数:272 千字　印数:0,001 - 3,000 册

ISBN 978 - 7 - 01 - 008860 - 0　定价:40.00 元

邮购地址 100706　北京朝阳门内大街 166 号

人民东方图书销售中心　电话 (010)65250042　65289539